Hans Peter Hahn (Hrsg.)

Vom Eigensinn der Dinge
Für eine neue Perspektive auf die Welt
des Materiellen

Hans Peter Hahn
(Hrsg.)

Vom Eigensinn der Dinge

Für eine neue Perspektive auf die Welt des Materiellen

Neofelis Verlag

Bibliografische Information der Deutschen Nationalbibliothek
Die Deutsche Nationalbibliothek verzeichnet diese Publikation in der Deutschen Nationalbibliografie; detaillierte bibliografische Daten sind im Internet über http://dnb.d-nb.de abrufbar.

© 2015 **Neofelis Verlag GmbH, Berlin**
www.neofelis-verlag.de
Alle Rechte vorbehalten.

Umschlaggestaltung: Marija Skara, unter Verwendung der Abbildung: Salblöffel in Entenform. British Museum, Signatur 5946.
Druck: PRESSEL Digitaler Produktionsdruck, Remshalden
Gedruckt auf FSC-zertifiziertem Papier.
ISBN (Print): 978-3-95808-018-8
ISBN (PDF): 978-3-943414-70-7
5. Auflage, 2020

Inhalt

Vorwort 7

Hans Peter Hahn
Der Eigensinn der Dinge – Einleitung 9

Bernhard Waldenfels
Die Mitwirkung der Dinge in der Erfahrung 57

Monika Wagner
Vom ‚Eigensinn' des Materials:
Edvard Munchs „Holzstil" 81

Jan Assmann
Die Aura der Dinge.
Lektüren einer altägyptischen Fayence-Schale 101

Susanne Küchler
Wenn Dinge Netzwerke sind 127

Hans-Jörg Rheinberger
Über den Eigensinn epistemischer Dinge 147

Karl H. Hörning
Was fremde Dinge tun.
Sozialtheoretische Herausforderungen 163

Harald Meller
Zwischen Logos und Mythos.
Zum Eigensinn der Himmelsscheibe von Nebra 177

Abbildungsnachweise 198

Vorwort

In letzter Zeit verbindet man häufig ‚Dinge' mit Nomina, um auf bestimmte Eigenschaften hinzuweisen. Wenn Kulturwissenschaftlerinnen und -wissenschaftler von materieller Kultur sprechen, benutzen sie gerne Ausdrücke wie „Die Macht der Dinge" oder aber, in einem entgegengesetzten Sinne, „Die Tücke der Objekte". Eine ähnliche Intention haben Buchtitel wie „Die Erbschaft der Dinge", oder aber „Der Trost der Dinge". Theoretisch anspruchsvollere Überschriften verweisen auf weniger naheliegende Assoziationen wie „Das Parlament der Dinge" oder „Das Leben der Dinge". Solche Begriffspaare sind ein guter Einstieg in eine nähere Beschäftigung mit der Welt der Gegenstände und regen zum Nachdenken über uns interessierende Aspekte von Materialität an. Zweifellos haben sie sich als Meilensteine der Forschung zu materieller Kultur erwiesen. Zugleich aber enthalten diese Zusammenstellungen immer eine irritierende Beschränkung. Ist es nicht so, dass neben den „tückischen Dingen" einige Objekte in unserem Erfahrungshorizont existieren, die sich ziemlich zuverlässig verhalten? Sicher sollten wir anerkennen, dass manche Dinge aufgrund ihrer Bedeutung für den Lebensstil oder aus anderen Gründen viel mehr ‚Macht' über uns haben, als auf den ersten Blick vermutet. Aber gibt es nicht daneben auch zahlreiche Objekte von geringer Bedeutung – also eher ‚machtlose Objekte'? Jedes der genannten Attribute zu Dingen (machtvolle Dinge, tröstende Dinge, tückische Dinge, lebendige Dinge, etc.) lenkt unsere Aufmerksamkeit in eine bestimmte Richtung, bringt aber zugleich die Vernachlässigung alternativer oder gar entgegengesetzter Perspektiven auf materielle Kultur mit sich.

Eigentlich, so ist zu folgern, entziehen sich die Dinge jeder Art von begrifflicher Assoziation. Sie sind komplexer und jede Fokussierung durch ein zweites Nomen stellt unweigerlich eine problematische Einschränkung dar, die zu unsinnigen Verkürzungen führt. Diese

Einsicht ist der Ausgangspunkt des vorliegenden Bandes. Die Rede vom „Eigensinn" ist nicht mehr als ein Hilfsmittel, um auf den Reichtum an Wahrnehmungen und auf die überraschenden Umgangsweisen mit Dingen zu verweisen, wenn man nur einen näheren Blick auf materielle Objekte wagt.

Die eingehende Beschäftigung und die Sensibilität für neue Sichtweisen ist die verbindende Klammer der Beiträge, die zuerst im Rahmen einer Ringvorlesung im Wintersemester 2012/2013 an der Goethe-Universität in Frankfurt am Main mit dem gleichen Titel präsentiert wurden. Diese Veranstaltung wurde vom Graduiertenkolleg „Wert und Äquivalent" organisiert und durch eine finanzielle Unterstützung der Deutschen Bank ermöglicht. Dem Graduiertenkolleg, der Deutschen Bank und der Presseabteilung der Goethe-Universität mit Frau Ulrike Jaspers sei daher an erster Stelle gedankt dafür, dass sie dieses Buch möglich gemacht haben. Der Dank gilt auch den beitragenden, die ihre Manuskripte bereitwillig zur Verfügung stellten und für die Drucklegung überarbeitet haben.

Den langen Weg von Manuskripten bis zu einem druckfertigen Buch haben manche Helferinnen und Helfer begleitet, von denen hier stellvertretend für alle Anna Blitz und Linda Thielmann genannt seien. Beide haben wertvolle redaktionelle Arbeit geleistet. Schließlich sei ein besonderer Dank auch Herrn Frank Schlöffel vom Neofelis Verlag ausgesprochen, der in einer partnerschaftlichen Weise die letzten Schritte zur Drucklegung begleitet und zusammen mit dem Team des Verlags dem Buch zu seinem besonderen Erscheinungsbild verholfen hat. Selbstverständlich bleiben alle Mängel dieses Buchs in der Verantwortung des Herausgebers und der Beitragenden.

Frankfurt am Main, im Dezember 2014
Hans Peter Hahn

Der Eigensinn der Dinge – Einleitung

Hans Peter Hahn

> Von Tagesanbruch bis in die späte Nacht, solang irgendein Mensch um den Weg ist, denkt das Objekt auf Unarten, auf Tücke ... So lauert alles Objekt, Bleistift, Feder, Tintenfass, Papier, Zigarre, Glas, Lampe – alles, alles auf den Augenblick, wo man nicht Acht gibt.
>
> (Friedrich Theodor Vischer: *Auch einer. Eine Reisebekanntschaft*)

Die neue Aufmerksamkeit für das Materielle

Einen aktuellen Trend aufgreifend, beschäftigt sich der Phänomenologe und Philosoph Vilém Flusser in seinem Buch *Dinge und Undinge*[1] mit alltäglichen und scheinbar vertrauten Dingen. In kleinen Vignetten beschreibt er solche Dinge, die jeder schon etliche Male gesehen hat, und führt den Leser mit wenigen Zeilen zu überraschenden und neuen Sichtweisen auf die vertrauten Dinge. Literarisch in geschickter Weise das alltägliche, eher implizite Erfahrungswissen aufgreifend, lässt er seinen Gedanken und Assoziationen freien Lauf und deckt damit ganz andere, bis dahin unerhörte, zumindest aber überraschende Perspektiven auf das Materielle auf.

Der Einbezug des Lesers durch dessen Vorwissen, die schrittweise Verfremdung und das freie Spiel mit Assoziationen erlauben dem in Gedanken mitschreitenden Leser eine neue Sicht auf seinen eigenen Alltag. Es setzt Energien frei, die dem ‚Gewöhnlichen' einen Aspekt der Überraschung und der Attraktion hinzufügen. Charles Baudelaire hat diesen durchaus auch emotionalen Zugewinn so formuliert: „Je fremder die Dinge sind, desto begehrenswerter erscheinen sie"[2].

---

1 Vilém Flusser: *Dinge und Undinge. Phänomenologische Skizzen.* München: Hanser 1993.
2 Charles Baudelaire: *The Ecstasy of Things. L'éxstase des choses. Der Rausch der Dinge.* München: de Galle 1985, o. P.

Es handelt sich bei dieser durch Assoziationen angetriebenen Exotisierung der Dinge um ein immer wieder gebrauchtes literarisches Vorgehen, das gerade in der Welt populärer Sachbücher eine gewisse Resonanz gefunden hat. So geht es in *Tupperware und Nadelstreif*[3] zunächst einmal überwiegend um solche Dinge, die jeder kennt. Aber zugleich treten dabei auch Dimensionen dieser Dinge in Erscheinung, die den Leser in Abgründe der Phantasie stürzen. Wenn wir den Dingen nur gestatten, als ein Ausgangspunkt des Denkens zu fungieren, sind wir schnell bei der von Roger-Pol Droit zum Buchtitel erhobenen Frage, *Was Sachen mit uns machen*[4]. In der Tat machen die Dinge mit dem Menschen viel mehr, als er sich – so lange das Denken den Sorgen und Wünschen gehört – vorstellen mag.

Man könnte es geradezu als ein literarisches Genre auffassen, in dessen Mitte die assoziativen Weiterungen von Dingen und der dadurch erzeugte Moment der Überraschung stehen.[5] „Im Namen der Dinge"[6] lässt sich vieles an das Alltägliche anknüpfen, das in den hochfrequenten, aber oft nur wenig reflektierten Interaktionen mit so unterschiedlichen Dingen wie der Seife[7], einer Plastiktüte[8] oder einer Rolltreppe[9] scheinbar verborgen ist.

---

3 Manfred Russo: *Tupperware und Nadelstreif.* Wien: Böhlau 2000.
4 Roger-Pol Droit: *Was Sachen mit uns machen. Philosophische Erfahrungen mit Alltagsdingen.* Hamburg: Hoffmann & Campe 2005 [Frz.: *Dernières nouvelles des choses. Une expérience philosophique*, 2003].
5 Ein weiteres grundlegendes Element dieser literarischen Gattung besteht darin, die Dinge zunächst einmal zu vereinzeln, sie scheinbar als Einzelstücke herauszustellen und sie erst in einem darauf folgenden Schritt wieder ‚einzubetten', also mit anderen Dingen zu verbinden. Dieses Vorgehen trägt in der Beschreibung zu einer initialen Aufwertung bei, glänzen die „kleinen Dinge" doch zunächst für sich und allein (vgl. Willi Bongard: *Fetische des Konsums. Portraits klassischer Markenartikel.* Hamburg: Nannen 1964; Karl Heinrich Waggerl: *Liebe Dinge. Miniaturen.* Salzburg: Müller 1956; Heiner Boehncke / Klaus Bergmann: *Die Galerie der kleinen Dinge. Ein ABC mit 77 kurzen Kulturgeschichten alltäglicher Gegenstände vom Aschenbecher bis zum Zündholz.* Zürich: Haffmans 1988; Peter Assmann / Herbert Nikitsch (Hrsg.): *Dinge des Alltags. Objekte zur Kultur und Lebensweise in Österreich seit 1945.* Weitra: Bibliothek der Provinz 2004).
6 Francis Ponge: Le Parti Pris des Choses = Im Namen der Dinge. In: Ders.: *Lyren und Stücke. Ausgewählte Werke.* Frankfurt am Main: Fischer 1962, S. 31–123.
7 Francis Ponge: *Die Seife.* Frankfurt am Main: Suhrkamp 1993 [Frz.: *Le savon*, 1967].
8 *Plastic Bag*, Video, IT 2009, R: Ramin Bahrani.
9 Nicholson Baker: *Rolltreppe oder Die Herkunft der Dinge.* Reinbek: Rowohlt 1991 [Engl.: *The Mezzanine*, 1998].

Es bedarf nicht einmal einer sonderlich genauen Kenntnis der Dinge, um solche Ketten der Assoziation in Gang zu bringen. Im Gegenteil, der Effekt der emotionalen Einbindung stellt sich gerade dadurch ein, dass längst erfahrene Geschichten und Nebenbedeutungen evoziert werden. Der Leser ist förmlich gezwungen, dem Autor zuzustimmen, wenn die überraschenden, unerwarteten oder gar irritierenden Seiten der Alltagsdinge thematisiert werden. Der scheinbar sichere Grund einer zuverlässigen funktionalen oder bedeutungsgeladenen Einbettung wird unwiderruflich zerstört. Geleitet vom Text, befindet sich der Leser auf einmal auf einer Expedition durch das nun plötzlich befremdlich gewordene materielle Inventar seiner Lebenswelt.[10] Jean-Paul Sartre[11] zufolge geht es überhaupt nicht um eine Deskription der Dinge in einem dem naturwissenschaftlichen Vorgehen vergleichbaren Sinne. Es geht um etwas, das altertümlich als die „Seele der Dinge" bezeichnet werden könnte.[12] Es geht um eine Phänomenologie, die den Dingen ein eigentümliches Leben zuweist und damit der ‚normalen', unreflektierten Wahrnehmung widerspricht.

10 Die Emotionalität ist dabei eine zuverlässige Quelle der intensiven Hinwendung. Das gilt gleichermaßen für das Konzept des „Musée sentimental" (vgl. Marie-Louise von Plessen / Daniel Spoerri: *Le Musée Sentimental de Prusse: Aus großer Zeit!* Ausstellungskatalog. Berlin: Berliner Festspiele 1981; Leanne Shapton: *Bedeutende Objekte und persönliche Besitzstücke. Geliebte Dinge aus der Sammlung von Lenore Doolan und Harold Morris, darunter Bücher, Mode und Schmuck*. Berlin: Berlin-Verlag 2010 [Engl.: *Important Artifacts and Personal Property from the Collection of Lenore Doolan and Harold Morris, Including Books, Street Fashion, and Jewelry*, 2009] wie auch für den Wert der Dinge als Objekte der Entfaltung von individuellen Fähigkeiten (vgl. Donata Elschenbroich: *Die Dinge. Expeditionen zu den Gegenständen des täglichen Lebens*. München: Kunstmann 2009). Alltägliche Dinge werden zu ‚Wunderkammern' und führen den Besitzer vermittels der Geschichten und Assoziationen zu neuen Wahrnehmungen ihrer eigenen materiellen Umwelt.
11 Jean-Paul Sartre: Der Mensch und die Dinge (über Francis Ponge). In: *Neue Rundschau* 73,2–3 (1962), S. 229–268.
12 Das Verschwinden der „Seele der Dinge" aus dem wissenschaftlichen Diskurs lässt sich vergleichsweise gut nachzeichnen. Während in der Volkskunde noch um 1950 der Begriff der „Gestaltheiligkeit" von Leopold Schmidt in einer ethnografischen Studie verwendet wurde, plädiert eine Generation später Karl S. Kramer schon deutlich gegen diese Vorstellung und ersetzt sie durch das scheinbar analytische Konzept der „Dingbedeutsamkeit" (vgl. Karl S. Kramer: Materielle und geistige Volkskultur. In: *Bayerisches Jahrbuch für Volkskunde* (1969), S. 80–85; ders.: Dingbedeutsamkeit. Zur Geschichte des Begriffes und seines Inhaltes. In: *Anzeiger des Germanischen Nationalmuseums* (1995), S. 22–32). Zur Differenz Schmidt vs. Kramer vgl. auch Gottfried Korff: Ein paar Worte zur Dingbedeutsamkeit. In: *Kieler Blätter zur Volkskunde* 32 (2000), S. 21–33.

Die besondere „Faszinationskraft"[13] dieses Vorgehens liegt nicht einfach in den Objekten, sondern sie wird durch die Evokation, durch die Erinnerungspotentiale des Betrachtenden freigesetzt. Die sichere Grundlage dafür bleiben allerdings die Objekte selbst. Es geht um die Dinge, die in der hochfrequenten alltäglichen Auseinandersetzung eben nicht nur materielle Spuren der Interaktion aufnehmen, sondern ziemlich zuverlässig zu Kristallisationspunkten (oder ‚Gefäßen') von Geschichten und Bedeutungen werden.[14] In den Dingen steckt mehr, als der oberflächliche Gebrauch verrät; der Charakter der Alltäglichkeit schützt vielmehr sogar den Besitzer und Benutzer der Dinge vor den irritierenden Reflexionen im Sinne der „Dinge und Undinge" von Flusser.

In den Dingen steckt also mehr, als im habituellen Umgang mit ihnen für gewöhnlich zutage tritt. Die Dinge treten dem Betrachter und Benutzer entgegen mit dem, was an dieser Stelle provisorisch als „Überschuss der Wahrnehmungen" bezeichnet werden soll.[15] Es handelt sich dabei um einen Exzess an vielfältigen, mitunter auch widersprüchlichen Wahrnehmungen, der zur Provokation oder gar zu einem Hemmnis für den alltäglichen Umgang werden kann. Es ist dieses Potential der überraschenden Wahrnehmungen – jenseits der Funktion oder sozial anerkannter Bedeutungen –, die aus den Dingen eine beständige Grundlage gerade auch der kulturwissenschaftlichen Beschäftigung machen. Würden Dinge sich darauf beschränken, als solche in Erscheinung zu treten, für die sie *prima vista* gehalten werden, dann wären sie ‚stabil' in einem sachlichen Sinne. Dann bräuchte man sich nicht weiter mit ihnen zu befassen.

Damit ist ein erstes zentrales Argument für die These vom „Eigensinn der Dinge" und für die Beiträge dieses Bandes gewonnen. Es geht um eine neue Bewertung der Dinge auf der Grundlage einer Reflexion über ihre Wahrnehmung. Objekte sind mit Assoziationen verknüpft, und das Nachdenken darüber, wie ein Gegenstand

---

13 Peter Strohschneider: Faszinationskraft der Dinge. Über Sammlung, Forschung und Universität. In: *Denkströme. Journal der Sächsischen Akademie der Wissenschaften* 8 (2012), S. 9–26.
14 Elfie Miklautz: *Kristallisierter Sinn.* München: Profil 1996; Krzysztof Pomian: *Der Ursprung des Museums. Vom Sammeln.* Berlin: Wagenbach 1988.
15 Hans Peter Hahn: Die Unsichtbarkeit der Dinge. In: Herbert Kalthoff / Thorsten Cress / Tobias Röhls (Hrsg.): *Materialität. Herausforderungen für die Sozial- und Kulturwissenschaft.* München: Fink 2015 (im Erscheinen).

wahrgenommen wird, führt unweigerlich zu einer De-Zentrierung des Ich. Das bedeutet an erster Stelle eine neue Sicht auf die eigene Fähigkeit, Dinge zu erkennen, und an zweiter Stelle die Einsicht in bislang übersehene Aspekte der materiellen Umwelt.

Das literarische Genre der „Dinge und Undinge" impliziert eine problematische Strategie der assoziativen und emotionalen Annäherung an materielle Kultur. Es ist sicherlich wissenschaftlich nicht akzeptabel, ganz beliebige, zum Teil absolut subjektive Assoziationen als Punkte der Anknüpfung und Weiterung in der Beschreibung von Dingen zu verwenden. Aber diese Vorgehensweise hat den Vorteil, in die Beschäftigung mit Dingen jenseits von Erwägungen über ihre Nützlichkeit und über problematische Aussagen im Hinblick auf ihre ‚Bedeutung' einzuführen.

Nicht zu Unrecht gibt Flusser seiner Studie den Titel „Dinge und Undinge". Wie er damit unmissverständlich zeigt, führen seine Überlegungen letztlich von den Dingen weg. Seine zentrale Strategie, die mehr oder weniger freie Assoziation, nutzt gewissermaßen die Unmittelbarkeit und den Überschuss der Wahrnehmung als ‚Anschubenergie'. Diese Energie löst eine Bewegung aus, die wenigstens gedanklich weit weg von den Dingen als solchen führt. Während die Beobachtung über die Freisetzung von Energien in der Wahrnehmung wie auch die Sensibilität für genaue Beobachtungen im Folgenden für die Entwicklung des Begriffs vom „Eigensinn" übernommen werden sollen, ist an dieser Stelle auch eine deutliche Skepsis zu äußern gegenüber der in Flussers Ansatz praktizierten, graduellen Entfernung von den Dingen als konkreten materiellen Erscheinungen des Alltags. Den eigentlichen Ausgangspunkt verleugnend, orientieren sich Flusser und viele der bereits genannten Autoren vielmehr an der Beweglichkeit des Denkens. Dies mag literarisch sinnvoll sein, für einen Beitrag zum Verständnis materieller Kultur muss es jedoch das Anliegen bleiben, genauer herauszufiltern, welche Rolle die Dinge nun im Denken und Handeln einnehmen.[16]

---

[16] Das durch die Betrachtung der Dinge evozierte assoziative Denken soll damit keinesfalls aus der Betrachtung materieller Kultur ausgegrenzt werden. Es gilt weiterhin, dass die Verbindung von Geschichten und Dingen ein zentraler Zugang zur Welt des Materiellen ist. Die Vorstellung, nur durch Geschichte zu zentralen Bedeutungen der Dinge zu gelangen, hat Wilhelm Schapp sehr deutlich ausgedrückt (Wilhelm Schapp: *In Geschichten verstrickt. Zum Sein von Mensch und Ding*. Hamburg: Meiner 1953).

Warum Dinge nicht (immer) bedeutsam sind
Es gibt noch einen problematischen Aspekt in der literarischen Gattung der „Dinge und Undinge". Es geht dabei um die fast schon unglaubwürdige Aufwertung, die mit der Beschreibung und Betrachtung einhergeht. Jeder Mensch nutzt im Alltag eine große Anzahl an Dingen, ohne viel über diese Gegenstände nachzudenken. Schon das Lesen der wenigen Seiten, die Flusser und die andere Autoren für ihre Vignetten zu den einzelnen Dingen verfasst haben, benötigt mehr Zeit, als die meisten Menschen in alltäglichen Situationen den meisten Objekten widmen.
Im Grundsatz hat dies schon Max Weber sehr genau beschrieben. Wenn er das Betreten einer elektrischen Tram oder den Gebrauch einer Flinte als Beispiele heranzieht, so zeigt er damit, wie die Rolle der Objekte in dieser gedankenlosen Interaktion sich darauf beschränkt, das erwartete Ziel zu erfüllen: also von einem Ort zum anderen zu gelangen, oder vermittels der Flinte einen Menschen oder ein Tier zu töten. Max Weber betont die Beiläufigkeit des Umgangs mit Dingen: „[Den Benutzer] interessieren nur die praktisch wichtigen Erwartungen des Verhaltens dieser Artefakte."[17] Gerade weil Weber die Intention des Handelnden zum zentralen Kriterium für das Konzept vom Handeln insgesamt erhebt, muss er den Umgang mit Dingen als bedeutungslos beiseiteschieben. Auch wenn, wie gleich noch zu erläutern sein wird, Weber sich im Hinblick auf die Wahrnehmungen von Dingen im Irrtum befindet, so gewinnt er doch aus seinen Beispielen eine Schlussfolgerung, die in den gegenwärtigen Forschungen zur materiellen Kultur nur selten so klar zu finden ist. Weber beschreibt nämlich ganz zutreffend das Nicht-Wissen um Details und Funktionsweisen vieler häufig genutzter Objekte, den Charakter der Beiläufigkeit.
Schon im ersten Abschnitt dieser Einleitung wurde darauf hingewiesen, welch geringe Rolle die genaue Beschreibung oder ein tiefergehendes Verständnis der Dinge spielt. Bei Weber wird dies noch deutlicher. Fast möchte man hier von der Ignoranz sprechen, die im alltäglichen Umgang mit den Dingen eine weithin unterschätzte Rolle spielt. Man könnte das ‚Nicht-Wissen' oder auch das ‚Nicht-Wissen-Wollen' konstitutiv für die Interaktion mit Dingen überhaupt

---

17 Max Weber: „Über einige Kategorien der verstehenden Soziologie" [1913]. In: Ders.: *Gesammelte Aufsätze zur Wissenschaftslehre*. Tübingen: Mohr 1968, S. 424–474, hier S. 471.

auffassen. Neben dieser klassischen Fundstelle bei Weber wurde der Befund der Ignoranz und der Beiläufigkeit auch besonders prägnant in der Archäologie geäußert. James Deetz[18] spricht von dem ‚Vergessenen des Alltags', das in den kleinen Dingen steckt. Jedem Archäologen ist vollkommen bewusst, dass zum Beispiel die von ihm zwischen den Resten eines Hauses gefundene Keramikscherbe in der Periode ihres ersten Gebrauchs möglicherweise nicht von besonderer Bedeutung war. Vielmehr sind es die analytischen Fähigkeiten des Wissenschaftlers, die im deutlichen Kontrast zum Alltagsgebrauch ganz andere und mitunter sehr umfassende Erkenntnisse aus den Dingen ziehen und sie damit zu einem besonderen, der Untersuchung und Interpretation würdigen Gegenstand machen.

Wenn es eine ‚Methode' der Erforschung materieller Kultur gibt, so müsste diese Methode bei sehr vielen Dingen an erste Stelle den Befund der Beiläufigkeit dieser Objekte stellen.[19] Die Relevanz der Dinge in irgendeiner Weise ‚objektiv' festzustellen, ist ein außerordentlich schwieriges Unterfangen. Im Gegensatz zu dieser eher skeptisch stimmenden Feststellung sieht die gängige Praxis der aktuellen Forschungen zur materiellen Kultur allerdings ganz anders aus: Fast immer besteht der wissenschaftliche Ansatz der Betrachtung eines Objektes darin, als ersten Schritt eine Verschiebung der Relevanzen herbeizuführen, indem man von einer spezifischen Bedeutung einer Sache ausgeht. Angemessener wäre es in den meisten Fällen, wenn Beiläufigkeit, Vernachlässigung oder gar Ignoranz den ersten Befund darstellten. Sensibilität für die Bedeutung der Dinge zu wecken, muss methodisch in einer Art und Weise gestaltet werden, dass die geringe Rolle der Alltagsdinge dabei bewahrt bleibt.

In ihrer *Archäologie der Gegenwart* zeigen Victor Buchli und Gavin Lucas,[20] wie schwierig es ist, signifikante Aspekte des Umgangs mit Dingen allein aufgrund ihrer aktuellen räumlichen Anordnung in einem Haushalt zu erkennen. Die aus der archäologischen Ausgrabung abgeleitete Methode des „gefrorenen Moments", der die

---

18 James Deetz: *In Small Things Forgotten. The Archaeology of Early American Life*. New York: Anchor 1977.
19 Haidy Geismar / Heather A. Horst: Materializing Ethnography. In: *Journal of Material Culture* 9,1 (2004), S. 5–10.
20 Victor Buchli / Gavin Lucas: The Absent Present: Archaeologies of the Contemporary Past. In: Ders. (Hrsg.): *Archaeologies of the Contemporary Past*. London: Routledge 2001, S. 3–18.

Gleichzeitigkeit der Dinge in einem Raum als Assemblage darstellt, ist sicher ein geeignetes Vorgehen, um Beiläufigkeit aufzuzeigen.[21] Allerdings entstehen im Hinblick auf das Anliegen, Dinge zu verstehen, mehr Fragen, als dass dadurch Antworten sichtbar würden.[22] Möglicherweise sind aber das ‚Durcheinander' der Dinge und die daraus resultierenden Fragen genau diejenigen, die mit gutem Recht am Anfang einer Untersuchung zur materiellen Kultur stehen. Tatsächlich sind ja sehr viele Gegenstände aufgeräumt, weggepackt, angeordnet oder – ganz im Gegenteil – vergessen, zurückgelassen oder gar verlegt (Abb. 1).[23] Die damit angedeutete Liste unterschiedlicher Umgangsweisen verweist auf das breite Spektrum an Praktiken, die durchaus nicht alle auf eine besondere Wertschätzung schließen lassen. Dieselben Objekte können zu verschiedenen Zeitpunkten der einen oder der anderen Umgangsweise unterworfen sein; es wäre jedoch eine fatale Verkürzung, aus einem Ort oder aus einer Umgangsweise auf die spezifische Bedeutung des Gegenstands als

---

21 In Ansätzen ist das in der „Topographie des Zufalls" von Daniel Spoerri gelungen (vgl. Daniel Spoerri: *Anekdoten zu einer Topographie des Zufalls*. Hamburg: Nautilus 1998).
22 Martin Heideggers vielzitierte Aussagen über das Krughafte des Krugs (Martin Heidegger: Das Ding. In: Ders.: *Gesammelte Werke*, Bd. 79: Bremer und Freiburger Vorträge. Frankfurt am Main: Klostermann 1994. S. 5–21, hier S. 10) bezieht sich genau auf dieses Rätsel: Jedem Ding kommen mehr Eigenschaften zu, als in dem Moment der Beobachtung zu erkennen ist. Die Eigenart eines Objektes lässt sich gerade nicht aus der aktuellen Funktion und auch nicht durch eine beliebige Anzahl von aufeinander folgenden Funktionsbeobachtungen klären. Die Eigenschaften liegen vielmehr in der Summe der Wahrnehmungen, einschließlich jener Wahrnehmungen, die dem Betrachter entgehen, aber potentiell mit dem Objekt verbunden sind (vgl. Graham Harman: The Revenge of the Surface: Heidegger, McLuhan, Greenberg. In: *Paletten. Ärets kulturtidskrift* 291–292 (2013), S. 66–73).
23 Die genaue Anordnung von Dingen ist ein in Studien zur materiellen Kultur – mit Ausnahme der Archäologie – systematisch vernachlässigtes Gebiet. Erst in jüngster Zeit gibt es einige Studien, die zeigen, wie die Dinge Assemblagen bilden, in denen vieles wie ein ‚gefrorener Moment' wirkt (vgl. Jeanne E. Arnold / Anthony Graesch / Enzo Ragazzini / Elinor Ochs (Hrsg.): *Life at Home in the Twenty-First Century: 32 Families Open Their Doors*. Los Angeles: Cotsen Institute of Archaeology 2012). In dieses Feld gehört die Ethnografie eines Wohnzimmers, ein ebenfalls kaum reflektiertes Feld materieller Kultur. Eine Ausnahme dazu bildet Riggins (vgl. Stephen Harold Riggins: Fieldwork in the Living Room. An Autoethnographic Essay. In: Ders. (Hrsg.). *The Socialness of Things: Essays on the Socio-Semiotics of Objects*. Berlin: Mouton de Gruyter 1994, S. 101–147. Zu den Gründen für die Vernachlässigung dieses Feldes vgl. Hans Peter Hahn: Von der Ethnografie des Wohnzimmers zur Topografie des Zufalls. In: Elisabeth Tietmeyer (Hrsg.): *Die Sprache der Dinge. Kulturwissenschaftliche Perspektiven auf die materielle Kultur*. Münster: Waxmann 2010, S. 9–22.

Abb. 1: Jean Louis Carrell: *Désordre*, 1988 (Bildausschnitt). – Die hier versammelten Dinge lassen nicht erkennen, ob es sich um eine sinnhafte Anordnung handelt oder nicht vielleicht doch nur um eine Assemblage von Gegenständen, die eher zufällig an diesem Ort sind.

solchem zu schließen. Die damit herausgestellte Unbestimmtheit der Relation zwischen Ort, Gebrauch und Relevanz ist ein weiterer Aspekt, der an dieser Stelle als eine Grundannahme des Konzeptes vom „Eigensinn der Dinge" herausgehoben werden soll.

Dies bedeutet zunächst einmal, dass es keinen unmittelbaren Zugriff auf Objekte gibt. Schon indem der Betrachter die Gegenstände wie durch ein Fernrohr betrachtet, es damit in die Nähe und ins Großformat rückt, entfernt er sich unweigerlich vom tatsächlichen Platz dieser Dinge im Alltag.[24] Die „geringen Dinge"[25] in ihrem Status der geringen Beachtung zu belassen, ist die erste Herausforderung für die Befassung mit materieller Kultur. So verdienstvoll die

---

[24] Dorothee Kimmich: Kleine Dinge in Großaufnahme: Bemerkungen zu Aufmerksamkeit und Dingwahrnehmung bei Robert Musil und Robert Walser. In: *Jahrbuch der deutschen Schillergesellschaft* 44 (2000), S. 177–194.

[25] Christoph Eykman: *Die geringen Dinge. Alltägliche Gegenstände in der Literatur des zwanzigsten Jahrhunderts.* Aachen: Shaker 1999.

kulturwissenschaftliche „Rehabilitierung der Dinge"[26] auch ist, sie darf nicht dazu führen, dass der mit den alltäglichen Dingen verbundene Status des Halbvergessenen, Ignorierten und Beiläufigen ausgelöscht wird. Die hell leuchtenden, geliebten oder sonstwie bedeutungsvollen Objekte sind eher die Ausnahme. Es bleibt eine zentrale Aufgabe für Studien zur materiellen Kultur, den viel größeren Teil der „unscheinbaren Dinge"[27] zu berücksichtigen.

Ein Zugriff, der diesen Aspekt materieller Kultur missachtet, würde den Dingen eine Aufwertung zukommen lassen, die schon als solche einen methodischen Fehler darstellt. Paradoxerweise führt eine Aufwertung der Dinge außerdem auch zur Verschleierung spezifischer Potentiale, die sich gerade im Alltäglichen als bedeutsam erweisen. Zum Beispiel würde den Dingen damit die Fähigkeit genommen, als „Agenten der Evokation" zu wirken.[28] Ein weiterer Aspekt dieser paradoxen Relation hat mit der Frage der Macht der Objekte über den Menschen zu tun. Nur in den Momenten des habituellen Umgangs kann man mit einiger Berechtigung von der Macht der Dinge über den Menschen sprechen. Interaktionen zwischen dem Körper und dem Objekt vollziehen sich oft unbewusst.[29] Schon im ersten Moment der Reflexion wird man zögern, den Einfluss der materiellen Umwelt unkontrolliert hinzunehmen, die Macht der Dinge ist dadurch gebrochen.

Sich die Dinge auf Distanz zu halten,[30] ist ein unverzichtbarer Impuls, der jedem Nachdenken über Dinge vorausgeht. Während im Mittelpunkt der Kritischen Theorie das Bedauern über unwiderruflichen

---

26 Martin Scharfe: Rehabilitierung der Dinge. In: *Bayerische Blätter für Volkskunde* 23 (1996), S. 129–141.

27 Jens Soentgen: *Das Unscheinbare. Phänomenologische Beschreibungen von Stoffen, Dingen und fraktalen Gebilden.* Berlin: Akademie 1997.

28 Das Moment der Evokation ist in der Literatur – und insbesondere von Phänomenologen – immer wieder thematisiert worden (vgl. Günter Figal: Die Gegenständlichkeit der Welt. In: *Internationales Jahrbuch für Hermeneutik* 3 (2004): Kunst-Verstehen, S. 123–135). Dabei ist zu beachten: Die Dinge sind zunächst immer ‚stumm', erst durch Vorwissen und durch das Wiederauftauchen von Erinnerungen entfalten sie ihre Fähigkeit der Evokation (vgl. Thomas Schwark: Dinge als Quellen des Lebens. Kulturgeschichtliche Überreste zwischen Zeugnischarakter und Attrappenfunktion. In: *Historische Anthropologie* 2,2 (1994), S. 323–331).

29 Harvey Molotch: Objects in Sociology. In: Alison J. Clarke (Hrsg.): *Design Anthropology. Object Culture in the 21st Century.* New York: Springer 2011, S. 100–116.

30 Bjørnar Olsen: Keeping Things at Arm's Length. A Genealogy of Asymmetry. In: *World Archaeology* 39,4 (2007), S. 579–588.

Verlust einer jeden Distanz steht,³¹ scheint die aktuelle Forschung zur materiellen Kultur unbekümmert von der Wiederherstellbarkeit dieser Distanz auszugehen. In einer methodisch problematischen Weise werden die Dinge isoliert, um sie daraufhin möglichst gründlich zu betrachten.³²
Das Plädoyer dieses Buches geht in eine andere Richtung. Es unterstellt, dass Nähe und Distanz keine stabilen Eigenschaften sind, sondern in verschiedenen Kontexten immer wieder anders konfiguriert werden. Deshalb, so wird hier argumentiert, muss die Forschung zu den Dingen erstens die methodisch bedingte Herstellung von Distanz als einen Verlust auffassen: Es ist der Verlust der Einbettung und der Beiläufigkeit, der nichts anderes als eine massive Verkürzung im Hinblick auf die eigentlichen Wechselwirkungen zwischen Dingen und Menschen darstellt. Zweitens sollte die Assemblage als Indikator für die Einbettung und als Nachweis für die ‚Unordnung der Dinge' immer mit berücksichtigt werden.

Der „Eigensinn der Dinge" zwingt in methodischer Hinsicht, auf eine vorschnelle Fixierung von Dingen und von ihren Kontexten zu verzichten. Das Vorgehen, ein einzelnes Objekt herauszuheben, und wie ein Insekt im Glasröhrchen isoliert von allen Seiten zu betrachten, birgt unweigerlich Mängel in sich, die zu dauerhaften Fehleinschätzungen führen. Die ‚Fixation des Isolats' ist eine ungeeignete Zugangsweise auf materielle Kultur.³³ Anstelle dessen ist eine sensible Wahrnehmung der Wandelbarkeit, der unterschiedlichen

---

31 Max Horkheimer / Theodor W. Adorno: *Dialektik der Aufklärung. Philosophische Fragmente.* Amsterdam: Querido 1944.

32 „Indem die bürgerliche Wirtschaft die Gewalt durch die Vermittlung des Marktes vervielfachte, hat sie auch ihre Dinge und Kräfte so vervielfacht, daß es zu deren Verwaltung […] Aller bedarf. Sie lernen an der Macht der Dinge, [jeder anderen] Macht endlich zu entraten." (Ebd., S. 48.)

33 „Fixation" ist zunächst ein physiologischer Fachbegriff, der eine starre visuelle Beobachtung beschreibt. Hier soll er in einem weiteren Sinne verwendet werden und auf die problematische Vorstellung verweisen, Dinge seien in sich ruhende Materie, die unter Ausschaltung der Zeit betrachtet werden können. Susan Stewart hat die Träume der „zeitlosen Beobachtbarkeit" in ihrer Studie über Miniaturen herausgestellt: Die Erzeugung einer Miniatur ist gerade nicht nur eine Frage der Größenverschiebung, das Modell ist zugleich auch eine Strategie, einen Gegenstand oder eine Anordnung von Dingen still zu stellen, ihn der Komplexität zeitlicher Veränderungen gänzlich zu entziehen (vgl. Susan Stewart: *On Longing. Narratives of the Miniature, the Gigantic, the Souvenir, the Collection.* Baltimore: John Hopkins University Press 1984).

Abb. 2: VW-Käfer aus Holz (Benin). – Die Nachbildung lässt zwar zweifellos die Eigenschaften eines bestimmten Modells erkennen; zugleich macht die Verzerrung der Proportionen aber eine Distanzierung deutlich, die übliche Werbeposen von glücklichen Menschen in neuen (schicken) Autos in eine ironische Distanz rückt.

Assemblagen und Anordnungen mit ihrem Wechsel von Nähe und Distanz stets mit zu berücksichtigen.
So deutlich hier Max Webers Beispiele als hilfreich herausgestellt wurden, um den Aspekt der Beiläufigkeit und der Ignoranz zu verstehen, so sehr sind sie doch auch irreführend: Sogar der ignorante, weiter nicht an seinem Beförderungsmittel interessierte Benutzer einer elektrischen Tram wird sich später an die Vibrationen des Waggonbodens während der Fahrt erinnern – oder, sollte er gesessen haben, an bestimmte Eigenschaften der Sitzbank oder vielleicht an den Geruch des Wageninneren. Die Komplexität und Fragmentierung der Wahrnehmung drängt sich dem Benutzer in der alltäglichen Interaktion auf, er entkommt dem ‚zur-Kenntnis-nehmen' solcher Details nicht. Er kann sich den Wahrnehmungen weder entziehen noch sich den Evokationen verweigern, die damit verbunden sind. Diese überraschende Dimension der Interaktion, die ausdrücklich nicht als eine Aufwertung zu verstehen ist, soll hier als ein weiterer Aspekt des „Eigensinns" herausgestellt werden.

Über die Rede von der „Macht der Dinge"

Im Rausch der Dinge ist ein monumentaler Ausstellungsband,[34] der wie kaum ein anderes Werk den ‚Aufstieg' der materiellen Kultur im 20. Jahrhundert nachzeichnet. Es waren in den 1920er Jahren zunächst Fotografien wie die von Alfred Renger-Patzsch, dann aber immer mehr das neu entdeckte Genre der Werbefotografie, das die Karriere der Dinge visuell unterstützte. Parallel zur ungebremsten Zunahme des Sachbesitzes[35] im Verlauf des 20. Jahrhunderts scheint die affirmative Haltung zu den Dingen, die man hat, zur Norm geworden zu sein. Während die Objektfotografien der 1920er Jahre in erster Linie die Autonomie des Materials feiern, indem sie Licht, Oberfläche und Rhythmik der massenhaft produzierten Formen herausstellen, fügt die Werbefotografie den Menschen wieder in die Bilder ein.[36] In diesen Werbebildern mutieren Menschen allerdings, wie es der Kontext verlangt, zu stets glücklich lächelnden Geräte-Bedienern oder, als Models in der Modefotografie, zu besseren Kleiderstangen.[37] „Im Rausch der Dinge" werden Vielzahl und Nähe der Alltagsobjekte zu einer eigenen Ästhetik, die ihrerseits eine neue Norm verkündet, nämlich die von der unhintergehbaren Macht der Dinge über das Individuum (Abb. 2).

---

34 Thomas Seelig / Urs Stahel: *Im Rausch der Dinge. Vom funktionalen Objekt zum Fetisch in Fotografien des 20. Jahrhunderts.* Göttingen: Steidl 2004.

35 Hans Linde: *Sachdominanzen in Sozialstrukturen.* Tübingen: Mohr 1972.

36 Dorothea Ritter / Dietmar Siegert / Zdenek Primus: *Das Leben der Dinge. Die Idee vom Stillleben in der Fotografie 1840–1985.* Berlin: Edition Braus 2006, zeigt fotografische Stillleben. Gegenstände werden dort zu Dinghüllen. Der analytische Blick konkretisiert sich zum einen durch Röntgenbilder, andererseits durch exzessiven Symbolismus: Die Dinge werden Werkzeug, um eine andere Bedeutung zu transportieren. Eine dritte Technik betrifft die unmittelbare Belichtung der Dinge, die sogenannte kameralose Aufzeichnung.

37 Die auf diese Weise stabilisierte Relation zwischen Mensch und Ding löst unmittelbar auch Beklemmung und das Empfinden von Verlust aus. Erhart Kästner beschreibt im *Aufstand der Dinge*, wie durch die funktionale Einengung (= die technische Überlegenheit des jeweils neuesten Modells) letztlich die Dinge selbst absterben, die Vielzahl der lebensweltlichen Bezüge unwiderruflich verloren geht (vgl. Erhart Kästner: *Aufstand der Dinge. Byzantinische Aufzeichnungen.* Frankfurt am Main: Insel 1973). Die Werbekommunikation legt dem Rezipienten das Bild einer klaren Mensch-Ding-Beziehung nahe, das zugleich ein Alptraum wäre. Sich durch Konsum zur Welt in Beziehung zu setzen, kommt einer „Erfindung" des Alltags durch eine spezielle Brille gleich (vgl. Hans Peter Hahn: Konsum als die Erfindung des Alltags. In: Heiko Schmid / Karsten Gaebler (Hrsg.): *Perspektiven sozialwissenschaftlicher Konsumforschung.* Stuttgart: Steiner 2013, S. 93–115).

Ging es im letzten Abschnitt noch um die problematische Fehlwahrnehmung, die vielfach ganz unbeabsichtigt den Dingen eine zu große Bedeutung zumisst, so soll es in diesem Abschnitt um explizite Strategien der Aufwertung gehen. Die gegenwärtigen Studien zur materiellen Kultur wurden gelegentlich als eine (verspätete) Reaktion auf den Zuwachs an Sachbesitz interpretiert.[38] Kann man sich sicher sein, dass nicht gerade die neueren Ansätze selbst Teil der Konsumideologie sind? Könnte es sein, dass die Theoriebildung im Feld der materiellen Kultur der letzten dreißig Jahre viel weniger ein Instrument der Analyse des Umgangs mit Dingen bereitstellt, sondern selbst zur weiteren Aufwertung der Dinge beiträgt? Vor dem Hintergrund dieser Fragen ist die Aufwertung der Dinge vielleicht nicht nur ‚Nebeneffekt' bestimmter methodischer Zugriffe, sondern eine uneingestandene Grundlage der gegenwärtigen affirmativen Selbstpositionierung der Kulturwissenschaft zum Konsum und zur Warenwelt?

Eine Aufwertung der Dinge scheint der naheliegende Befund im Kontext der Beobachtung, dass der Sachbesitz des Einzelnen sich unaufhörlich vergrößert. Die geradezu explosionsartige Vermehrung der Gegenstände im persönlichen Umfeld wie auch die rasante Karriere von Kaufhäusern und Museen als kulturell definierten Orten der Verwahrung und des Umschlags von Dingen könnten sehr gut als ein Indikator dafür gesehen werden, dass Menschen mit viel Sachbesitz in der Tat ein größeres Vertrauen in das Materielle haben. Die Menschen umgeben sich schlichtweg mit all diesen Dingen, weil sie glauben, damit ein besseres Leben zu führen. Ein an diese Behauptung zumindest anschlussfähiges Konzept hat Gottfried Korff vorgelegt.[39] Demnach ist die breite Auffächerung an Formen von Kleidung und Gebrauchsgegenständen nicht anderes als eine Anpassung an die weiter differenzierte Sozialstruktur moderner Gesellschaften.[40] Die

---

38 Nils-Arvid Bringéus: Perspektiven des Studiums materieller Kultur. In: *Jahrbuch für Volkskunde und Kulturgeschichte* 29 (1986), S. 156–174.
39 Gottfried Korff: Ein paar Worte zur Dingbedeutsamkeit. In: *Kieler Blätter zur Volkskunde* 32 (2000), S. 21–33.
40 Gottfried Korff: Umgang mit Dingen. In: Pressestelle der Hochschule der Künste Berlin (Hrsg.): *Lebensformen. Alltagsobjekte als Darstellung von Lebensstilveränderungen.* Berlin: Hochschule der Künste 1991, S. 35–51.
Gottfried Korff: Einleitung. Notizen zur Dingbedeutsamkeit. In: Ders. (Hrsg.): *13 Dinge: Form, Funktion, Bedeutung.* Katalog zur gleichnamigen Ausstellung im Museum für Volkskultur in Württemberg. Stuttgart: Württembergisches Landesmuseum 1992, S. 8–17.

Dinge sind verfügbar, und die Eigenschaft der Verfügbarkeit in einer fast unbegrenzten Vielfalt von Formen an Konsumgütern scheint sehr gut zur Konstitution der Gesellschaft zu passen.[41] In diesen Kontext fügt sich auch die Theorie des Einkaufens von Daniel Miller ein.[42] Er orientiert sich dabei ganz an der emotionalen Seite des Konsums. Das von ihm so genannte „provisioning", also das Einkaufen mit dem Ziel, den Haushalt mit den grundlegenden Gütern zu versorgen, ist demzufolge ein ‚Aufopfern' des oder der Einkaufenden. Durch das Einkaufen für andere zeigt diese Person ihre Empathie. Diese Beobachtungen mögen zutreffend sein. Allerdings sind sie zugleich ein gutes Beispiel für die hier thematisierte ‚Strategie der Aufwertung'. Einkaufen ist wichtig, würde Miller sagen, nicht nur weil bestimmte Marken einen spezifischen Status kommunizieren (= Semiotik), sondern auch, weil damit vermittels der auf der Mikroebene artikulierten Empathie soziale Bindungen stabilisiert werden. Es bleibt die Frage: Trifft das wirklich für jeden ‚Versorgungseinkauf' zu?[43]

Die Argumente der Verfügbarkeit und der emphatischen Aufladung des Konsums sind hervorragend eingebettet in ältere Positionen zum Thema. So erklärte schon Colin Campbell Konsum und Sachbesitz zur ultimativen Form der Artikulation von Identität.[44] Nicht mehr das genormte Kleidungsstück eines Berufsstandes oder einer sozialen Schicht (Blaumann versus weißes Hemd) bilden die Grundlage der Identifikation. Das Ziel aller Träume ist nun vielmehr das lange gesuchte Einzelstück, das eine vollständige Entsprechung von empfundener Identität und äußerer Erscheinung verspricht. Dachte

---

41 Dominik Schrage: *Die Verfügbarkeit der Dinge. Eine historische Soziologie des Konsums*. Frankfurt am Main: Campus 2009.
42 Daniel Miller: *A Theory of Shopping*. Ithaca: Cornell University Press 1998.
43 Kritisch ist gegen diese Theorie auf die globale Perspektive hinzuweisen. So sind es eben nicht nur Wünsche der kleinen Gruppe und Empathie für die Verwandten, sondern auch kulturelle Normen, die beim Einkaufen eine Rolle spielen (vgl. Peter Jackson: Commodity Cultures: The Traffic in Things. In: *Transactions of the Institute of British Geographers* 24 (1999), S. 95–108; ders.: Local Consumption Cultures in a Globalizing World. In: *Transactions of the Institute of British Geographers* 29 (2004), S. 165–178). Waren können für den Moment des Konsums für Modelle anderer Lebensstile stehen, die sich dann aber doch als unerreichbar erweisen (vgl. Louisa Schein: Of Cargo and Satellites: Imagined Cosmopolitanism. In: *Postcolonial Studies* 2, 3 (1999), S. 345–375).
44 Colin Campell: *The Romantic Ethic and the Spirit of Modern Consumerism*. Oxford: Blackwell 1987.

Petr Bogatyrev noch in sozialen Strukturen und Segmenten der Gesellschaft, die durch bestimmte Objekte repräsentiert werden,[45] so ist die ‚Einpassung' in die vielfältigen gesellschaftlichen Milieus bei Pierre Bourdieu schon sehr viel komplexer. Die Semiotik der Dinge[46] führt zu einem Gesellschaftsmodell, in dem die Dinge einen festen Platz haben. Die Dinge werden zu Agenten des sozialen Handelns; ihre Rolle bezieht sich nicht so sehr auf den Gebrauch, sondern auf die Übermittlung sozial anerkannter Botschaften.[47] Damit erscheinen am konzeptionellen Horizont die Dinge als Akteure. Diesen Gedanken hat niemand deutlicher als Bruno Latour ausgeführt. Die sogenannte Akteur-Netzwerk-Theorie (ANT) fokussiert Situationen, in denen Dinge in Handlungsabläufe eingreifen, sei es, indem sie bestimmte Routinen erzwingen oder, indem sie Entscheidungen und Urteile der Menschen in der Umgebung beeinflussen. Es ist kein Zufall, dass Latour seine Theorie zunächst im Umfeld der Wissenschafts- und Laborstudien entwickelte.[48] Er beschreibt, wie die Beobachtung eines Gegenstandes – oder genauer: einer Anordnung von Dingen – zur Grundlage für Interpretation und Entscheidung wird. Zum Beispiel beobachtet man die Anordnung verschieden gefärbter Erdschichten, oder im Labor wird das Verhalten bestimmter Substanzen genau untersucht. Im Anschluss an diese Beobachtung kommen die Beteiligten aufgrund der fixierten Beobachtungen zu einer Erklärung. ‚Beobachten von Dingen' wird damit zu einer intentionalen Interaktion, sie ist zielgerichtet, und die

---

45 Petr Bogatyrev: Costume as a Sign. In: Ladislav Matejka / Irwin. R. Titunik (Hrsg.): *Semiotics of Art. Prague School Contributions.* Cambridge: MIT 1976, S. 11–19 [Slov.: Kroj jako znak. In: *Slovo a slovesnost* 2 (1936), S. 43–47].
46 Wendy Leeds-Hurwitz: *Semiotics and Communication Signs, Codes, Cultures.* Hillsdale: Erlbaum 1993.
47 Mary Douglas / Baron Isherwood: The World of Goods. Towards an Anthropology of Consumption [1978]. London: Routledge 1996. Das Konzept der semiotischen Interpretation von Dingen ist vielfach kritisiert worden (vgl. Hans Peter Hahn: Konsumlogik und Eigensinn der Dinge. In: Heinz Drügh / Christian Metz / Björn Weyand (Hrsg.): *Warenästhetik – Neue Perspektiven auf Konsum, Kultur und Kunst.* Frankfurt am Main: Suhrkamp 2011, S. 92–110). Colin Campbell spricht selbst in einer späteren Veröffentlichung vom „Mythos des sozialen Handelns"; tatsächlich ist die Vorstellung, jeder Gebrauch eines materiellen Gegenstands komme einer sozialen Botschaft gleich, ziemlich absurd (vgl. Colin Campbell: *The Myth of Social Action.* Cambridge: Cambridge University Press 1996).
48 Bruno Latour: On Recalling ANT. In: John Law / John Hassard (Hrsg.): *Actor Network Theory and After.* Oxford: Blackwell 1999, S. 15–25.

kausale Erklärung ‚Ich habe das gesehen, deshalb erkläre ich es so' wird explizit vorgebracht. Ganz offensichtlich hat diese geordnete Abfolge ziemlich wenig mit dem alltäglichen Umgang mit Dingen zu tun. Schon vor Latour hatte Karin Knorr-Cetina[49] aus solchen Beobachtungen grundsätzliche Einsichten in die Konstruiertheit von Erkenntnis abgeleitet.

Diese Kausalität lässt sich erweitern auf Situationen, in denen die Interaktion zwischen Mensch und Ding zwar zielgerichtet und kausal, aber nicht intentional ist. Beispiele sind der Berliner Schlüssel, eine besondere Schlüsselform, die dem Benutzer das Abziehen des Schlüssels aus dem Schloss nur dann ermöglicht, wenn die Tür abgeschlossen ist.[50] Weitere Beispiele dafür „was Dinge tun"[51] sind die sogenannten „schlafenden Polizisten", in die Fahrbahn eingelassene Schwellen, die den Autofahrer zum Fahren mit einer moderaten Geschwindigkeit veranlassen, oder auch Gebäude, die räumliche Grenzen der Bewegung vorgeben.[52]

Netzwerke, in denen Menschen und Dinge in der Form gegenseitiger kausaler Bedingungen verknüpft sind, lassen sich überall entdecken. So lange der Blick auf solche Wechselwirkungen beschränkt bleibt, ist es durchaus plausibel, von ‚Dingen als Akteuren' zu sprechen. Die

---

49 Karin Knorr-Cetina: *Die Fabrikation von Erkenntnis. Zur Anthropologie der Naturwissenschaft.* Frankfurt am Main: Suhrkamp 1991 [Engl.: *The Manufacture of Knowledge. An Essay of the Constructivist and Contextual Nature of Science*, 1981].
50 Bruno Latour: *Der Berliner Schlüssel.* Berlin: Akademie 1993. [Frz.: *La clef de Berlin*, 1993].
51 Peter-Paul Verbeek: *What Things Do. Philosophical Reflections on Technology, Agency, and Design.* University Park: Pennsylvania State University Press 2005 [Niederl.: *De daadkracht der dingen over techniek, filosofie en vormgeving*, 2000].
52 Thomas F. Gieryn: What Buildings Do. In: *Theory and Society* 31 (2002), S. 35–74. Zu den wichtigen Vorläufern der Theorie von Latour gehört das Konzept der Affordanz von James J. Gibson (vgl. James J. Gibson: *Wahrnehmung und Umwelt. Der ökologische Ansatz in der visuellen Wahrnehmung.* München: Urban & Schwarzenberg 1982). Die Interaktion zwischen Ding und Mensch wird demnach durch „Angebote" der Dinge an das Handeln der Menschen geleitet. Der Stift zum Schreiben fühlt sich gut an, wenn er mit drei Fingern gehalten wird, das Auto hört auf zu piepsen, wenn der Fahrer den Sicherheitsgurt angelegt hat. Eine Vielzahl von Dingen eignet sich besser für bestimmte Umgangsweisen als für andere, sei es durch die natürlich Form oder weil diese „Neigung" in das Objekt hineingelegt wurde (vgl. Tim Ingold: Bringing Things to Life: Creative Entanglements in a World of Materials. University of Manchester 2010. http://www.socialsciences.manchester.ac.uk/medialibrary/morgancentre/research/wps/15-2010-07-realities-bringing-things-to-life.pdf (Zugriff am 18.02.2015)).

Komplexität unterschiedlicher Wahrnehmungsweisen und Relevanzen lässt es aber fragwürdig erscheinen, Objekte als Akteure oder auch nur als ‚Aktanten' aufzufassen. Latour selbst hat dies gesehen und den Akteursbegriff in der ANT später in Frage gestellt.[53] Dabei plädiert er für einen erweiterten Netzwerkbegriff, der nicht nur auf eine direkte Interaktion abzielt, sondern auch die Möglichkeit einer vermittelten oder verzögerten Kausalität berücksichtigt.[54] Könnte es sinnvoll sein, zwischen einem starken und einem schwachen Handlungsbegriff zu unterscheiden?[55]

Es geht hier im Grunde aber überhaupt nicht um die genaue Definition von ‚Handeln', sondern vielmehr um die strategische Absicht hinter Latours Aufwertung der Dinge. Zunächst ist die Vorstellung nicht von der Hand zu weisen, die Gegenwart eines Objektes könnte das Handeln des Einzelnen und die Entfaltung von Praktiken und Routinen beeinflussen. Zweifellos gibt es Dinge, die das Handeln jedes Einzelnen in umfassender Weise beeinflussen. Das gilt sowohl auf der Ebene des Intentionalen (Laborstudien) als auch des Nicht-Intentionalen (der Schlüssel, die Schwelle in der Straße). Aber: Sind solchen Beeinflussungen nicht enge Grenzen gesetzt? Wie viele Menschen gehen an der Schwelle in der Straße vorbei, die gerade nicht Autofahren (oder sich eine Freude daraus machen, hart über die Schwelle zu fahren)? Das Bild der sich unendlich auffächernden Wechselwirkungen überzeichnet in dramatischer Weise die Intensität der Interaktion. Es unterschätzt zugleich die nicht-kausalen Berührungspunkte. Wie viele Dinge nimmt man wahr, ohne sich durch diese Wahrnehmung auch gleich zu einer Handlung oder zu einer Entscheidung aufgefordert zu fühlen?

---

53 Latour: On Recalling ANT.
54 Die Dinge könnten anstelle dessen auch als „Informanten" betrachtet werden (vgl. Matthias Wieser: Inmitten der Dinge. Zum Verhältnis von sozialen Praktiken und Artefakten. In: Karl H. Hörning / Julia Reuter (Hrsg.): *Doing Culture. Neue Positionen zum Verhältnis von Kultur und sozialer Praxis*. Bielefeld: Transcript 2004. S. 92–107). Den Versuch, eine spezifische „material agency" zu definieren, unternehmen Knappett und Malafouris (vgl. Carl Knappett / Lambros Malafouris (Hrsg.): *Material Agency. Towards a Non-Anthropocentric Approach*. Berlin: Springer 2008).
55 Michael D. Kirchhoff: Material Agency: A Theoretical Framework for Ascribing Agency to Material Culture. In: *Techné: Research in Philosophy and Technology* 13,3 (2009), S. 1–11.

In einer phantastischen Übertreibung wird die Problematik der ANT offensichtlich: Wie Steven Shaviro mit Bezug auf eine Science-Fiction Geschichte von Gwyneth Jones berichtet, würde ein willentliches Handeln aller uns umgebenden Objekte sofort zu einem Alptraum werden:[56] In der von Gwyneth Jones erdachten Welt der Aliens, in der jedes Werkzeug zugleich ein Lebewesen ist, scheint Latours Modell Realität geworden zu sein. Die Dinge sind nicht mehr dienliche Werkzeuge, sondern leisten Widerspruch. Würde man die Akteursrolle der Dinge ernst nehmen, gäbe es keine Möglichkeit mehr, die Dinge einfach zu gebrauchen. Die Menschen wären hilflos, weil sie beständig verhandeln müssten, um sich mit den Dingen zu einigen. Man kann die Lehre aus dieser Dystopie der intentional handelnden Objekte auch so formulieren: Es ist mitunter gut, dass ein Mechaniker sein Werkzeug auch missbrauchen darf, dass er ohne Rückfrage zwischen ‚ordentlicher Nutzung' und ‚falschem Gebrauch' entscheiden kann, in Kauf nehmend, dass die Geräte sich abnutzen oder auch beschädigt werden.

Die Beziehung zwischen Mensch und Ding ist eben viel weniger die eines Netzwerkes, als Latour mit seinem Modell es unterstellt. Vielmehr bleibt es Gegenstand des freien Handelns des Menschen, wie und ob er Dinge gebraucht, ob sie achtlos beiseitelegt oder sie gar zerstört. Die starke Metapher des Netzwerks suggeriert eine Stabilität in der Mensch-Ding-Beziehung, die in dieser Form nicht existiert.[57] Stellt man sich die Linien eines Netzwerkes als Verbindungen nichthierarchischer Natur vor, so geht die Metapher offensichtlich fehl. Insbesondere die vielen Formen des ‚falschen' Gebrauchs[58], aber auch Praktiken der Vernachlässigung von Dingen (und natürlich die Ignoranz) spielen hier eine Rolle[59].

Ein älterer Aufsatz von Latour bringt das Missverständnis der Netzwerkmetapher besonders deutlich zum Ausdruck. Unter dem Titel

---

56 Steven Shaviro: *The Universe of Things. On Speculative Realism*. Minneapolis: University of Minnesota Press 2014.
57 Graham Harman: *Prince of Networks: Bruno Latour and Metaphysics (Anamnesis)*. Melbourne: re.rress 2009.
58 Laurent Thevenot: Le régime de familiarité. Des choses en personne. In: *Genèses* 17 (1994), S. 72–101.
59 Hans Peter Hahn: Consumption, Identities and Agency in Africa – Introduction. In: Ders. (Hrsg.): *Consumption in Africa – Anthropological Approaches*. Münster: Lit 2008, S. 9–41.

„Drawing Things Together"[60] schildert Latour den konstruierten Charakter von Verbindungen zwischen Dingen, die in der Interpretation als kausale Ketten Anerkennung finden. Die Dinge stehen in Netzen klar definierbarer Relation untereinander, wie auch zwischen Mensch und Ding. Das ‚Zusammenziehen der Dinge' bezeichnet jene Handlung, die Netze herstellt. Dieses Modell mag für einige wenige Dinge zutreffen. In Abgrenzung gegen dieses Bild wird in diesem Buch jedoch das Bild der Assemblage vertreten. Viel öfter als durch eine solche Verbundenheit (das Zusammenziehen) ist ein Nebeneinander von Dingen zu konstatieren. Die Verbindungen zwischen den Dingen wie auch zwischen Mensch und Ding sind durchaus nicht klar. Was bleibt, auch wenn die netzwerkartige Beziehung fehlt, ist die Unmittelbarkeit der Wahrnehmung. Dies schließt auch die Konfrontation mit der Gegenwart der Dinge ein, mag diese beiläufig oder explizit sein, sich in das Gedächtnis eingraben oder nicht.

Latour hat den Dingen ganz systematisch einen zu hohen Wert zugeordnet. In dem Bemühen, ihnen einen Platz in den Kulturwissenschaften zu geben, hat er zudem manche Eigenschaft völlig unterschätzt, insbesondere die Gegenwart ohne Verbindungen. Es ist leicht, in Gedanken ein Netzwerk von Dingen zu zeichnen. Aber dieses Modell hält dem Praxistest nicht stand: Viel öfter als eine bedeutungsvolle, funktionale oder gar kausale Verknüpfung ist die einfache gleichzeitige Anwesenheit zu erkennen, die sich einer Interpretation als Netzwerk verschließt. Folgt man der kritischen Position des Wissenssoziologen David Bloor,[61] so ist mit der ANT von Latour lediglich ein neues monadisches Modell der Welt entstanden: Es handelt sich um eine Welt, so Bloor, in der alles sich mit allem verbindet (= die Linien des Netzwerkes), und in der die Unterscheidung von Subjekt und Objekt obsolet geworden ist. Die Latoursche Überwindung des Subjekts ist mit einem Verlust an Eigenschaften sowohl auf der Seite des Menschen als auch auf der Seite der Dinge verbunden. Die genuine Bedeutung von Interesse, das ‚Dazwischen-Sein', ist in

---

60 Bruno Latour: Drawing Things Together. Die Macht der unveränderlichen mobilen Elemente. In: Andrea Belliger / David J. Krieger (Hrsg.): *Anthology. Ein einführendes Handbuch zur Akteur-Netzwerk-Theorie*. Bielefeld: Transcript 2006, S. 259–308 [Engl.: Knowledge and Society. In: *Studies in the Sociology of Culture Past and Present* 6 (1986), S. 1–40].
61 David Bloor: Anti-Latour. In: *Studies in the History and Philosophy of Science* 30,1 (1999), S. 81–112.

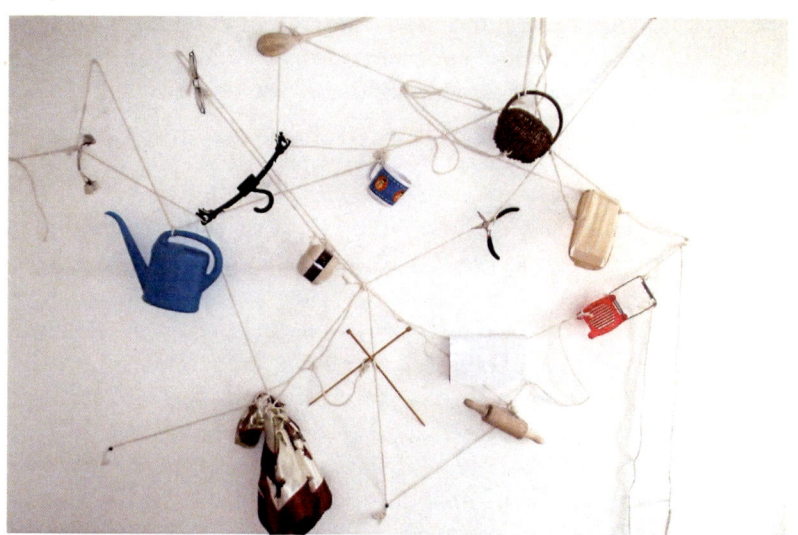

Abb. 3: Netzwerk. – Der Versuch eine Konkretisierung der Netzwerkmetapher zeigt zunächst die Beliebigkeit jeder behaupteten Verknüpfung. Die Linien stehen hier für Verbindungen. Durch die Beobachtung von Umgangsweisen in anderen Kontexten ließe sich jede andere Anordnung ebenso begründen.

der ANT irrelevant. Wie Bloor weiter hervorhebt, hat interessengeleitetes Handeln, das Erwerben von Wissen, z. B. um ein Problem zu lösen, in dem Modell der Welt von Latour keinen Platz mehr.

Neben den von Bloor geäußerten Defiziten im Hinblick auf die Eigenschaften von Akteuren hat sich der Phänomenologe Graham Harman mit der Frage beschäftigt, was die Netzwerkmetapher für unsere Sicht auf die Dinge insgesamt bedeutet. Er warnt, dass die Vorstellung eines Netzwerks irreführend sei, da sie aus der Gesamtheit der Dinge eine kategoriale Einheit schaffe.[62] Die Dinge werden nur noch als Vertreter einer Kategorie gesehen, das einzelne Objekt hingegen gerät aus dem Blick. Das Netzwerk ist in dieser Hinsicht ein falscher Materialismus, der allen materiellen Dingen eine durchaus nicht selbstverständliche Eigenschaft zuweist, nämlich Netzwerke zu bilden (Abb. 3). In diesem Sinne, so spitzt es Harman polemisch zu, könnte man die ANT als eine neue Metaphysik bezeichnen.[63] Sind

---

62 Graham Harmann: I am also the Opinion that Materialism Must Be Destroyed. In: *Environment and Planning D: Society and Space* 28,5 (2010), S. 772–790.
63 Harman: *Prince of Networks*.

die Latourschen Netzwerke nicht eine Art von ‚Spinnen', die alle Dinge mit einem unsichtbaren aber auch unauflösbaren Fasernetz überziehen und so eine neue Sozialtheorie des Nicht-Menschlichen entwerfen?[64] Der „Eigensinn der Dinge" widersteht solchen Versuchungen der monadischen Vereinheitlichung der Welt. Die Dinge sind vorhanden, sie bilden Anordnungen, Ensembles oder Assemblagen, ohne deshalb zugleich auch in jedem Fall Netzwerke zu sein. In welchen Verhältnis Dinge zueinander und wie Menschen zu Dingen stehen, muss zunächst offen bleiben. Die hier schon mehrfach betonte Beziehungslosigkeit ist als eine Option der Ko-Präsenz mit zu denken.[65] Weshalb, so könnte man an dieser Stelle polemisch fragen, ist es so schwer, sich mit Dingen auseinanderzusetzen, ohne sie in eine vereinheitlichende Struktur zu pressen, ohne ihnen einen Wert überzustülpen, der überhaupt nicht zur alltäglichen Wahrnehmung passt?

Es gibt einen weiteren Ansatz, der die Aufwertung der Dinge als theoretisches Vehikel nutzt. Dieser Ansatz entgeht den Mängeln der ANT, orientiert er sich doch an den Objekten als Einzeldingen; zudem verzichtet er auf zentrale Metaphern, die sich als problematische Kategorisierungen erweisen könnten. Hartmut Böhme, der Autor dieser Theorie, erkennt in der näheren Beschäftigung mit den Dingen eine Chance, eine neue Perspektive auf moderne Gesellschaften insgesamt zu entwickeln.

In seinem Buch *Fetischismus und Kultur. Eine andere Theorie der Moderne*[66] präsentiert der Autor einen originellen Zugriff auf die Welt der

---

64 Tim Ingold: When ANT Meets a Spider. Social Theory for Arthropods. In: Knappett / Malafouris (Hrsg.): *Material Agency*, S. 209–215. In der Logik dieser Aussage bestätigt sich Latours Beschäftigung mit dem Konzept der Gaia. Hier fordert er, die Erde als ein Ökosystem aufzufassen, das sich letztlich selbständig und ohne Zutun des Menschen reguliert (vgl. James Lovelock: *The Revenge of Gaia. Eart's Climate in Crisis and the Fate of Humanity*. London: Basic Books 2006; Bruno Latour: Warten auf Gaia. Konsumption der gemeinsamen Welt durch Kunst und Politik. In: Michael Hagner (Hrsg.): *Wissenschaft und Demokratie*. Berlin: Suhrkamp 2012, S. 163–188). Die Vision eines Netzwerkes, in dem sich Dinge als Akteure verabsolutieren und den Menschen keine Möglichkeit der Einflussnahme mehr bleibt, ist als Fortsetzung der ANT in planetarem Maßstab zu verstehen. Das hat Latour in seiner neueren Forschung auch zu Positionen des Posthumanismus geführt. Die Autonomie der Dinge wird in diesem Kontext so aufgewertet, dass die im Humanismus verankerte Sonderrolle des Menschen aufgehoben wird.
65 Hans Ulrich Gumbrecht: *Präsenz*. Frankfurt am Main: Suhrkamp 2012.
66 Hartmut Böhme: *Fetischismus und Kultur. Eine andere Theorie der Moderne*. Reinbek: Rowohlt 2006.

Dinge, indem er die auf materielle Objekte bezogenen Projektionen des Individuums in den Mittelpunkt seines Modells stellt. Böhme zufolge erhalten Dinge ihren kulturellen Wert dadurch, dass die Besitzer und Benutzer in den Dingen mehr erkennen, als den Objekten im Sinne objektiver Eigenschaften zukommt. Er nutzt für das Potential der Dinge, als Projektionsflächen zu fungieren, den Begriff des Fetischs.
Der Kulturwissenschaftler Böhme ist Experte für die Geschichte des Fetischismus. Ihm ist zuzustimmen, wenn er die wenigstens drei Jahrhunderte andauernden Diskurse über Fetische als fortwährende Versuche der Standortbestimmung der eigenen Gesellschaft *ex negativo* beschreibt. Der Fetisch steht immer für das Andere, für die Perversion der eigenen Normen sowie für die Mängel und Inkompatibilität der fremden Kultur mit der eigenen Gesellschaft. Es trägt wesentlich zum Charme von Böhmes Modell bei, genau dieses Andere dann doch wieder im Zentrum moderner Identität und der Mensch-Dingbeziehung zeitgenössischer Gesellschaften zu verorten.[67] Die Beziehung zu Dingen, insbesondere zu den begehrten Konsumgütern der Warenwelt, steht für die Rückkehr eines ontologischen Modells, das durch Rationalität und Modernisierung im Sinne Max Webers längst ausgelöscht schien.

Der neue Blick auf die Dinge, das Eingeständnis der irrationalen Aufwertung vieler Konsumgüter ist dem modernen Menschen wie ein Spiegel vorzuhalten. Er muss sich daraufhin eingestehen, dass seine Bindung zu den Dingen viel mehr von Emotionen, Übertragungen und verborgenen Wünschen geprägt ist, als die oftmals rationalisierenden Erklärungen es vermuten lassen würden. Hinter dem

---

[67] William Pietz hat der Geschichte des Fetischismus mehrere Beiträge gewidmet (vgl. William Pietz: The Problem of the Fetish, I. In: *RES: Anthropology and Aesthetics* 9 (1985), S. 5–17; ders.: The Problem of the Fetish, II. In: *RES: Anthropology and Aesthetics* 13 (1987), S. 23–45). Er kommt dabei zu einem überraschenden Schluss: Je eindeutiger sich Religionshistoriker und Ethnologen gegen diesen Begriff gewendet haben und je mehr sie Nachweise darüber führten, dass es sich hier um eine durch transkulturelle Missverständnisse ausgelöste Projektion handelt, desto erfolgreicher war der Begriff in neuen Konzepten. Dies gilt gerade auch für Karl Marx und Sigmund Freud, die mit dem Begriff ein jahrhundertealtes Missverständnis aufgriffen, um daraus neue Modelle von Mensch und Gesellschaft im 19. Jahrhundert zu machen (vgl. Jean-Bertrand Pontalis (Hrsg.): *Objekte des Fetischismus*. Frankfurt am Main: Suhrkamp 1972; Hartmut Böhme: Das Fetischismus-Konzept von Marx. In: Volker Gerhardt (Hrsg.): *Marxismus. Versuch einer Bilanz*. Magdeburg: Scriptum 2001, S. 289–319).

Fetisch steht das Prinzip der fetischistischen Objektbeziehung: Von einem Objekt geht scheinbar eine Kraft aus, die über Gegenwart und Zukunft des Menschen bestimmt. Diese Macht der Dinge über Menschen ist nicht objektivierbar, weil sie letztlich auf der Bereitschaft des Individuums beruht, solche Wirkungen anzuerkennen.[68] Waren es bei Latour noch Dinge als Kategorien bestimmter Funktionen, die in der Logik netzwerkartiger Beziehungen Macht über Menschen erhalten, so sind es in dem Modell von Böhme Einzeldinge, deren konkrete Wirkung überhaupt nicht kategorisierbar und nicht vorhersehbar ist.

Der Fetisch als Form der Beziehung zwischen Mensch und Ding mag seinen Ursprung in einer transzendentalen Ontologie gehabt haben: Fetischistische Praktiken der ‚Anderen' bestanden in der Anbetung von gemachten Dingen (= *fetisso* oder *feitico*).[69] Fetischistische Praktiken der Moderne betreffen hingegen die funktional oder semiotisch nicht erklärbaren, scheinbar irrationalen Aufwertungen der Dinge aufgrund von subjektiven Objektbezügen. Böhme verweist explizit darauf, dass solche Objektbindungen vielfach nicht-rationale Aspekte haben:[70] Das Auto ist eben im innerstädtischen Verkehr nicht das optimale Verkehrsmittel, auch wenn für den Erwerb und Besitz dieses Objekts deutlich mehr Aufwand getrieben wird als für andere, effizientere Verkehrsmittel wie z. B. das Fahrrad. Die Welt der Dinge im Modell von Böhme entspricht nicht irgendeiner ‚objektiven', rationalen oder auch funktionalen Ordnung. Sie wird vielmehr durch Weltentwürfe bestimmt, die in den Köpfen der Menschen ihren Ausgangspunkt haben.

Böhmes zentrale Orte, an denen er die Evidenz für seine Vorstellungen findet, sind die Autohäuser, in denen Luxusmodelle inszeniert

---

68 Hartmut Böhme / Johannes Endres (Hrsg.): *Der Code der Leidenschaften. Fetischismus in den Künsten.* München: Fink 2010.

69 Für die frühe Geschichte des Fetischs (ab dem 16. Jahrhundert) sei hier auf Eisenhofer verwiesen (vgl. Stefan Eisenhofer: Fetisch. In: Stefanie Samida / Manfred K. H. Eggert / Hans Peter Hahn (Hrsg.): *Handbuch Materielle Kultur. Bedeutungen, Konzepte, Disziplinen.* Stuttgart: Metzler 2014, S. 206–210). *Contra* Böhme ist ergänzend festzustellen, dass das Konzept des Fetischs keinesfalls „älter als sein Diskurs" ist (Hartmut Böhme / Johannes Endres: Der Fetischismus der Künste. In: Dies. (Hrsg.): *Der Code der Leidenschaften,* S. 9–31).

70 Hartmut Böhme: Das Strahlen fetischistischer Dinge im Konsum: Autos und Mode. In: Christine Blättler / Falko Schmieder (Hrsg.): *Gegenwart des Fetischs. Dingkonjunktur und Fetischbegriff in der Diskussion.* Wien: Turia & Kant 2014, S. 31–52.

werden, und die Modeschauen, in denen das gesamte materielle und soziale Geschehen der Präsenz der fetischisierten neuesten Designkleidung unterworfen ist. Während Böhme sein Modell von diesen Orten der Inszenierung, der emotionalen und auch erotischen Aufwertung der Dinge her denkt, können für die ANT von Latour die Laboratorien und die objektiv gültigen Anordnungen von Geräten, z. B. der Berliner Schlüssel oder der schlafende Polizist als Ausgangspunkt angenommen werden.

Alle hier genannten Orte haben eines gemeinsam: Sie repräsentieren Kontexte hoher und gerichteter Aufmerksamkeit auf materielle Gegenstände. Was sich an diesen Orten abspielt, hat wenig mit der hier schon mehrfach hervorgehobenen alltäglichen und beiläufigen Wahrnehmung zu tun. Man könnte sich fragen, warum weder Latour noch Böhme sich einmal in ihrem Arbeitszimmer umgeschaut haben: Wie viele der dort anzutreffenden Dinge bilden ein ‚Netzwerk', oder wie viele dieser Objekte sind Gegenstand einer fetischisierenden emotionalen Bindung? Sicher mag es einige solche Dinge geben. Aber von diesem wenigen Objekten in den Arbeitszimmern auf eine grundlegende Erklärung für die Rolle der Dinge insgesamt zu schließen, ist nichts anderes als eine sehr einseitige Modellierung der Mensch-Ding-Beziehung.

Ohne die betreffenden Räume zu kennen, lässt sich doch sagen, dass es dort sehr wahrscheinlich zahlreiche Dinge gibt, die kaum bemerkt werden, die sich nicht aufgrund einer speziellen Anordnung an ihrem Platz befinden und die überhaupt in der Bewertung keinen hohen Rang einnehmen.[71] Das mag im Hinblick auf jedes einzelne Objekt zu anderen Zeitpunkten anders gewesen sein, und deshalb ist es wichtig, den zeitlichen Verlauf von Bewertungen mit zu berücksichtigen. Das Ziel der Beschäftigung mit materieller Kultur sollte es jedoch sein, ein Modell zu entwickeln, in dem nicht nur die aktuell hoch bewerteten, alle Aufmerksamkeit auf sich ziehenden Objekte betrachtet werden, sondern gerade auch die ‚inerten', stillgestellten, wenig beachteten Objekte, die doch, unter anderem Blickwinkel, zu

---

71 Diese Aussage gilt grundsätzlich für die Lebenswelt jedes Einzelnen (vgl. Albert Stüttgen: *Die Botschaft der Dinge. Ansätze neuer ganzheitlicher Welterfahrung*. München: Pfeil 1993). Die Dinge bleiben unscheinbar, die meisten werden übersehen. Es sei denn, es richtet sich ein wie auch immer begründeter Fokus darauf.

anderen Momenten eine außerordentliche Bedeutung gehabt haben oder eines Tages haben werden.[72] Die beiden hier knapp dargelegten aktuellen Modelle materieller Kultur (Latour, Böhme) konstituieren ohne Zweifel ein signifikantes Umfeld, das manchen Autor dazu bewogen haben mag, von der „Macht der Dinge" zu sprechen.[73] Dies geschieht zum Teil, ohne die mit einem solchen Titel getroffene Aussage über die Rolle der Dinge näher zu reflektieren. Anstelle von ‚Macht' sei – im Lichte der Mängel der Theorien von Latour und Böhme – eher von der ‚subtilen Gegenwart' der Dinge die Rede. Unter ‚Eigensinn' wird hier verstanden, dass die Dinge gerade nicht über ‚Macht' verfügen, aber dennoch durch ihre Gegenwart, durch die Ko-Präsenz und durch die wahrgenommenen Assemblagen einen fundamentalen Einfluss auf jedes Individuum in seiner Lebenswelt haben.

Standen im vorangehenden Abschnitt wissenschaftliche Praktiken der Aufwertung von Dingen aus methodischen Gründen im Fokus der kritischen Erläuterung, so geht es in diesem Abschnitt vordergründig um die theoretisch inspirierte Aufwertung von Dingen, etwa indem die betreffenden Autoren das ‚Handeln der Dinge' unterstellen oder sie als Fetische darstellen. Den Dingen einen so hoch geachteten Platz in der Lebenswelt zu geben, geht jedoch an der Alltagserfahrung vorbei. Hier wird nicht behauptet, es gäbe keine geschätzten und hoch bewerteten Dinge, aus welchen Gründen auch immer.[74] Natürlich gibt es für jeden Einzelnen – wie für Gesellschaften insgesamt – solche Objekte. Aber es wäre weit verfehlt, darin einen Ansatz für eine Theorie materieller Kultur erkennen zu wollen. Es ist unbestreitbar, dass der weitaus größte Teil der uns umgebenden Dinge

---

72 Hans Peter Hahn / Hadas Weiss: Introduction: Biographies, Travels and Itineraries of Things. In: Dies. (Hrsg.): *Mobility, Meaning & Transformation of Things: Shifting Contexts of Material Culture through Time and Space.* Oxford: Oxbow 2013, S. 1–14.

73 Karl-Heinz Kohl: *Die Macht der Dinge. Geschichte und Theorie sakraler Objekte.* München: Beck 2003; Lieselotte E. Saurma-Jeltsch / Anja Eisenbeiß (Hrsg.): *The Power of Things and the Flow of Cultural Transformations. Art and Culture between Euope and Asia.* Berlin: Deutscher Kunstverlag 2010; Andreas Hartmann / Pater Höhner / Christiane Cantauw / Silke Meyer (Hrsg.): *Die Macht der Dinge. Symbolische Kommunikation und kulturelles Handeln: Festschrift für Ruth E. Mohrmann.* Münster: Waxmann 2011.

74 Dies wird zum Beispiel sehr gut begründet durch die Thesen von Tilmann Habermas, der ausdrücklich das enge Spektrum der „hoch geschätzten" Dinge berücksichtigt (vgl. Tilmann Habermas: *Geliebte Objekte. Symbole und Instrumente der Identitätsbildung* [1992]. Frankfurt am Main: Suhrkamp 1999).

diese hohe Bewertung gerade nicht erfährt. Auch solche Dinge, die jene Eigenschaft für einen Moment oder aus der Sicht bestimmter Personen besitzen, verlieren diese Bewertung zu anderen Zeitpunkten oder aus anderer Perspektive.

Würden wir die Dinge so ernst nehmen, wie es die beiden in diesem Abschnitt skizzierten Theorien vorschlagen, bliebe vom Menschen nicht viel anderes übrig als eine hektisch mit Dingen hantierende Marionette, die sich ständig um das Wohl der Dinge sorgt, aber keine anderen Ziele mehr verfolgt. Mit dem letzten Satz ist eine frühe Kritik Theodor W. Adornos paraphrasiert.[75] Früher als andere und sehr deutlich hat er erkannt, wie eine Theorie der materiellen Kultur in einer Konsumgesellschaft sich selbst unglaubwürdig macht, wenn sie die Optionen der Vernachlässigung, der Zurückweisung, der Ignoranz und des unverbunden Nebeneinanderstehens von Dingen nicht hinreichend berücksichtigt. Sicher hat Adorno selbst keine Theorie des Konsums oder der materiellen Kultur entworfen. Aber es ist doch verwunderlich, wie wenig Resonanz seine kritische Position in den Kulturwissenschaften gefunden hat.[76]

Die Aufwertung der Dinge und das Zuweisen eines vermeintlich stabilen Platzes in der Gesellschaft oder in der individuellen Bewertung mögen als sichere Basis für eine Theorie materieller Kultur gelten. Aber der genaue Blick zeigt, wie sehr diese Konzepte verkürzt sind. Indem sie den Dingen zu viel aufbürden, machen sie sich selbst unglaubwürdig. Es geht diesen Theorien so wie einem der Weisen der Akademie von Lagado, den Jonathans Swifts Held Gulliver in seinen fantastischen Reisen besucht: Das fortwährende Zeigen von Dingen sollte die Sprache ersetzen – eine dystopische Vorstellung,[77] die unmittelbar zu den Grenzen der Aufwertung von Dingen führt und augenfällig macht, wie wichtig es ist, gerade auch die Alltäglichkeit

---

75 Theodor W. Adorno: Veblens Angriff auf die Kultur. In: Ders. (Hrsg.): *Prismen*. Frankfurt am Main: Suhrkamp 1955, S. 82–111 [Engl.: Veblen's Attack on Culture. In: *Studies in Philosophy and Social Science* 9,3 (1941), S. 389–413].
76 Mehrfach zitiert wird Adornos Aufsatz jedoch von Konsumhistorikern. Eine längere Ausführung ist ihm auch gewidmet in einem von Ökonomen verfassten Aufsatz (vgl. J. L. Simich / Rick Tilman: Critical Theory and Institutional Economics: Frankfurt's Encounter with Veblen. In: *Journal of Economic Issues* 14,3 (1980), S. 631–648).
77 Jonathan Swift: *Gullivers Reisen in unbekannte Länder. Zweite Ausgabe*, Bd. 2. Stuttgart: Krabbe 1843, S. 69.

und die Einbettung mit zu berücksichtigen. Wenn hier der ‚Eigensinn' der Dinge als Alternative vorgeschlagen wird, so auch deshalb, weil damit die Grenzen der Aufwertung deutlich werden (Abb. 4). Der Eigensinn bezieht sich auf die dynamischen Veränderungen in der Bewertung und auf die Unsicherheit im Hinblick auf den Status des Materiellen. In wie vielen Fällen sind wir uns der Dinge ‚sicher', gerade weil wir viele Aspekte der materiellen Umwelt ignorieren? Oder, noch pointierter: Ist die Vertrautheit mit den Dingen nicht oftmals in dem Moment verloren, in dem wir uns genauer informieren? Das ‚Nicht-Wissen', die Vernachlässigung ist ein effektives Mittel, den Aufwand im Umgang zu begrenzen. Es gehört zu den paradoxen Eigenschaften materieller Kultur, dass Aufwertung und Mehr-Wissen zumindest im Alltag nicht unbedingt geeignete Wege für ein besseres Verständnis darstellen.[78]

Die Ambivalenz der Dinge
Der vorliegende Band nimmt sich vor, an die Stelle der Aufwertung von Dingen eine sensible Betrachtung unterschiedlicher Bewertungen und Einbettungen zu setzen. Sehr viele Dinge unterliegen gleichzeitig ganz unterschiedlichen Bewertungen, je nachdem, welche Personen mit ihren Perspektiven dafür in Betracht gezogen werden. Wie schon Igor Kopytoff vor dreißig Jahren betonte, sind Natur und Kontext eines Gegenstands stets das Ergebnis von Aushandlungen.[79]
Die Mehrdeutigkeit, die Ausgangspunkt solcher Aushandlungen ist, entsteht als notwendige Folge der endlosen Verkettung von Denotationen und Konnotationen, so wie es der Kulturwissenschaftler

---

[78] Möglicherweise ist es eine konstitutive Eigenschaft der materiellen Welt, im Moment der Reflexion ihre klaren Konturen zu verlieren. Ähnlich wie in der Heisenbergschen Unschärferelation verlieren die Dinge ihre Eindeutigkeit, sobald das reflektierende Denken ihre Eigenschaften zu fassen sucht. Kulturwissenschaftliche Zugriffe sollten mit dieser schon von Jacques Lacan thematisierten Paradoxie rechnen (vgl. Hans Peter Hahn: Words and Things: Reflections on People's Interaction with the Material World. In: Joseph Maran / Philipp Stockhammer (Hrsg.): *Materiality and Social Practice: Transformative Capacities of Intercultural Encounters.* Oxford: Oxbow 2012, S. 4–12).
[79] Igor Kopytoff: The Cultural Biography of Things. In: Arjun Appadurai (Hrsg.): *The Social Life of Things. Commodities in Cultural Perspective.* Cambridge: Cambridge University Press 1986, S. 64–91.

Abb. 4: Der Weise von Lagado (Büchernarr), Tuschezeichnung von Geoffrey Thompson. Schon Jonathan Swift hat in ironischer Form die Überbewertung von Dingen thematisiert. Würden wir die Dinge so ernst nehmen, wie der hier dargestellte „Weise von Lagado", dann wäre der Mensch handlungsunfähig.

Roland Barthes seiner *Sprache der Mode* entwickelte.[80] Wie er an zahlreichen Beispielen zeigt, sind Polysemie und Mehrdeutigkeit der beste Zugang zum Verstehen der vielen Einbettungsformen von Dingen im Alltag.[81] Im Kontext von Studien zur materiellen Kultur heute ist es allerdings erforderlich, einen Schritt weiter zu gehen: Mehrdeutigkeit als solche ist nicht ausreichend für eine genaue Beschreibung der Dinge in ihren Kontexten. Vielmehr muss es auch um handfeste Widersprüche gehen, die nicht mehr als „komplementäre Perspektiven" aufgefasst werden können.

Widersprüchlichkeit von Dingen ist eine Art von ‚Eigensinn'. Sie ist nicht etwa eine gelegentliche Begleiterscheinung der Gegenwart von Dingen, sondern konstitutiv für die Art, wie sie dem Menschen im Alltag entgegentreten. Wie Gudrun König es formuliert, zeigen sich die Dinge immer wieder in anderer Gestalt, je nachdem, aus welcher Perspektive sie betrachtet werden.[82] Die Tatsache, dass es seit über einhundert Jahren eine öffentlich wahrgenommene und auch intensiv rezipierte Konsumkritik gibt, ist nur ein Beispiel für die erwähnten Prozesse der Aushandlung.[83] In diesem Zusammenhang spielt es

---

80 Roland Barthes: *Die Sprache der Mode*. Frankfurt am Main: Suhrkamp 1985 [Frz.: *Système de la mode*, 1967].

81 Indem Barthes die Dinge beschrieb, kämpfte er für seine Art, das Leben zu sehen. Er kämpfte damit also auch darum, auf eine spezifische Art eine Nähe zum Alltag zu erlangen (vgl. Ottmar Ette: Auf der Suche nach dem (sich verlierenden) Leben. Wissenschaft und Schreiben bei Roland Barthes. In: Angela Oster / Karin Peters (Hrsg.): *Jenseits der Zeichen. Roland Barthes und die Widerspenstigkeit des Realen*. München: Fink 2012, S. 35–64).

82 Gudrun M. König: Das Veto der Dinge. Zur Analyse materieller Kultur. In: Dies. / Karin Priem / Rita Casale (Hrsg.): *Die Materialität der Erziehung. Kulturelle und soziale Aspekte pädagogischer Objekte*. Weinheim: Beltz 2012, S. 14–31, hier S. 24. Der Konsumsoziologe Don Slater vergleicht die Ambiguität von Dingen mit Vexierbildern, also Bildern, in denen man entweder zwei einander zugewandte Gesichtsprofile oder aber eine Vase erkennen kann (vgl. Don Slater: Ambiguous Goods and Nebulous Things. In: *Journal Consumer Behaviour* 13,2 (2014), S. 99–107). Dieses drastische Bild ist einleuchtend. Allerdings ist Slaters Argumentation insofern verkürzend, als er diese Ambiguität als Ergebnis der Praktiken sieht und nicht den Dingen selbst zuordnet. *Contra* Slater wird hier doch die Auffassung vertreten, dass Widersprüche konstitutiv in den Objekten des Alltags stecken. Kultur ist demnach nichts anderes als eine Festlegung, bestimmten Eigenschaften eine Priorität zu geben, andere hingegen als bedeutungslos zu betrachten.

83 Konsumkritik und die Bemühung, den stetig anwachsenden Konsum in ‚vernünftige Bahnen' zu lenken, gehört zu den wichtigsten gesellschaftlichen Bewegungen des 20. Jahrhunderts (vgl. Hans Peter Hahn: *Materielle Kultur. Eine Einführung*. Berlin: Reimer 2005, S. 66–69; Gudrun M. König: *Konsumkultur. Inszenierte Warenwelt um 1900*. Wien: Böhlau 2009, S. 304).

keine Rolle, ob sich durch Konsumkritik das Verhalten der Konsumenten tatsächlich ändert, oder ob, wie Daniel Miller[84] hervorhebt, die Konsumkritik sich als unwirksam erwiesen hat. Alle Konsumgesellschaften sind stets mit Fragen über die richtige Bewertung des Konsums befasst.

Die Frage, welche Güter käuflich sein sollten und welche man aus der Sphäre der Warenform herausnehmen sollte, verweist nur auf eine von zahlreichen ambivalenten Aspekten im Umgang mit Alltagsobjekten. Dabei geht es nicht nur um ökonomische Fragen der Käuflichkeit oder um den angemessenen Preis. Es geht auch um Fragen der Gesundheit, der Umwelt, der seelischen Entwicklung, um religiöse Eigenschaften von Dingen und nicht zuletzt um die Vorstellung von Unverkäuflichkeit kulturell einzigartiger Objekte. Es gibt kaum einen Gegenstand in der Alltagswelt, der nicht aus dem einen oder anderen Grund in den Fokus einander widersprechender Bewertung gerät.

Dabei ist von vergleichsweise geringer Bedeutung, ob aus solchen Aushandlungsprozessen letztlich einheitliche und übereinstimmende Bewertungen hervorgehen oder ob solche Konflikte, die Bewertungen als Gegenstand haben, über die Zeit hindurch fortdauern. Was hier thematisiert werden soll und auch in allen Beiträgen dieses Bandes eine Rolle spielt, betrifft vielmehr die Unabschließbarkeit der Bewertung von Dingen. Dass materielle Gegenstände immer wieder anderen und einander widersprechenden Bewertungen unterliegen, ist Teil dessen, was hier als ‚Eigensinn der Dinge' bezeichnet wird.[85]

Für die Wahrnehmung einer Ambivalenz spielt es keine Rolle, ob es sich um sehr hochwertige oder mehr oder weniger ‚wertlose' Dinge handelt, ob es um Innovationen geht oder um solche Gegenstände, die seit langer Zeit zum Standardinventar der Konsumgesellschaften

---

84 Daniel Miller: The Poverty of Morality. In: *Journal of Consumer Culture* 1,2 (2001), S. 225–243.

85 Aushandlungen finden ganz offensichtlich beim Umgang mit bestimmten technischen Geräten wie dem Mobiltelefon statt. Es gibt kaum ein Feld (Gesundheit, Ökonomie, Soziales), bei dem sich die Bewertung in den letzten zehn Jahren nicht grundlegend gewandelt hätte. Mobiltelefone sind in dieser Hinsicht „unvorhersehbare Objekte" (vgl. Daniel Miller: The Unpredictable Mobile Phone. In: *BT Technology Journal* 24,3 (2006), S. 41–48; Hans Peter Hahn: Orientierung / Desorientierung durch Dinge. In: Ders. / Samida / Eggert (Hrsg.): *Handbuch Materielle Kultur*, S. 125–132).

gehören. Ein alltägliches Beispiel betrifft den Stuhl, der sicher als ein altes Kulturgut gelten kann.[86] Dennoch ist die Ambivalenz zumindest all jenen gut vertraut, die professionell einen Stuhl benutzen, also zum Beispiel während der Arbeit auf einem solchen Objekt sitzen. Die gesundheitliche Gefährdung, die vom langfristigen Gebrauch des Stuhls ausgeht, ist mittlerweile allgemein bekannt. Es gibt Versuche, andere Formen des Sitzens zu propagieren, um die schädlichen Folgen abzumildern.[87] Der Stuhl zeigt auf diese Weise, wie Dinge als positiv, notwendig und grundlegend für eine bestimmte Lebensform angesehen werden, zugleich aber auch in den Verdacht geraten, substantielle Probleme dieser Lebensweise zu verursachen. Wie bei einer Reflektion über die Gegenwart dieser Alltagsobjekte unweigerlich bewusst wird, sind Stühle sehr viel mehr als nur funktionale Gestelle. Ihre Gleichförmigkeit erzwingt ein „Ähnlich-werden" der Körper.[88]

Stühle haben wenigstens zwei Seiten, wenn man nur ihren Gebrauch und dessen Konsequenzen betrachtet. Aber es ist auch relevant, weitere Aspekte der Erscheinungsformen von einzelnen Stühlen zu betrachten: Sie mögen abgenutzt sein oder kaum gebraucht, sie können eine Patina des Alterns tragen.[89] Auch wenn das Sitzen auf Stühlen zu den essentiellen Phänomenen der Globalisierung gehört und heute bis in die letzten Winkel der Erde in einer exakten Nachahmung des westlichen (und verhängnisvollen) Modells vollzogen wird, gibt es doch auch den radikalen Wandel von Kontext,

---

86 Hajo Eickhoff: Kulturgeschichte des Sitzens. In: Ders. (Hrsg.): *Sitzen. Eine Betrachtung der bestuhlten Gesellschaft.* Begleitbuch zur Ausstellung des Deutschen Hygiene-Museums. Gießen: Anabas 1997, S. 12–35.
87 Galen Cranz: *The Chair. Rethinking Culture, Body and Design.* New York: Norton 1998.
88 Pauline Garvey: Consuming IKEA. In: Clarke (Hrsg.): *Design Anthropology*, S. 142–153; Todd Hartman: On the Ikeaization of France. In: *Public Culture* 19,3 (2007), S. 483–498. Nicht viel anders, jedoch in einer entgegengesetzten Logik, war der Stuhl (als Königssitz) in historisch früheren Epochen ein zentrales Instrument der Markierung sozialer Unterschiede (vgl. Martin Dinges: Materielle Kultur und Alltag – die Unterschichten in Bordeaux im 16./17. Jahrhundert. In: *Francia* 15 (1987), S. 257–279; Hans Ulrich Reck / Jean Zuber: Sitze des Sakralen – Orte des Profanen. Dualismus; Bildmagie und eine Rückkehr in die Zeit. In: Dies. (Hrsg.): *Zeichen, Zeit, Symbolzerfall: philosophisch-poetische Streifzüge durch drei imaginäre Landschaften.* Basel: Verlag für interkulturelle Symbolforschung 1986, S. 113–166).
89 Jules D. Prown: Style as Evidence. In: *Winterthur Portfolio* 15,3 (1980), S. 197–210.

Gebrauchsweise und Form beim Übergang von einer Kultur zu anderen, wie an ethnologischen Beispielen zu erkennen ist.⁹⁰ Weniger spektakulär, aber nicht weniger ambivalent sind die Gebrauchsweisen und Kontexte der Plastiktüte. Dieses im Jahr 1953 erfundene Alltagsobjekt kann ohne Übertreibung als Inbegriff der Bequemlichkeit wie auch der globalen Müllproblematik bezeichnet werden. Joseph Beuys ‚adelte' Plastiktüten, indem er sie durch seine Unterschrift auf der documenta im Jahr 1972 zu Kunstwerken machte. Einige wenige Zeitgenossen erkennen darin Sammelobjekte. Andere haben in diesem formlosen Objekt ein Ausdruck des Zeitgeistes entdeckt und beschreiben Plastiktüten als Teil von Lebensstilen. Der auf Geschichte und Lebensstil beschränkte Zugriff⁹¹ verfehlt allerdings die Dramatik der durch Plastikmüll entstandenen Umweltprobleme.⁹²

Die Plastiktüte zeigt deutlicher als alle anderen Objekte die für das Verständnis von materieller Kultur notwendig zu berücksichtigende Rolle von ‚Nicht-Wissen' oder ‚Nicht Wissen-wollen'.⁹³ Damit wird die überraschend weit gehende Deutungsoffenheit am Beispiel der Plastiktüte überdeutlich. Sie gilt aber auch für die Geschichte des Plastiks insgesamt. Aus sehr unterschiedlichen Motiven und Intentionen der beteiligten Akteure heraus wurde der Aufstieg dieses

---

90 Oberhofer erläutert dies am Beispiel eines ‚afrikanischen' Stuhles, der zurück nach Europa gelangte und dort eine erhebliche öffentliche Wirkung hatte (vgl. Michaela Oberhofer: The Appropriation of the Other: Following a Royal Throne from Bamum to Berlin. In: *DiARTgonale* 1 (2012), S. 32–39). Siehe hierzu auch Hans-Peter Hahn: Die Revolution im Sitzen: Wie Gunta Stötzle und Marcel Breuer in der Exotik afrikanischer Throne eine Inspirationsquelle fanden, mit den Normen und Traditionen des europäischen Sitzens zu brechen. In: *Bauhaus. Zeitschrift der Stiftung Bauhaus Dessau* 5 (2013), S. 19–25.
91 Heinz Schmidt-Bachem: *Tüten, Beutel, Tragetaschen. Zur Geschichte der Papier, Pappe und Folien verarbeitenden Industrie in Deutschland*. Münster: Waxmann 2001.
92 Bernd Freytag: Plastiktüten bedecken das Meer. In: *Frankfurter Allgemeine Zeitung*, 26.06.2013, S. 12; Marcus Jauer: Die letzte Tüte. Es gab einmal eine Zeit, in der wir einfach alles, was wir kauften, in Plastik einpackten, ohne darüber nachzudenken. Ist das zu glauben? In: *Frankfurter Allgemeine Zeitung*, 09.11.2013, S. 39. Die Recyclingfähigkeit von Plastik ist allgemein bekannt, tatsächlich handelt es sich hier aber um eine mühsam erstrittene Praxis (vgl. Ruth Oldenziel / Heike Weber: Introduction: Reconsidering Recycling. In: *Contemporary European History* 22,3 (2013), S. 347–370).
93 Vielleicht ist der Hiatus zwischen globaler Problematik und lokaler Bequemlichkeit nur noch in künstlerischer Form zu erklären, wie es Ramin Bahrani in seinem Kurzfilm über die Biografie einer Plastiktüte versucht hat (vgl. *Plastic Bag*, Video, IT 2009, R: Ramin Bahrani).

Materials in kühne Träume einer mehr oder weniger vollständig aus Plastik gestalteten materiellen Umwelt des Alltags umgewandelt[94] oder als sehr spezifisches Plastik-Design angepriesen[95]. Plastik und seine Geschichte sind aber nicht nur ein Beispiel für die Ignoranz von Konsumenten, sondern auch eines für die globale Verbreitung bestimmter Güter. Gerade Plastiktüten und andere Plastikobjekte spielen heute auf allen Kontinenten zugleich als Ikonen des Konsums[96] und als bedrohliches Signum einer längst unkontrollierbaren kulturellen Verflechtung eine Rolle.[97] Kaum ein Benutzer einer Plastiktüte hat die weitreichenden Konsequenzen vor Augen, die sich aus den routinemäßigen Gebrauchsmustern dieses Objekts ergeben. Dennoch gibt es gerade in Konsumgesellschaften auch Personen, die darin eine der zentralen Herausforderungen für das zukünftige Leben auf dem Planeten Erde sehen.[98] Während in manchen Ländern bereits Regeln zur Einschränkung der Plastiknutzung erlassen wurden, steht die Debatte in vielen anderen Ländern erst ganz am Anfang. Dass es solche Umwertungen gibt und dass neue Perspektiven zu völlig anderen Umgangsweisen führen können, lässt sich an zahlreichen Beispielen belegen.[99] Umwertungen von Dingen und neue Richtlinien des Umgangs sind normale Vorgänge. Diese Dynamik beruht auf ihrer Mehrdeutigkeit,

---

94 Andrea Westermann: Die Oberflächlichkeit der Massenkultur. Plastik und die Verbraucherdemokratisierung der Bundesrepublik. In: *Historische Anthropologie* 16,1 (2008), S. 8–30.
95 Alison J. Clarke: *Tupperware. The Promise of Plastic in 1950s America*. Washington: Smithsonian 1999; Susan Mossmann / Raven Smith: *Fantastic Plastic: Product Design and Consumer Culture*. London: Black Dog 2008.
96 Editha Platte: Towards an African Modernity. Plastic Pots and Enamel Ware in Kanuri-women's Rooms (Northern Nigeria). In: *Paideuma* 50 (2004), S. 173–192; Markus Schindlbeck: Kulturveränderungen in der Südsee. In: Ders. / Renate von Gizycki (Hrsg.): *Von Kokos zu Plastik. Südseekulturen im Wandel*. Begleitbuch zur gleichnamigen Ausstellung im Museum für Völkerkunde Berlin, vom 22.10.1993 bis 30.01.1994. Berlin: Reimer 1993, S. 61–135.
97 Anath Ariel de Vidas: Containing Modernity: The Social Life of Tupperware in a Mexican Indigenous Village. In: *Ethnography* 9,2 (2008), S. 257–284; Edmond El Maleh: Itinéraire: critique de la critique. In: *Horizons Maghrébins* 33–34 (1997), S. 10–15; Brad Weiss: Plastic Teeth Extraction: the Iconography of Haya Gastrosexual Affliction. In: *American Ethnologist* 19,4 (1992), S. 538–552.
98 Jennifer Gabrys / Gay Hawkins / Mike Michael (Hrsg.): *Accumulation. The Material Politics of Plastic*. London: Routledge 2013.
99 Hans Peter Hahn / Jens Soentgen: Acknowledging Substances. Looking at the Hidden Side of the Material. In: *Philosophy and Technology* 24,1 (2010), S. 19–33.

auf Ambivalenzen und auf den unterschiedlichen Bewertungen. Neben dem Stuhl und der Plastiktüte sei hier als drittes Beispiel das Auto erwähnt. Das Auto, das schon von Böhme als Fetisch der Gegenwart analysiert wird und über das Roland Barthes einen vielzitierten kurzen Essay verfasst hat,[100] ist nicht weniger umstritten als viele andere Dinge des Alltags. Ohne Zweifel ist das Automobil ein ‚Leitmotiv' materieller Kultur für die sogenannten Konsumgesellschaften[101]. Wenige andere Objekte greifen so tief in die körperliche Selbstwahrnehmung des Einzelnen ein wie das Auto.[102] Vor diesem Hintergrund und im Kontext der räumlichen Ordnung moderner Städte könnte man von der Autogesellschaft oder von der Autostadt sprechen.

Schon die Nennung dieser Begriffe evoziert aber auch die nicht zu überhörenden Ambivalenzen, die diesem Objekt anhaften – wenigstens, wenn es Gesellschaft und Stadt dominiert. Dabei ist die Durchsetzung des Autos durchaus nicht nur ein Prozess technischen Fortschritts, sondern auch eine Verschiebung von Normen und Erwartungen, was die Mobilität von Gruppen und Einzelnen angeht.[103] Autos sind nicht nur das, was Werbung und andere mediale Repräsentationen glauben machen wollen. Die „Aneignung des Autos"[104] ist weder als selbstverständliches Resultat der technischen Möglichkeiten noch als Reaktion auf Zeichen und Symbole zu verstehen, wie Bernhard Rieger anhand der Geschichte des VW-Käfers zeigt.[105]

---

100 Roland Barthes: Der neue Citroën. In: Ders.: *Mythen des Alltags*. Frankfurt am Main: Suhrkamp 1964, S. 76–78.
101 Tim Dant: The Driver Car. In: *Theory, Culture and Society* 21, 4–5 (2004), S. 61–79.
102 Das Auto verleiht nicht nur Flügel, wie es einem Fahrer im Rausch der Geschwindigkeit erscheinen könnte, sondern es zwängt auch ein. Verengte Sitzposition, Reduktion der Beweglichkeit, all das gehört ebenfalls zu den körperlichen Konsequenzen des Autos, wie John Urry zeigt (vgl. John Urry: The 'System' of Automobility. In: *Theory, Culture and Society* 21,4–5 (2004). S. 25–39).
103 Gijs Mom: *Atlantic Automobilism. The Emergence and Persistence of the Car, 1895–1940*. Oxford: Berghahn 2014; ders.: Editorial. In: *Transfers. Interdisciplinary Journal Mobility Studies* 1,1 (2011), S. 1–12; ders: Encapsulating Culture: European Car Travel 1900–1940. In: *Journal of Tourism History* 3,3 (2011), S. 289–307.
104 Eamonn Carrabine / Brian Longhurst: Consuming the Car: Anticipation, Use and Meaning in Contemporary Youth Culture. In: *The Sociological Review* 50,2 (2002), S. 181–196.
105 Bernhard Rieger: *The People's Car. A Global History of the Volkswagen Beetle*. Cambridge: Harvard University Press 2013.

„Kulturen das Autos"[106] können sehr viel mehr und andere Seiten haben, als eine lediglich an Technik und Funktion ausgerichtete Perspektive.[107] Erst die Zukunft wird weisen, wie unsere Gesellschaft über Autos denkt und in welcher Weise Mobilität im Alltag gestaltet werden wird. Sicher ist jedoch, dass mit dem Auto trotz der hohen Aufmerksamkeit, die es erfährt, zahlreiche unreflektierte, nicht ausgesprochene Wahrnehmungen verbunden sind. Trotz der Alltäglichkeit und der Prominenz dieses ‚Dings' gibt es keine Klarheit über seine Eigenschaften (was macht das Auto mit dem Menschen?) und keinen Konsens über seine Bewertung. Das ist es, was hier als ‚Eigensinn' bezeichnet werden soll.

„Spekulativen Realismus" nennt Graham Harman die Einsicht in die Tatsache, dass konkreten Dingen stets eine unbegrenzte Zahl an Möglichkeiten der Wahrnehmung, Bewertung und Benutzung zugeordnet ist.[108] Die hier an einigen Beispielen gezeigte Ambivalenz des Materiellen ist in dieses Konzept eingebettet. Es ist nicht von der Hand zu weisen, dass es dieselben Objekte sind (Stuhl, Plastiktüte, Auto), die einmal als Garanten des Komforts und des guten Lebens erscheinen und die aus anderer Perspektive gerade gegen diese Werte zu stehen scheinen. Es kann nicht die Aufgabe einer kulturwissenschaftlichen Perspektive sein, solche Widersprüche auszulöschen. Vielmehr muss sie die Ambivalenz als ein Potential der Perspektive auf materielle Kultur insgesamt betrachten. Gerade im Kontext der Alltagsobjekte, die vielfach vorkommen, die immer wieder gebraucht werden und mit denen viele Menschen eine unmittelbare Erfahrung verbinden, ist folgende Aussage evident: Dinge sind mehr, als sie auf den ersten Blick zu sein scheinen. Die sensible Positionierung einer Dokumentation im Schnittfeld unterschiedlicher Perspektiven muss

---

106 Daniel Miller: Alienable Gifts and Inalienable Commodities. In: F. R. Myers (Hrsg.): *The Empire of Things*. Sante Fe: School of American Research 2001, S. 91–115.
107 Wie bei den anderen Beispielen auch ist die globale Perspektive in dieser Erörterung noch überhaupt nicht ausreichend berücksichtigt. Autos werden heute in fast allen Ländern genutzt. Zudem gibt es unendlich viele Möglichkeiten der Veränderung, der Umnutzung und der Neudefinition von Autos, wie Beispiele aus Afrika zeigen (vgl. Kurt Beck: Die Aneignung der Maschine. In: Karl-Heinz Kohl (Hrsg.): *New Heimat*. New York: Lukas & Sternberg 2001, S. 66–77; Uli Beisel / Tillmann Schneider: Provincializing Waste: The Transformation of Ambulance Car 7/83-2 to tro-tro Dr. JESUS. In: *Environment and Planning D: Society and Space* 30 (2012), S. 639–654).
108 Graham Harman: *Der dritte Tisch*. Ostfildern: Hatje Cantz 2012; ders.: Preface. In: Gustavo Utrabo (Hrsg.): *Approach*. Curitiba: Edicao Independente 2012, S. 12–25.

schon aus diesen methodischen Erwägungen heraus einen Reichtum an Eigenschaften zeigen, der auch Widersprüche enthält.[109] Wie kann es gelingen, die Zahl an Eigenschaften auf das Relevante zu reduzieren? Welche Eigenschaften sind wichtig, welche sind weniger bedeutsam? Diese Fragen beschäftigen zahlreiche Modelle materieller Kultur. Aber basieren diese Fragen ihrerseits nicht auf einer falschen Prämisse? Solche Fragen stehen unter dem Vorsatz, den Dingen ihre Ambivalenz nehmen zu wollen, sie zu positionieren, oder sie gar ‚still zu stellen'. Die Herausforderung, denen sich der Diskurs durch die Präsenz der Dinge gegenübersieht, wird dabei vernachlässigt.[110] Jeder Versuch, Dinge auf Bedeutungen und Funktionen zu reduzieren, muss an der Komplexität unterschiedlicher Wahrnehmungen scheitern. Nur ganz wenige Dinge sind ‚dienlich' oder ‚repräsentieren', die meisten Gegenstände in unserer Gegenwart haben jedoch keine solche Funktion, oder sie haben diese Funktion nur zu ganz bestimmten Zeitpunkten. Was bei der Priorisierung von Funktion und Repräsentation unterschätzt wird, ist die Tatsache, dass Dinge Menschen immer wieder gezwungen haben, weiter zu denken und die Veränderung des eigenen Horizontes mit der Gegenwart der Dinge zu verbinden. Dinge sind, wie der Begriff des Eigensinns deutlich machen soll, eine Herausforderung.

Dinge mögen in vielen Situationen funktional und dienlich sein. Aber auch die Zahl der dysfunktionalen Verkettungen von Mensch und Ding ist sehr groß. Die Vorstellung eines wie auch immer geordneten Netzwerkes, wie es z. B. in der ANT zur Geltung kommt, wurde schon im letzten Abschnitt kritisiert. Hier ist hervorzuheben, dass sich ‚Ambivalenz' als ein Aspekt der Dinge auf der Ebene der Konzeptbildung auch gegen die Idee des Netzwerkes richtet. Zweifellos haben Dinge Wirkungen; Menschen und Dinge sind miteinander

---

109 ‚Das Ding an sich' muss vor diesem Hintergrund als eine Chimäre bezeichnet werden. Die Reduktion auf ‚objektive' Eigenschaften muss für eine kulturelle Beschreibung unbefriedigend bleiben (vgl. Klaas Huizing: *Das Ding an sich: eine unerhörte Begebenheit aus dem Leben Immanuel Kants*. München: Knaus 1998).
110 Die Präsenz als Herausforderung für das Projekt des Verstehens von Lebenswelten beschrieb eindringlich Hans Ulrich Gumbrecht. Für Gumbrecht sind die materiellen Dinge in der Umgebung des Einzelnen der erste Stein des Anstoßes in dem Vorhaben, einen hermeneutischen Zugriff auf die Gegenwart zu entfalten. (Vgl. Hans Ulrich Gumbrecht: *Diesseits der Hermeneutik. Die Produktion von Präsenz*. Frankfurt am Main: Suhrkamp 2004.)

„verflochten"[111]. Aber solche Wirkungen werden sehr unterschiedlich, mal positiv, mal negativ erfahren. Solche ambivalenten Erfahrungen zu reflektieren und die grundlegende Tatsache dieser Widersprüchlichkeit herauszustellen, ist die eigentliche Chance der Befassung mit materieller Kultur. Mit Alf Lüdke begründet die Verwendung des Wortes ‚Eigensinn' hier nicht die Konfrontation und Abgrenzung von den Dingen als ‚Gegenständen'.[112] Eigensinn meint vielmehr eine taktische Relation. Die Dinge lehnen sich nicht auf, aber sie zeigen sich immer wieder anders.[113] Lüdtke verwendet dafür den Begriff der „träumerischen Resistenz"[114]. Sicher ist das nicht falsch, wenn es um die geistigen Herausforderungen geht, die Dinge für uns bereithalten.

Karrieren von Dingen: Erinnerung und Emotion

Dinge haben einen besonderen Wert als Objekte der Erinnerung. Jenseits der so oft überbewerteten Funktion und Repräsentation entstehen bedeutungsvolle Aspekte zunächst durch die Anwesenheit von Dingen in der Lebenswelt des Einzelnen. Diese Emergenz des Bedeutungsvollen wurde hier schon mehrfach als Evokation bezeichnet, wie es schon von Marius Kwint vorgeschlagen worden war.[115] Die Fähigkeit der Evokation steht, wie bereits erwähnt, oft im

---

111 Langdon Winner: Do Artifacts have Politics? In: Ders. (Hrsg.): *The Whale and the Reactor: A Search for Limits in an Age of Hight Technology*. Chicago: University of Chicago Press 1988, S. 19–39; Ian Hodder: *Entangled. An Archaeology of the Relationships between Humans and Things*. Chichester: Blackwell 2012.

112 Alf Lüdtke: Eigensinn. In: *Lexikon Geschichtswissenschaft. Hundert Begriffe*, hrsg. v. Stedan Jordan. Stuttgart: Reclam 2003, S. 64–67.

113 Wie Walter Grasskamp sehr eindringlich beschreibt, ist diese ‚Auflehnung der Dinge' zum Beispiel im Kontext der Museumsbesuche ein wichtiger Zusammenhang. Grasskamp hebt hervor, dass die ‚toten Dinge' kaum je zur Herausforderung werden. Wie er beobachtet hat, behandeln literarische Reflektionen von Museumsbesuchen fast immer eine Zunahme von Vitalität der ausgestellten Objekte. Die vorgestellte Verlebendigung ermöglicht es den Menschen, die bedrohliche Seite der Dinge zu entdecken. (Vgl. Walter Grasskamp: *Sonderbare Museumsbesuche von Goethe bis Gernhardt*. München: Beck 2006.)

114 Alf Lüdtke: Geschichte und Eigensinn. In: Heike Diekwisch (Hrsg.): *Alltagskultur, Subjektivität und Geschichte. Zur Theorie und Praxis von Alltagsgeschichte*. Münster: Westfälisches Dampfboot 1994, S. 139–153, hier S. 139.

115 Marius Kwint: Introduction: The Physical Past. In: Ders. / Christopher Breward / Jeremy Aynsley (Hrsg.): *Material Memories: Design and Evocation*. Oxford: Berg 1999, S. 1–16.

Kontext des Beiläufigen: Der Betrachter bemerkt nicht einmal, dass es ein bestimmtes Objekt oder ein bestimmte Anordnung ist, die eine Erinnerung hervorruft oder bestimmte Emotionen wiederaufleben lässt. Die materiale Kontinuität, ungeachtet aller Prozesse der Alterung und des Zerfalls, ist ein wichtiger Faktor der Wahrnehmung von Dingen. Wir sehen Dinge und erkennen sie wieder: Wir erkennen an der Konstanz der Dinge die eigene Veränderung oder gerade an der Veränderung der Dinge das Verstreichen von Zeit, während der wir als Betrachter uns weniger verändert haben. Anstelle von einer zeitlichen Konstanz ist es genauer vom eigenen Rhythmus der Veränderung der Dinge auszugehen.

Edward Shils hat schon früh auf materielle Kultur als wichtigen Träger von Erinnerung hingewiesen.[116] Im Kontext der ihn interessierenden Fragen geht es um Erinnerung im öffentlichen Raum und um populäre Objekte, die mit dieser Erinnerung verbunden werden. Es handelt sich um Denkmäler, die eine ideale Gleichsetzung von materieller Kultur und Erinnerung zu sein scheinen. Stefanie Samida unterscheidet allerdings zwischen öffentlichen Denkmälern, die als solche erstellt wurden, und anderen öffentlichen Monumenten, die erst im Laufe der Zeit den Status eines Denkmales erlangt haben.[117] Schon an dieser Differenzierung zeigt sich, dass es durchaus keine Übereinstimmung zwischen der inhaltlichen Aussage, also der Bedeutung eines Denkmals, und seiner Bewertung gibt. Noch drastischer drückt sich dies anhand von Denkmalstürzen aus, die wohl alle gesellschaftlichen Umbrüche begleitet.[118] Karrieren von Dingen sind also in wenigstens zweierlei Hinsicht zu verstehen: Einmal als eine immer höhere Bewertung, wie es bei solchen Dingen der Fall ist, die über lange Zeiträume hoch geschätzt werden, zum anderen aber auch der Verfall oder gar die dezidierte Ablehnung, die auch zur Zerstörung des Denkmals führen kann.

---

116 Edward A. Shils: *Tradition*. London: Faber and Faber 1981.
117 Stefanie Samida: Denkmale. In: Dies. / Eggert / Hahn (Hrsg.): *Handbuch Materielle Kultur*, S. 189–192.
118 Joes Segal: Disturbing Things. The Interpretation of East German Artwork in the Reunified Germany. In: U. A. Balbier / C. Cuevas-Wolf / J. Segal (Hrsg.): *East German Material Culture and the Power of Memory*. Washington: German Historical Institute 2011, S. 101–112.

Die Bedeutung eines Denkmals sollte also nicht als etwas aufgefasst werden, das in dem Objekt selbst verhaftet ist. Ein solches Verständnis vom Potential der Erinnerung unterschätzt die Fähigkeit des Wahrnehmenden, in der Gegenwart eines Denkmales oder eines anderen Dings selbst solche Bedeutungen zu generieren. Auf einer allgemeinen Eben ist daraus zu folgern: Es ist ein Fehler, Objekte lediglich als Speicher von Geschichte oder Bedeutung zu beschreiben, wie es zum Beispiel durch den vielzitierten, von Krzysztof Pomian[119] geprägten Begriff der ‚Semiophore' nahegelegt wird.[120] Eine genauere Beschreibung der Prozesse der Evokation von Bedeutungen zwischen Betrachter und Objekt entwickelt zum Beispiel Alan Radley, indem er die Metapher der ‚Wieder-Einrahmung' einführt (= Re-Framing).[121] Im Moment der Betrachtung wird das Objekt demnach in einen neuen Rahmen gestellt, der seinerseits für die Bewertung und die Verknüpfung mit Geschichte sorgt.

Auratische Objekte, Dinge deren Herkunft und Geschichte einen Wert als solchen darstellen, spielen eine große Rolle im Mittelalter,[122] wie das Beispiel der Reliquien eindrücklich zeigt. Welche eindrucksvollere Karriere – etwa für ein Stück Holz – kann es geben, als zu einem heiligen und heilsspendenden Objekt erklärt zu werden? Das ist die Karriere des Holzstücks, dem eine Herkunft aus dem Kreuz Jesu gewiesen wird. Wie heute allgemein bekannt ist, muss es sich in sehr vielen Fällen um Zuschreibungen dieser Art gehandelt haben, da man nur wenig über die wirklichen Herkunft und Wege solcher Dinge weiß.[123]

Kollektive Erinnerung[124] ist aber nur ein Aspekt des Aufstiegs von Dingen. Von wenigstens gleich großer Bedeutung sind die privaten

---

119 Pomian: *Der Ursprung des Museums*.
120 Andrew Jones: *Memory and Material Culture*. New York: Cambridge University Press 2007.
121 Alan Radley: Artefacts, Memory and a Sense of the Past. In: David Middleton / Derek Edwards (Hrsg.): *Collective Remembering*. London: Sage 1990, S. 46–59.
122 Peter Wolf: Dingliche Relikte (im Mittelalter). In: Michael Maurer (Hrsg.): *Aufriß der Historischen Wissenschaften*, Bd. IV: Quellen. Stuttgart: Reclam 2002, S. 126–144.
123 Aleida Assmann weist darauf hin, wie im 18. Jahrhundert Archive (und damit Erinnerungsobjekte) als politische Instrumente erkannt und institutionalisiert wurden (vgl. Aleida Assmann: Canon and Archive. In: Astrid Erll (Hrsg.): *Cultural Memory Studies. An International and Interdisciplinary Handbook*. Berlin: de Gruyter 2008, S. 97–108).
124 David Middleton (Hrsg.): *Collective Remembering*. London: Sage 1990.

Denkmale, die persönlichen Erinnerungsobjekte, die jeder Mensch aufbewahrt, mit sich trägt und denen er sich mit Empathie widmet.[125] Andreas Kuntz gibt dazu ein Beispiel, das in hervorragender Weise die erwähnte Metapher des Re-Framing veranschaulicht.[126] Es geht dabei um einen Kinderwagen, der an die dramatischen Ereignisse der Entführung eines Babys erinnert. Dieser Kinderwagen wird über Jahrzehnte aufgehoben. Auf einer Ebene handelt es sich also um ein Erinnerungsobjekt. Aber im Laufe der Jahre tritt die Erinnerung in den Hintergrund und auf einer zweiten Ebene wird die Problematik der Schuld (mangelnde Aufsicht?) wichtiger. Ein neuer Rahmen macht aus dem Objekt der Trauer ein Zeugnis der Anklage, die Last des Objektes wird immer erdrückender und schließlich unerträglich.[127] Die Evokationen der Dinge lassen sich nicht kontrollieren. Eine zunächst positive Erinnerung kann nach einiger Zeit ‚umschlagen' und zur Belastung werden. Eine ganz ähnliche Ambivalenz gilt für das Souvenir oder Andenken. Es ist nicht von der Hand zu weisen, dass eine positive emotionale Bindung in vielen Fällen den Erwerb solcher Dinge motiviert.[128] Zugleich weiß jeder, wie viel von solchen

---

125 Ruth E. Mohrmann: Dingliche Erinnerungskultur im privaten Bereich. In: Brigitte Bönisch-Brednich (Hrsg.): *Erinnern und Vergessen. Vorträge des 27. Deutschen Volkskundekongresses Göttingen 1989.* Göttingen: Schmerse 1991, S. 209–217.
126 Andreas Kuntz: Erinnerungsgegenstände: Ein Diskussionsbeitrag zur volkskundlichen Erforschung rezenter Sachkultur. In: *Ethnologia Europea* 20 (1990), S. 61–80; ders.: Objektbestimmte Ritualisierungen. Zur Funktion von Erinnerungsobjekten bei der Bildung familialer Geschichtstheorien. In: Bönisch-Brednich (Hrsg.): *Erinnern und Vergessen*, S. 219–234.
127 Janet Hoskins hat in hervorragender Weise die Verflechtung von Lebenswegen und Wegen der Dinge beschrieben (vgl. Janet Hoskins: *Biographical Objects. How Things Tell the Stories of People's Lives*. London: Routledge 1998). Solche Objekte, die durch ihre einfache Gegenwart in entscheidenden Momenten des Lebens eine besondere Bedeutung erhalten, sind unsichere Zeitgenossen. Man weiß nicht, wie die evozierten Ereignisse später bewertet werden. Das gilt zum Beispiel auch für Objekte der Migration, die gewissermaßen eine materielle Verbindung zwischen dem Ort der Herkunft und dem Ort der Migration erzeugen (vgl. Peter Geimer: Nur der Wasserhahn war Zeuge – Koffer von Emigranten. In: *Frankfurter Allgemeine Zeitung* 17.02.2007. S. Z3).
128 Günter Oesterle: Souvenir und Andenken. In: Ulrich Schneider / Birgit Gablowski / Gudrun Körner (Hrsg.): *Der Souvenir. Erinnerung in Dingen von der Reliquie zum Andenken*. Katalog zur gleichnamigen Ausstellung am Museum für Angewandte Kunst Frankfurt, 29.06.–29.10.2006 u. zur Ausstellung „Erinnerung ohne Dinge? Auf dem Weg zum digitalen Souvenir" am Museum für Kommunikation Frankfurt, 29.06.–10.09.2006. Köln: Wienand 2006, S. 16–45.

Dingen Jahre später als nutzloser Kitsch in der unmittelbaren Umgebung, in der Wohnung als eine Belastung empfunden wird.
Kulturpsychologische Untersuchungen zum Sachbesitz verweisen immer wieder auf die Situationsabhängigkeit jeder Bewertung. Ganz ähnliche Dinge können einmal erleichternd oder ermutigend, das Selbstwertgefühl steigernd oder aber zum anderen störend, belastend und sogar einschüchternd wirken. Mihaly Csikszentmihalyi und Eugène Rochberg-Halton haben daraus ein eher schematisches Modell entwickelt, das im sogenannten „*flow*-Erlebnis" kulminiert.[129] Dieses als positiv und vitalitätssteigernd empfundene Erlebnis soll immer dann eintreten, wenn die Dinge des täglichen Lebens so arrangiert werden, dass sie Selbstwahrnehmung und Selbstwertgefühl der Menschen in ihrer Wohnumwelt unterstützen. Allerdings erwies sich die Vorstellung als verfehlt, z. B. das Mobiliar in einer Wohnung gezielt so arrangieren zu können, dass eine solche positive Rückkoppelung garantiert eintritt. Offensichtlich ist dies nicht ohne weiteres im Voraus zu berechnen. Es gibt keine Liste von Eigenschaften der Dinge oder ihren ‚Bedeutungen', die das *flow*-Erlebnis objektiv sichern könnten. Wieder zeigt sich hier der Eigensinn: Auch wenn niemand bestreiten wird, dass es solche positiv verstärkenden Effekte durch die Anwesenheit von Dingen gibt, so bleibt es doch fast unmöglich, eine Liste der dafür notwendigen Vorbedingungen zu erstellen.[130]
Ebenfalls im Kontext einer ‚Kulturpsychologie der Dinge' wurden verschiedene Untersuchungen zum Sachbesitz angestellt. Ausgehend von dem Befund, dass Einzelne und Familien in den sogenannten Konsumgesellschaften immer mehr materielle Gegenstände besitzen und in sehr vielen Fällen eine solche Menge an Dingen angehäuft haben, dass sie überhaupt nicht mehr wissen, wie viele Dinge sie besitzen, ist es doch möglich, einige Regelmäßigkeiten anzugeben. So

---

[129] Mihaly Csikszentmihalyi / Eugène Rochberg-Halton: *The Meaning of Things: Domestic Symbols and the Self.* Cambridge: Cambridge University Press 1981.
[130] Ältere Studien haben hier vorsichtiger argumentiert, indem sie auf die materielle Umwelt als eine notwendige Grundlage der Orientierung in der Lebenswelt verweisen. Das gilt z. B. für Hannah Arendt und Hans Freyer, die beide, in je anderer Weise, die Gegenwart vertrauter Dinge als eine Grundlage der Bestätigung des Selbst in der Lebenswelt hervorhoben (vgl. Hannah Arendt (Hrsg.): *The Human Condition.* Chicago: University of Chicago Press 1958; Hans Freyer: *Prometheus. Ideen zur Philosophie der Kultur.* Jena: Diederichs 1923).

gibt es deutliche Hinweise, dass zumeist nur einige wenige Objekte im Sachbesitz als ‚Identifikationsobjekte' gelten.[131] Sollten einzelne Objekte, gewissermaßen an der Spitze ihrer Karriere stehend, als „schön" oder gar als „magisch" empfunden werden,[132] so ist doch in den allermeisten Fällen schon im Kreis der Mitglieder eines Haushalts eine Nuancierung in unterschiedliche Bedeutungen, wenn nicht gar ihre Umkehrung zu verzeichnen.[133] Was dem einen als schön und wertvoll erscheint, ist für den anderen unästhetisch, wertlos und im besten Fall gerade noch hinnehmbar.[134] Wir sind heute weit von einer ‚Theorie des Sachbesitzes' entfernt, auch wenn Texte zu diesem Thema mehr als andere die Gegenwart solcher Dinge mitberücksichtigen, die nicht besonders geschätzt werden, die keine besondere Aufmerksamkeit erfahren haben und die möglicweise eher ein Problem des ‚Loswerdens' darstellen.[135]

Die „Erbschaft der Dinge"[136] ist in diesem Sinne eine durchaus unsichere. Niemand kann damit rechnen, dass die Objekte, die uns alltäglich umgeben, wirklich das übermitteln, was von ihnen erwartet wird. Manche Begegnung mit Alltagsdingen der Vergangenheit

---

131 Helga Dittmar: Meanings of Material Possessions as Reflections of Identity. Gender and Socio-material Position in Society. In: *Journal of Social Behavior and Personality* 6 (1991), S. 165–186.
132 Ernst E. Boesch: *Das Magische und das Schöne. Zur Symbolik von Objekten und Handlungen.* Stuttgart: Frommann-Holzbog 1983.
133 Selle und Boehe zeigen eindrucksvoll, wie unterschiedlich Dinge bewertet werden können (vgl. Gert Selle / Jutta Boehe: *Leben mit den schönen Dingen. Anpassung und Eigensinn im Alltag des Wohnens.* Reinbek: Rowohlt 1986). Auch solche hochfrequent genutzten Gegenstände wie der Wohnzimmerschrank oder bestimmte Tassen können von den zusammenlebenden Personen im Haushalt ganz verschieden bewertet werden – auch wenn solche Differenzen im Alltag eher keine Erwähnung finden.
134 Ebd.
135 Lita Furby: Possessions: Toward a Theory of Their Meaning and Function throughout the Life Cycle. In: Paul B. Baltes (Hrsg.): *Life-Span and Behavior.* New York: Academic 1978, S. 297–336; Jeanne E. Arnold / Anthony Graesch / Enzo Ragazzini / Elinor Ochs: Life at Home in the Twenty-First Century: 32 Families Open Their Doors. Los Angeles: Cotsen Institute of Archaeology 2012. Gerade in der Kunst wird die ‚Ratlosigkeit' über die Gründe der Akkumulation von Sachbesitz immer wieder thematisiert, z.B. durch Florian Slotawa (vgl. Christian Krausch: Florian Slotawa –Gesamtbesitz. In: *artist kunstmagazin* 53,4 (2002), S. 30–33) oder Karsten Bott (vgl. Katharina Deschka-Hoeck: Was einmal wichtig war. Die Ausstellung „Von jedem eins" präsentiert Karsten Botts gewaltiges Archiv in der Kunsthalle Mainz. In: *Frankfurter Allgemeine Zeitung*, 05.03.2011, S. 26.
136 Udo Gößwald: *Die Erbschaft der Dinge. Eine Studie zur subjektiven Bedeutung von Dingen der materiellen Kultur.* Graz: Nausner & Nausner 2011.

ist eine überraschende, eine Zufallsbegegnung.[137] Das Problem der Mehrdeutigkeit, aber auch der Umwertung im Verlauf der Erinnerungen hat viel mit der Form der Wahrnehmung zu tun. Beispielsweise bei Nahrungsmitteln, oft aber auch bei persönlichen Objekten bindet man bestimmte Emotionen hauptsächlich an Geschmack und Gerüche[138] und nur viel weniger an Form und Farbe. Aber gerade die olfaktorischen Eindrücke können auch irritieren und unwillkürlich zu einer anderen Bewertung führen.[139]
Die zu Beginn dieses Abschnitts provisorisch eingeführte Unterscheidung zwischen kollektiver und individueller Erinnerung verblasst angesichts der Frage der Unkontrollierbarkeit der durch Dinge evozierten Bedeutungen.[140] Auf beiden Ebenen erweisen sich die Objekte als ‚eigensinnige' Quellen der Erinnerung. Die durch sie evozierten Inhalte sind unsicher und unterliegen immer wieder anderen Einbettungen.

Christian Bromberger und Denis Chevallier, von denen die Zwischenüberschrift zu diesem Abschnitt entlehnt ist, beklagen in einem Aufsatz mit dem gleichen Titel die Auseinanderentwicklung von Kunstgeschichte und Technik-Anthropologie.[141] Allerdings ist die sich aufspreizende Differenz zwischen unterschiedlichen Zugriffsweisen auf materielle Kultur auch eine unmittelbare Folge von dem, was hier als ‚Eigensinn der Dinge' bezeichnet wird. Die Vorstellung einer ‚Fixierung' der Dinge im Sinne einer zeitlichen Konstanz ihrer Bedeutung und Bewertung steht im Widerspruch zur Komplexität lebensweltlicher Wahrnehmungen. Mit ‚Eigensinn' ist hier genau diese Problematik gemeint: Die Objekte bleiben unabschließbare Bedeutungsträger.

---

137 Hubert Spiegel: Die Liste die uns zeigt, wie sich die Welt verändert. In: *Frankfurter Allgemeine Zeitung*, 04.09.2010, S. 12.
138 Joël Candau: *Mémoire et expériences olfactives. Anthropologie d'un savoir-faire sensoriel.* Paris: Presses Universitaires de France 2000; ders.: Shared Memory, Odours and Sociotransmitters or: "Save the Interaction!" In: *Outlines – Critical Practice Studies* 2 (2010), S. 29–42.
139 Constantina N. Seremetakis: The Memory of the Senses, Part II: Still Acts. In: Dies. (Hrsg.): *The Senses Still: Perception and Memory as Material Culture in Modernity.* Chicago: University of Chicago Press 1994, S. 23–43; Jon D. Holtzman: Food and Memory. In: *Annual Review of Anthropology* 35 (2006), S. 361–378; Sarah Pink: *Doing Sensory Ethnography.* Los Angeles: Sage 2009.
140 Assmann: Canon and Archive.
141 Christian Bromberger / Denis Chevallier: *Carrières d'objets. Innovations et relances.* Paris: Maison des sciences de l'homme 1999.

Sie tragen Bedeutungen überhaupt nicht ‚in sich', sondern fördern diese lediglich zutage, sie evozieren Bedeutungen.[142] Niemand hat das deutlicher zum Ausdruck gebracht als Walter Benjamin mit seinem Begriff der „Aura". Zwar hatte Benjamin zunächst das Anliegen, bestimmte Dinge herauszuheben und ihnen besondere Eigenschaften zuzuweisen, nämlich die Kunstwerke. Zugleich hat er aber auch ein differenziertes Bild gezeichnet, was genau solche Erfahrungen wie Ergriffenheit oder „neue Einsicht" auslöst: Es sind nicht die Dinge selbst, sondern die Interaktionen im Moment der Gegenwart dieser Objekte, also genau dann, wenn der Betrachter sich ihnen zuwendet.[143] Man könnte in einer Umkehrung der Perspektive auch die Situation des Kunstwerkes in einer Museumsausstellung als einen Verlust bezeichnen. Diese Dinge werden ‚stillgestellt' und auf die Rolle der Erweckung von Evokationen reduziert.[144] Den Dingen werden viele Eigenschaften genommen, aber sie bleiben scheinbar Auslöser von etwas, das sich in den Köpfen der Betrachter entfaltet. Vor dem Hintergrund dieser Einsicht vergleicht Peter Geimer[145] das Museumsobjekt mit einer Reliquie.[146]

Was immer ein Betrachter in einem Ding zu erkennen glaubt, liegt nicht in diesem Objekt ‚verborgen', sondern es entsteht im Moment der Interaktion. Es wird in der Gegenwart und durch die Geste der

---

142 Diese Aussage ist *contra* Krzysztof Pomian zu verstehen (vgl. Pomian: *Der Ursprung des Museums*). Der von ihm eingeführte Begriff der Semiophore, des mit Zeichen und Bedeutungen aufgeladenen Objekts, hat auch dem Missverständnis Vorschub geleistet, man könne Dinge zum Sprechen bringen und ihnen ähnlich wie einem Text eine Aussage entnehmen. Sicherlich sagen uns Dinge viel. Aber es ist nicht ein Text, den wir erfahren, sondern eine Evokation, die entsteht.
143 Marleen Stoessel: *Aura. Das vergessene Menschliche. Zu Sprache und Erfahrung bei Walter Benjamin*. München: Hanser 1983.
144 Jean Bazin: *Des clous dans la Joconde*. Toulouse: Anacharsis 2008.
145 Peter Geimer: Über Reste. In: Anke te Heesen / Petra Lutz (Hrsg.): *Dingwelten. Das Museum als Erkenntnisort*. Wien: Böhlau 2005, S. 109–118.
146 Es wäre naheliegend, hier vom Ausstellungsobjekt als einem der besten Momente in der Karriere eines beliebigen Objektes zu sprechen. Welches bessere Schicksal könnte ein Objekt haben, als in einer Ausstellung gezeigt und dadurch zum Gegenstand öffentlichen Interesses zu werden? Thora Pétursdóttir aber vertritt mit guten Gründen eine gegenteilige Auffassung: Die Abtrennung einer Sache aus dem alltäglichen Kontext sei demnach eine Beschädigung oder gar teilweise Zerstörung dieses Dings selbst (vgl. Thora Pétursdóttir: Small Things Forgotten Now Included, or What Else Do Things Deserve? In: *International Journal of Historical Archaeology* 16,3 (2012), S. 577–603).

empathischen Hinwendung zu dem Gegenstand evoziert. Eigensinnige Dinge haben insbesondere deshalb einen Anteil an diesem Erkennen von Bedeutung, weil die wahrgenommene Aussage, die ‚Botschaft der Dinge', in den meisten Fällen nicht feststehend ist.

Sich die Dinge auf Distanz halten

Der von Ethnologen schon mehrfach beschriebene Bumerang, die Jagdwaffe der australischen Aborigines, ist ein eigenartiges Ding. Obgleich die Jäger es beim Gebrauch als Waffe mit aller Kraft von sich schleudern, kehrt der Bumerang doch zurück, sollte er sein Ziel nicht treffen.[147] Der Bumerang ist eine hervorragende Metapher für die Schwierigkeit für Einzelne und Gruppen, Nähe und Distanz zu Dingen zu kontrollieren. Es gibt nämlich überraschend viele Dinge, die entgegen der Intention immer wieder zu ihrem Eigentümer oder zum Ursprung zurückkehren. Die überraschende Nähe ist einerseits ein Ergebnis unserer Ignoranz, die den Dingen eine gewisse Macht gibt. Die Bumerang-Eigenschaft hat aber auch mit den theoretisch inspirierten Vorstellungen über die Festlegung von Objekten zu tun, wie sie in den letzten Abschnitten mehrfach kritisiert wurde. Immer dann, wenn die Idee, Funktionen und repräsentative Strukturen in Dingen festlegen zu wollen, scheitert, kommen die Dinge noch einmal auf uns zu, sie zeigen sich wieder in anderem Gewand; kurz: Sie sind eigensinnig in ihrer Weigerung, in eine Theorie zu passen. Die damit anschaulich beschriebene Wiederkehr der Dinge ist also immer auch eine Art des Wiedererkennens. Sie steckt in jeder Wahrnehmung der Eigenschaften von Dingen. Genau aus diesem Grunde ist es so schwierig, die Nähe oder die Ferne zwischen Mensch und Objekt zu beschreiben. Verhält es sich nicht so, dass manche nahe und alltägliche Dinge viel ferner erscheinen, wenn wir sie nur genauer betrachten? Und wie viele Dinge, die uns ganz fern erscheinen, sind doch nahe, weil sie wichtig, vielleicht sogar unverzichtbar sind? Der Eigensinn der Dinge liegt – zusammenfassend betrachtet – nicht nur

---

147 Es sei an dieser Stelle betont, dass diese Eigenschaft durchaus nicht bei allen Bumerangs auftritt. Sie ist nicht einmal bei allen Würfen intendiert (vgl. Philipp Jones: *Boomerang: Behind an Australian Icon*. Kent Town: Wakefield 1996; Leonn Dale Satterthwait / Walter Arthur: Technology and Material Culture. In: Walter Arthur / Frances Morphy (Hrsg.): *Macquarie Atlas of Indigenous Australia. Culture and Society through Space and Time*. Brisbane: Macquarie Library 2005, S. 48–65). Der Bumerang wird an dieser Stelle lediglich als Metapher eingeführt.

in den Fragen von Nähe und Ferne sowie von Wertschätzung und Vertrautheit. Eigensinn hat vielmehr auch mit Überraschung zu tun, die uns die materielle Welt immer wieder bereitet.[148] Überraschend kann das Handy sein, das klingelt, wenn dies nicht sein durfte, oder die feine Garderobe, die sich bei der allerletzten Anprobe als nicht passend erweist und zur Improvisation zwingt. Wie eingangs erläutert geht es um mehr als nur die beklagte Tücke technischer Dinge[149] oder gar die „Rache der Technik"[150]. Mit dem Konzept des ‚Eigensinns der Dinge' ist vielmehr die Anregung verbunden, die Frage, wie Mensch und Ding zueinander stehen, neu zu denken und manche in den letzten Jahren zur scheinbaren Gewissheit gewordene Theorie noch einmal zu hinterfragen. Begreifen wir uns als die Herren und Meister der von uns geschaffenen oder genutzten Dinge? Liegt die Kontrolle über die materielle Welt tatsächlich bei den Menschen, die sie nutzen? Heidegger hat das unterstellt und dafür eine Kategorie definiert: die des dienlichen Zeugs.[151] Aber auch das Gegenteil dieser Sichtweise trifft auf breite Zustimmung: Sind wir nicht längst zu Sklaven der Dinge geworden? Wirken die Dinge nicht als mächtige Sachzwänge auf das Leben des Einzelnen und schränken die Handlungsmöglichkeiten ein?[152]

---

148 Hans Peter Hahn: Vom Eigensinn der Dinge. In: *Bayerisches Jahrbuch für Volkskunde* (2013), S. 13–22.
149 Adolf Muschg: *Die Tücke des verbesserten Objekts*. Wald: Verlag Im Waldgut 1981. Katharina Ferus / Dietmar Rübel (Hrsg.): *Die Tücke des Objekts – Vom Umgang mit Dingen*. Berlin: Reimer 2009.
150 Edward Tenner: *Why Things Bite Back. Technology and the Revenge of Unintended Consequences*. New York: Knopf 1996.
151 Martin Heidegger: *Holzwege*. Frankfurt am Main: Klostermann 1950, S. 18.
152 Damit sind zwei einander diametral entgegengesetzte Positionen nur kurz angesprochen. Auf der einen Seite Martin Heidegger, der den Begriff des „Zeugs" in die Reflexion über materielle Kultur mit eingebracht hat, dabei aber ziemlich einseitige Beispiele verwendet hat (vgl. Erik Porath: Die Frage nach der Dinglichkeit – Heidegger und das Geschlecht der Dinge zwischen Entzug und Ereignis. In: Gisela Ecker / Claudia Breger / Susanne Scholz (Hrsg.): *Dinge – Medien der Aneignung, Grenzen der Verfügung*. Königstein i. Ts.: Helmer 2002, S. 256–272). Auf der andere Seite Georg Lukács, dem die Dinge der Lebenswelt insgesamt als ein Instrument der Entmenschlichung galten (vgl. Georg Lukács: *Geschichte und Klassenbewußtsein. Studien über marxistische Dialektik*. Berlin: Malik 1923). Ihm zufolge ist der Mensch von den Sachzwängen versklavt und findet in der Moderne auch keinen Weg mehr, um sich von den Menschen zu lösen (vgl. Hans Peter Hahn: Orientierung / Desorientierung durch Dinge. In: Ders. / Samida / Eggert (Hrsg.): *Handbuch Materielle Kultur*, S. 125–132).

Diesen beiden einander entgegengesetzten Bewertungen entspricht einerseits die Rede von der durch die alltäglichen Dinge gewonnenen Freiheit und andererseits die Klage über die längst unerträglich gewordene Last der Dinge. Die Wissenschaft hat keine Antwort auf die Frage nach der Gültigkeit der einen oder der anderen Sichtweise. Sicher ist lediglich, die von Max Weber als so zentral für die Moderne angenommene „Entzauberung der Welt" findet nicht statt und die Dinge haben einen großen Anteil daran.[153] Angesichts der Unmöglichkeit, den Dingen einen stabilen Platz in der Gesellschaft zu geben, muss der Schwebezustand, die unberechenbare Mehrdeutigkeit in die Mitte jeder Theoriebildung gerückt werden. Die Dinge bleiben eine Herausforderung;[154] sie wird hier als Eigensinn bezeichnet.

Die in diesem Band abgedruckten Beiträge machen anhand sehr konkreter Beispiele die Unabgeschlossenheit von Dingen und die durch sie entstehenden Herausforderungen anschaulich. In jedem einzelnen Artikel ist zu erfahren, wie mehrere einander widerstreitende Auffassungen nebeneinander stehen oder auch, wie verschieden Interpretationen übereinander lagern und in der Folge den Betrachter zwingen, nicht nur eine Interpretation anzuerkennen, sondern die Mehrdeutigkeit oder gar Ambivalenz als dauernden Zustand der Dinge anzunehmen. Das Nachdenken über Dinge, das damit angeregt wird, bedeutet auch, eine Verunsicherung zuzulassen. Diese Verunsicherung im Hinblick auf vermeintlich Gewisses ist eine Leistung des Studiums materieller Kultur. Sie ist wichtiger als irgendeine Zuweisung von Eigenschaften.

---

153 Judy Attfield: *Wild Things. The Material Culture of Everyday Life*. Oxford: Berg 2000; Jean-François Bayart: The Paradoxical Invention of Economic Modernity. In: Arjun Appadurai (Hrsg.): *Globalization*. Durham: Duke University Press 2001, S. 22–51.
154 Godofredo Pereira / Martin Holbraad (Hrsg.): *Objetos Selvagens*. Lissabon: Imprensa Nacional-Casa da Moeda 2012.

Die Mitwirkung der Dinge in der Erfahrung[1]

Bernhard Waldenfels

Die wichtigsten und die nächsten Dinge

Was das Geschick der Dinge angeht, so ist Friedrich Nietzsche mit seinem Glauben, „daß die Gewichte aller Dinge neu bestimmt werden müssen",[2] wie so oft ein sensibler Seismograph. In seiner Schrift *Menschliches, Allzumenschliches* lesen wir in dem Teil, der den Untertitel „Der Wanderer und sein Schatten" trägt: „Es gibt eine erheuchelte Mißachtung aller der Dinge, welche tatsächlich die Menschen am wichtigsten nehmen, *aller nächsten Dinge*. [...] Umgekehrt ist die Hochschätzung der ‚wichtigsten Dinge' fast niemals ganz echt [...]" (KSA 2, S. 541). Zu den missachteten nächsten Dingen zählt Nietzsche Essen, Wohnen, Sichkleiden, Verkehren, man könnte das Spielen hinzuzählen. Sie sind kein würdiger Gegenstand „*allgemeinen* Nachdenkens und Umbildens" und erreichen nicht das Niveau kultureller Bildung. Sie erwecken nämlich den Anschein des allzu Menschlichen und allzu Gewöhnlichen, ganz im Gegensatz zu den „wichtigsten Dingen", mit denen sich Religion und Metaphysik befassen (KSA 2, S. 541). Nietzsches eigene Maxime lautet: „Wir müssen wieder Nachbarn der nächsten Dinge werden und nicht so verächtlich wie bisher über sie hinweg nach Wolken und Nachtunholden hinblicken". Bei dem Versuch, das „Gift der Verachtung gegen das

---

[1] Eine erweiterte Fassung dieses Beitrags findet sich in meinem Buch *Sozialität und Alterität. Modi sozialer Erfahrung*. Berlin: Suhrkamp 2015, S. 200–261 (Kap. 8: „Mitwirkung der Dinge").

[2] Friedrich Nietzsche: *Kritische Studienausgabe*, Bd. 3, hrsg. v. Giorgio Colli / Mazzoni Montinari. Berlin: dtv 1980, S. 519. Im Folgenden unter Angabe der Sigle KSA und der entsprechenden Bandnummer nachgewiesen.

Nächste" aus unserem Blut zu tilgen, setzt er sich ab von den „Kulturstufen ganzer Jahrtausende" (KSA 2, S. 551).

Eine solch grandiose Abrechnung, die sich allzu umstandslos in die „Schule des Verdachts" begibt und einer „großen Loslösung" das Wort redet (KSA 2, S. 13, 15), liegt uns fern; auch der Verdacht ist nicht über allen Verdacht erhaben. Nietzsche selbst hat es dabei nicht belassen, wie sich aus der Vorrede, die er 1886 seiner Schrift hinzugefügt hat, entnehmen lässt. Doch einen orientierenden Blick in die Denkgeschichte wollen wir uns nicht ersparen, selbst wenn es bei Schlaglichtern bleibt und eine Menge von Nuancen vernachlässigt werden.

Das klassische griechische Denken, das in Aristoteles einen seiner Höhepunkte erreicht, orientiert sich an einer allumfassenden Physis. Hier erscheinen die Dinge als etwas in sich selbst *Stehendes* und *Selbständiges*, als Für-sich-Seiendes im Gegensatz zum An-etwas-Seienden. Zunächst heißt es οὐσία, später dann ‚Substanz'.[3] Heideggers Wiedergabe mit ‚Anwesen' betont den zeitlichen Aspekt dessen, was in der Erfahrung präsent ist; dabei tritt allerdings der materielle Aspekt zurück. Bei Aristoteles setzt sich das Für-sich-Seiende zusammen aus Formkraft (Morphe) und Materie (Hyle); es fungiert als Unterlage (Hypokeimenon, Substrat) für hinzukommende Eigenschaften (συμβεβηκότα, Akzidenzien); es entfaltet sich im Zusammenspiel von Energeia und Dynamis und ist in Form einer inneren Entelechie auf sein zugehöriges Ziel ausgerichtet. Dinge dieser Art sind Teil einer Natur, die Belebtes und Unbelebtes umfasst und den Werken menschlicher Techne als Maß dient: „Die Herstellungskunst (Techne) vollendet einerseits, was die Natur nicht zu Ende führen kann, andererseits ahmt sie jene nach."[4] Solche in der Natur verankerten Dinge zeichnen sich aus durch eine *Beständigkeit* in allem Wechsel. Allerdings gewinnt die Kontingenz der menschlichen Praxis bei Aristoteles eine relative Eigenständigkeit, und umgekehrt kann der Kosmos, verglichen mit der Natur der Neuzeit, als eine Lebenswelt *en gros* verstanden werden. Dies hat im 20. Jahrhundert bei Autoren wie Edmund Husserl, Martin Heidegger und Hans-Georg Gadamer erneute Beachtung gefunden.

---

3 Hierzu und zum weiteren sprachlichen Umfeld Kurt von Fritz: *Philosophie und sprachlicher Ausdruck bei Demokrit, Plato und Aristoteles*. Darmstadt: WBG 1963, S. 73.
4 Aristoteles: *Physik* II, 8, 199 a 15–17.

Für René Descartes, den philosophischen Ahnherrn der Neuzeit, ist es das denkende Ich, das als *res cogitans*, als denkendes Etwas, allem Seienden zugrunde liegt; es ist ein „Ich, oder Er, oder Es (das Ding)"[5], wie es später bei Immanuel Kant, ein „Ich-Ding", wie es bei Husserl heißt.[6] Das Cogito fungiert als Zentrum des *Vor-stellens* und *Her-stellens*, wie Heidegger prägnant formuliert. Deren Gegenstände sind *Naturdinge*, die als *res extensa* berechenbar, mehr und mehr manipulierbar und produzierbar sind, während anschauliche und fühlbare Qualitäten wie Farbe, Klang und Duft als bloß phänomenale und subjektive Gegebenheiten auf den zweiten Rang rücken. Heideggers Vorlesung *Die Frage nach dem Ding*, in der wichtige Etappen der westlichen Denkgeschichte nachgezeichnet werden, erreicht ihren Gipfel in Kant, der die Erfahrung letzten Endes als „begründete und begründbare Erkenntnis" und das erkennbare Ding als „Naturding" begreift. Heidegger fügt hinzu, „daß Kant von vornherein die Frage nach der Dingheit der uns umgebenden Dinge nicht stellt", da sich sein Blick sogleich auf das „Ding als Gegenstand der mathematisch-physikalischen Wissenschaft" heftet.[7] Ähnlich wie bei Aristoteles mildert sich auch bei Kant die Einseitigkeit ab, wenn man Schriften wie die *Anthropologie in pragmatischer Hinsicht* hinzunimmt; diese stehen allerdings im Schatten der grundlegenden Schriften, und ihre Allgemeinheit ist eine beschränkte. Ernst wird es mit den Dingen erst, wenn die sogenannte Erste Philosophie sich ihrer annimmt. Doch sobald man den „kleinen unscheinbaren Wahrheiten" (KSA 2, S. 25) Einlass gewährt, gerät unsere Vorstellung von den „ersten und letzten Dingen" ins Gleiten.

Werfen wir einen Blick auf die nähere Gegenwart, so ergibt sich ein recht diffuses Bild. Sowohl die Substanz festgefügter Dinge wie die zentrale Stellung eines alle Dinge setzenden beherrschenden Subjekts scheinen gründlich unterminiert. Was beim Zerfall der Dingwelt auf der ontologischen Ebene zurückbleibt, sind vielfältige Entitäten,

---

5 Immanuel Kant: *Kritik der reinen Vernunft*, B 404.
6 Edmund Husserl: *Ding und Raum*, Bd. XVI, hrsg. v. Ulrich Claesges. Den Haag: Nijhoff 1973, S. 5. Im Folgenden unter Angabe der Sigle Hua und der entsprechenden Bandnummer nachgewiesen.
7 Martin Heidegger: *Die Frage nach dem Ding*. Tübingen: Niemeyer 1975, S. 98, 100. Es handelt sich um den Text einer Vorlesung, die 1935/36 unter dem Titel „Grundfragen der Metaphysik" gehalten wurde.

Partikel mit zunehmender Feinstruktur, Konstrukte von großer Komplexität und Kurzlebigkeit, Bezugsgrößen und Funktionswerte, Knotenpunkte im Netz, Schaumkronen im Datenfluss und ähnliches, wofür das große Wort ‚Ding' nicht mehr recht taugt. Selbst wenn Physik und Biologie bei naturalistischer Ausdeutung Züge einer Spätmetaphysik annehmen, so wird man, Nietzsche zitierend, nicht mehr von „wichtigsten Dingen" sprechen können, da keine feste Rangordnung in Sicht ist. Wie aber steht es dann mit den „nächsten Dingen" und mit deren ‚Eigensinn'?

Die Nähe des Nächsten (auch die des persönlichen Nächsten) ist von einem Schrumpfen des messbaren Abstands wohl zu unterscheiden. Sie setzt eine *leibhafte Erfahrung* voraus, nämlich eine Erfahrung von solchen Wesen, die selbst in der Erfahrungswelt situiert sind und die sich in ihrer Welt so bewegen, dass ihnen das eine nah auf den Leib rückt, anderes sich entfernt. Die Lebenswelt zerteilt sich von Anfang an in Nah- und Fernwelt. Dabei bemisst sich die Ferne nicht allein nach der räumlichen Entfernung, sondern sie unterliegt einer Fremdheit, die in der nächsten Nähe aufbricht, sobald sich etwas unserem Zugriff entzieht. Betrachten wir die Dinge aus dieser Sicht, so tun wir gut daran, für den Anfang auf die allzu vertrauten ‚Substanzen', ‚Objekte' oder ‚Produkte' zu verzichten. Von alters her und bis heute bietet sich aber noch eine weitere Bedeutung von Dinghaftigkeit an, die sich eng an die praktische Erfahrung mit ihren Bedeutsamkeiten anschließt und dabei die technische Bedeutung handgreiflicher, materieller Dinge übergreift.[8] So begegnen uns im Griechischen die Dinge als πράγματα, die sich von der πρᾶξις, der Handlung, herleiten; sie stehen für dasjenige, womit wir es hier und jetzt und immer wieder handelnd zu tun haben. Ferner bezeichnet man Dinge als χρήματα, die sich von der χρῆσις, dem Gebrauch, herleiten; sie stehen für etwas, wovon wir Gebrauch machen und was sich im Gebrauch mehr oder weniger abnützt. Auch das lateinische Wort *res* hat neben der engen Bedeutung realer Dinge einen weiteren Sinn. Bei dem sprichwörtlichen *tua res agitur* handelt es sich um etwas, das deine Angelegenheit ist und gerade dich angeht. Im Deutschen sprechen wir vom ‚Lauf'

---

8 Zur entsprechend vieldeutigen Rede vom Ding vgl. Heidegger: *Die Frage nach dem Ding*, S. 3–5. Dem Ding im engeren und im weiteren Sinne fügt Heidegger noch als Ding im weitesten Sinne das unbestimmte Etwas hinzu; auch diese Variante wird uns im Folgenden begegnen.

oder der ‚Ordnung der Dinge', und wir benutzen Redewendungen wie ‚es geht nicht mit rechten Dingen zu' oder ‚einer ist guter Dinge'. Ähnliches findet sich in anderen Sprachen, so die englische Redensart *things are going better*. Auch das lateinische Wort *causa*, das im französischen *chose* nachklingt, bedeutet nicht nur Ursache, in der römischen Praxis meint es einen Streitfall oder Rechtsfall. Aufs Ganze gesehen kann die weitere Bedeutung von Ding die engere nicht ersetzen, aber sie eröffnet diverse Handlungsräume, in denen alle mögliche Sorten von Ding wie Brot, Hut, Tisch, Pfeife, Zange, Fahrrad, Ball, Tür und Fenster, Bild, aber auch kompliziertere Geräte wie Auto, Computer oder Waschmaschine ihren selbstverständlichen Platz finden, den uns keine ontologische oder technologische Dingkritik ausreden kann.

Der Gebrauch solcher Dinge verweist nicht nur auf eine leibhaftige, sondern auch auf eine alltägliche Erfahrung. *Alltagsdinge* sind zwar kulturell imprägniert und technisch präpariert, aber der Umgang mit ihnen setzt kein Expertenwissen und kein Spezialkönnen voraus. Der alle Sinnregionen, Berufsfelder und Rationalitätsbereiche durchwaltende Alltag bildet einen „Schmelztiegel der Rationalität".[9] Er stellt Szenerien zur Verfügung, in denen die Dinge sich präsentieren können, und Reservoirs, in denen sie ihr Potential bereithalten. Bemerkenswert ist die Tatsache, dass ganz ähnlich, wie Nietzsche die Missachtung der nächsten Dinge moniert, Husserl in seiner *Krisis*-Schrift gegen die Missachtung ankämpft, die als „verächtliche Färbung der δόξα" und als „mißachtete Relativität" der Lebensumwelt zu unserer Erbschaft gehört (Hua VI, S. 127, 158).

Gewiss wäre es naiv zu meinen, man könne die Dinghaftigkeit der Dinge auf gleiche Weise erfassen, wie man nach den Dingen greift oder sich Dinge vor Augen führt. Wenn es eine nächste Nähe der Dinge gibt, so liegt diese nicht auf der Hand. Wenn Nietzsche versichert: „Jeder ist sich selbst der Fernste" (KSA 5, S. 248), so dürfte ähnliches auch auf die Unscheinbarkeit der nächsten Dinge zutreffen. Doch der drohende Zerfall, die Undurchsichtigkeit und Verflüchtigung der Dingwelt verlocken zu direkten Rettungsaktionen, die sich oft mit einem antitechnischen und auch antizivilisatorischen Affekt

---

9 Bernhard Waldenfels: *Der Stachel der Fremdheit*. Frankfurt am Main: Suhrkamp 1990, S. 189–203.

verquicken und sich nicht selten aus den Requisitenkammern älterer oder fremder Kulturen bedienen. So mancher neuerliche Dingkult hat etwas Kunstgewerbliches und Betuliches, mit dem man den Härten der zivilisatorischen Welt ausweicht. Auch der Krug, den Heidegger in seinem Ding-Aufsatz von 1950 paradigmatisch präsentiert, unterliegt dem Verdacht einer erschlichenen Unmittelbarkeit. Wenn es dort heißt, „Der Krug ist Ding, insofern er dingt",[10] so zielt diese Ersetzung des geläufigen Substantivs durch ein künstlich gebildetes Verb auf eine Eigenbewegung der Dinge, in der diese sich erschließen und verschließen, bevor unsere Machenschaften einsetzen. Doch eine solche Eigenbewegung kommt nicht aus dem heiteren Himmel einer Seinslandschaft, und sie lässt sich auch nicht als Umkehrung des menschlichen Tuns begreifen, als seien nun die Dinge die eigentlichen Akteure und nicht die Menschen. Sie lässt sich nur indirekt fassen als ein Überschuss an Bedeutung in unserem eigenmächtigen Handeln und Tun und als Mit-wirkung in einem Wirken, das sich zwischen Menschen und Dingen abspielt. Im Folgenden wähle ich daher den mühsamen und labyrinthischen Weg einer Phänomenologie und Genealogie der Dinge, die bis in die fruchtbaren Niederungen der Erfahrung vordringt, indem sie vor die Dinge zurückgeht und am Ende über sie hinausfragt.

Die Dingwerdung, die wir im Auge haben, vollzieht sich in Etappen, die allerdings nicht linear aufeinander folgen, sondern durch Vor- und Rückgriffe, durch Vor- und Rückdeutungen gekennzeichnet sind. Husserl spricht in ähnlichen Zusammenhängen von einem Zickzack. Die Mitwirkung der Dinge, auf die sich unser Augenmerk richtet, erweist sich als entsprechend variabel.[11]

Pathos und Response

Wenn Dinge etwas sind, was nicht fertig gegeben ist, sondern in der Erfahrung entsteht, so müssen wir auf eine vordingliche Phase der Erfahrung zurückgehen. Demgemäß bezeichne ich mit dem

---

10 Martin Heidegger: Das Ding. In: Ders.: *Vorträge und Aufsätze.* Stuttgart: Klett 2004, S. 163–181, hier S. 176.

11 Im Hintergrund der folgenden Überlegungen steht eine pathisch grundierte, responsive Phänomenologie, wie ich sie seit langem verfolge, s. Bernhard Waldenfels: *Antwortregister.* Frankfurt am Main: Suhrkamp 1994; ders.: *Bruchlinien der Erfahrung.* Frankfurt am Main: Suhrkamp 2002; und in geraffter Form ders.: *Grundmotive einer Phänomenologie des Fremden.* Frankfurt am Main: Suhrkamp 2006.

griechischen Wort ‚Pathos' das immer wiederkehrende Ereignis, dass uns etwas angeht, uns anrührt, anspricht, uns affiziert (wörtlich: antut), an uns appelliert, dass etwas ins Auge springt, uns im Ohr sticht.[12] Um diese gegenläufige Erfahrung zu kennzeichnen, spreche ich auch von Widerfahrnissen. Nun neigen wir dazu, dem *Wovon* der Affektion ein *Etwas*, also ein Ding im weitesten Sinne zu unterschieben. Wo es etwas gibt, das uns affiziert, und sei es noch so unbestimmt, da tun wir so, als *wüssten* wir schon im Voraus, was uns da widerfährt und womit wir es zu tun haben. Das Erfahrungswissen läuft dem Erfahrungsgeschehen den Rang ab. Wir fallen der Erfahrung ins Wort, noch bevor sie zu uns spricht. Nehmen wir einige Beispiele: Ein Blitz leuchtet auf, metaphorisch: Ich bin wie vom Blitz getroffen – sehe ich da *etwas*, das mich trifft? Etwas erklingt – höre ich da *etwas*, nämlich eine Trompete? Ein Stein glitzert – sehe ich da *etwas*, nämlich einen Rubin? Ich verbrenne mich an einer Herdplatte – berühre ich da *etwas*, das mir einen Schmerz zufügt? Nietzsche äußert sich auch zu dieser Frage mit aller Entschiedenheit, indem er den alltäglichen Sprachgebrauch kritisch unter die Lupe nimmt. „Wenn ich sage ‚der Blitz leuchtet', so habe ich das Leuchten einmal als Tätigkeit und das andere Mal als Subjekt gesetzt: also zum Geschehen ein Sein supponiert, welches mit dem Geschehen nicht eins ist, vielmehr *bleibt, ist* und nicht ‚*wird*'." (KSA 12, S. 103–104) Dem Wirken wird also geradewegs ein wirkendes Agens untergeschoben. Es hört sich dann so an, als wüssten wir bereits, was eine Trompete ist, bevor wir überhaupt ihre Klänge gehört haben. Wir glauben, den Kuchen zu haben, bevor wir ihn essen. Gehen wir dagegen von der ursprünglichen Perspektive des Erfahrenden aus und nicht von einer distanzierten Außenbeobachtung, so bezeugt sich die Wirkung zu allererst in der leibhaftigen Antwort, im Zusammenzucken, im Erschrecken oder Erstaunen, im Schrei des Schmerzes oder der Lust, im Erwachen der Neugier, in der Zu- oder Abwendung. Pathos und Response bilden ein asymmetrisches, zeitlich verschobenes Doppelereignis, in dessen Verlauf sich das *Wovon* des Getroffenseins in das *Worauf* eines Antwortens verwandelt. In seinen phänomenologischen

---

[12] „Sticht es im Ohre, sticht's im Innern dir?", so der Wächter in Sophokles' *Antigone* (v. 319), eingedeutscht von Friedrich Hölderlin.

Bemerkungen zur Photographie kennzeichnet Roland Barthes diese Bipolarität als Zweitakt von *punctum* und *studium*.[13] Halten wir uns an dieses Doppelereignis, so gibt es noch kein Objekt und kein Subjekt, noch keine selbständigen Dinge und keine selbsttätigen Menschen. Vielmehr ist der Erfahrende auf zweifache Weise in seine Erfahrungen verwickelt, als *Patient*, dem etwas widerfährt, und als *Respondent*, der eben darauf antwortet. Mutatis mutandis trifft dies nicht nur auf den Menschen zu, sondern auf alle Lebewesen. Erfahrung besteht in der Umsetzung und Übersetzung von Wirkungen, *von denen* der Erfahrende ausgeht, bevor er *auf sie* zugeht. Was uns widerfährt, wirkt an der Erfahrung mit und unterliegt ihr nicht nur. So gibt es ein Sichtbar- und Hörbar*werden*, das jedem Sichtbar- und Hörbar*machen* vorauseilt. Die Erfahrung ist nichts ohne das, was wir aus ihr machen, doch ist sie auch reicher als unser Machen.

Aufforderungscharaktere

Die Affektion nähert sich der Vielfalt beschreibbarer Dinge, indem sie sich in spezifische Affektionsweisen auffächert und dabei jeweils verschiedenartige Antworten hervorruft. Gestalttheoretiker wie Kurt Lewin und Wolfgang Köhler sprechen in diesem Zusammenhang von *Antwortcharakteren* und *Gefordertheiten*, die den Dingen innewohnen, und der Pädagoge M. J. Langeveld bezieht sich auf einen Appell der Dinge, dem die sprachliche Form des *Gerundivums* entspricht; Dinge zeigen durch ihre Dingeigenschaften an, dass etwas mit ihnen *zu tun* ist.[14] Dazu einige Beispiele:

> Das schöne Wetter, eine bestimmte Landschaft locken zum Spazierengehen. Eine Treppenstufe reizt das zweijährige Kind zum Heraufklettern und Herunterspringen; Türen reizen es zum Auf- und Zuschlagen, kleine Krümchen zum Auflesen, ein Hund zu streicheln...[15]

Dass hier besonders die Sichtweise von Kleinkindern berücksichtigt wird, geschieht nicht zufällig. Kinder, die anfangs nur ungefähr wissen, wozu die Dinge da sind, entdecken von sich aus dingliche Qualitäten,

---

13 Roland Barthes: *Die helle Kammer*. Frankfurt am Main: Suhrkamp 1989, S. 35–36.
14 Martinus J. Langeveld: *Studien zur Anthropologie des Kindes*. Tübingen: Niemeyer 1956, S. 146–147.
15 Kurt Lewin: Vorsatz, Wille und Bedürfnis. In: *Psychologische Forschung* 7 (1926), S. 330–385, hier S. 350.

Die Mitwirkung der Dinge in der Erfahrung · 65

Abb. 1: Lee Ufan: *Relatum-Response*, 2004.

indem sie spielerisch auf deren Aufforderungen eingehen. Ein solches Lernen durch erfinderisches Antworten wird auch uns Erwachsenen abverlangt, wenn wir in fremde Milieus und fremde Kulturen verschlagen oder überraschenden Situationen ausgesetzt sind. Hier zeigt sich eine erste Form der Mitwirkung der Dinge. Es geht nicht bloß darum, dass etwas auf anderes bezogen ist, sondern dass etwas dazu auffordert oder auch dazu verführt, anderes zu tun. Ich habe in diesem Sinne von „Fremdbezügen der Dinge" gesprochen.[16] Die Rede von einem Aufforderungscharakter der Dinge schließt aus, dass man die Affektion auf eine bloße Beschaffung von Rohstoffen reduziert, wie es beispielsweise im transzendentalen Hylomorphismus geschieht. Sie ist aber auch nicht so zu verstehen, als stünden hinter den Affektionen Agenten, die etwas tun oder gar etwas von uns verlangen, wie man es neuerdings den Bildern nachsagt. Um einen Quasi-Animismus zu vermeiden, ist zu unterscheiden zwischen unadressierten und adressierten Aufforderungen.[17] Aufforderungscharaktere enthalten Angebote, die in entsprechenden Antworten genutzt oder vernachlässigt werden. Mitwirkung besagt, dass wir den Dingen

---

16 Waldenfels: *Antwortregister*, S. 481–484.
17 Waldenfels: *Bruchlinien der Erfahrung*, S. 109–122.

Abb. 2: Keramik von Kanzaki Shihô, 1992 (Postkarte).

mehr entnehmen, als wir in sie hineinlegen. Indem sie uns etwas zu tun geben, qualifizieren sie sich selbst als mögliche Dinge. Ähnliches gilt für die Offenheit von Situationen, die bestimmte Antworten nahelegt, ohne sie zu erzwingen.

Als-Struktur
Die Als-Struktur bildet den Angelpunkt der phänomenologischen und hermeneutischen Bedeutungstheorie. Wir sehen, hören, behandeln, verstehen, bewerten *etwas als etwas*. Ich bezeichne diese Formel als *signifikative Differenz*. Sie ist benachbart der sprachlogischen Unterscheidung von Bedeutung und Sinn bei Gottlob Frege und dem Sehen-als bei Ludwig Wittgenstein. Im Rahmen solcher Bedeutungsstrukturen, mit denen sich die Erfahrung immer wieder neu artikuliert, tauchen Dinge auf, aber nicht als schlichtes Etwas, auf das wir mit dem Finger zeigen können, sondern als bedeutsames und strukturiertes Etwas. Wir ertasten etwas als Stein, riechen etwas als Parfüm,

sehen etwas als Kerze, hören etwas als Flötenton, benutzen etwas als Tisch, verstehen etwas als Warnsignal und so fort. Dadurch, dass etwas als etwas aufgefasst oder verstanden wird, verwandeln sich *einmalige* Impressionen in *wiederholbare* Gestalten und schließlich in dauerhafte Dinge. Einmaliges, das niemals gleich *ist*, wird gleich*gesetzt* im Zuge einer *Wiederholung des Unwiederholbaren*. Alle Identität, also auch die des Dinges als „Identisches der Veränderung" (Hua XVI, S. 265), verdankt sich einer identifizierenden Wiederholung.[18] Dem entspricht im Bereich künstlerischer Bearbeitung eine „Kunst des Unvollkommenen" mit der Liebe zu rauhen Materialien und unregelmäßigen Formen, wie Lévi-Strauss sie in der vom Zen beeinflussten Gebrauchskunst ausmacht.[19]

Das perzeptive Als verteilt sich auf die verschiedenen Sinnesmodi, die in der Wahrnehmung synästhetisch zusammenspielen.

> Die Einheit des Dinges über all seine fixen Eigenschaften hinaus ist nicht die eines Substrats, eines leeren X, eines Trägers von Eigenschaften, sondern jener einzigartige Akzent, der sich in jeder von ihnen wiederfindet […]. So bekunden etwa die Zerbrechlichkeit, die Starrheit, die Durchsichtigkeit und der kristalline Klang eines Trinkglases eine einzige Seinsweise.[20]

Nur so konnte Paul Cézanne sich vornehmen, den Duft einer Landschaft zu malen und nicht nur ihr Aussehen. Schließlich ist nicht nur das gesamte Sensorium an der Wahrnehmung beteiligt, sondern auch die Motorik. Aisthesis und Kinesis verbinden sich in der Kinästhese, mit der sich der wandernde Blick, das Hinhören auf Geräusche und Klänge wie auch die tastende Hand einem globalen Antwortverhalten einfügen. Was für das perzeptive Als gilt, gilt auf andere Weise auch für das praktische Als, das Heidegger als Zuhandenheit eines Zeugs beschreibt.[21] Schließlich ist auch beim Begehren, das unser Sehen, Hören und Tun antreibt, zu unterscheiden zwischen dem, *was* begehrt wird, und dem, *worin* etwas begehrt wird. Ähnlich wie das Bedeuten entspringt auch das Begehren einer Differenz, die ich als *appetitive*

---

18 Bernhard Waldenfels: *Ortsverschiebungen, Zeitverschiebungen*. Frankfurt am Main: Suhrkamp 2009, S. 181–189.
19 Claude Lévi-Strauss: *Die andere Seite des Mondes. Schriften über Japan*. Berlin: Suhrkamp 2012, S. 101.
20 Maurice Merleau-Ponty: *Phänomenologie der Wahrnehmung*. Berlin: de Gruyter 1966, S. 369.
21 Martin Heidegger: *Sein und Zeit*. Tübingen: Niemeyer 2006, §§ 15–18.

Differenz bezeichne. Diese entspricht bis zu einem gewissen Grad der von Sigmund Freud getroffenen Unterscheidung zwischen dem auf Befriedigung ausgehenden Triebziel und der Variabilität affektiv besetzter Triebobjekte, zu denen Lieblingsdinge, aber auch Fetischobjekte wie Schuhe, Strümpfe oder Uniform gehören.[22] Die Neugier lässt sich befriedigen in der Suche nach seltenen Pflanzen, im Bereisen fremder Länder oder in der malerischen Gestaltung exotischer Landschaften wie in den Brasilienbildern von Frans Post, auf denen Gürteltiere und Ameisenbären am Bildrand posieren.

Das Umfeld der Dinge

Dinge, die sich durch eine Bedeutungsstruktur auszeichnen, treten nie isoliert auf. Zunächst verweist die Bedeutung, mit der etwas erscheint, auf vielerlei implizite Aspekte, von der Rückseite eines Dinges bis zu Dispositionen wie Zerbrechlichkeit oder Brauchbarkeit. Ringsum breiten sich Umfelder aus wie Wohnung, Werkstatt oder Landschaft, in die sich die Dinge einfügen. Husserl benutzt für solche mitgemeinten Aspekte den Begriff eines inneren und äußeren *Horizontes*, der nicht aus diskreten und abzählbaren Entitäten besteht, sondern sich allmählich abschattet und Momente einer „nebelhaften" Unbestimmtheit enthält, die sich nie völlig aufhellen wird (Hua III, S. 58–59). Cornelius Castoriadis spricht in einem ähnlichen Sinne von *Magma*.[23] Ein voll und ganz bestimmtes Ding, wäre kein wahrgenommenes Ding, sondern ein gedachtes Ding; und so „ist schon die absolute Setzung eines einzigen Gegenstandes der Tod des Bewußtseins, da sie, wie eine Lösung durch die Einführung eines einzigen Kristalls sich gänzlich kristallisiert, alle Erfahrung erstarren läßt."[24] Des Weiteren hebt sich alles, was uns auffällt, von einem *Hintergrund* ab. Die Differenz von Figur und Grund gehört zum ABC der Gestalttheorie. Gestaltbildung besagt nicht nur Konturierung, sondern auch Reliefbildung. Etwas tritt in den Vordergrund, anderes bleibt im Hintergrund; keine Auffälligkeit ohne Unauffälligkeit, keine Anwesenheit

---

22 Waldenfels: *Bruchlinien der Erfahrung*, S. 42, 380.
23 Zum Magma als einem Mittleren zwischen quantifizierbarer Menge und ungeordnetem Chaos Cornelius Castoriadis: *Gesellschaft als imaginäre Institution*. Frankfurt am Main: Suhrkamp 1984, S. 559–566.
24 Merleau-Ponty: *Phänomenologie der Wahrnehmung*, S. 96.

Abb. 3: Frans Post: *Brasilianische Landschaft mit Gürteltier*, 1649.

ohne Abwesenheit. Der Hintergrund fungiert aber nicht nur als Kontrastfläche, sondern auch als *Untergrund*, aus dem jederzeit Neues auftauchen kann. Hierzu passen älteste Vorstellungen von Elementen wie Wasser, Luft und Feuer, die alles, was in der Erfahrung auftritt, die Dinge ebenso wie den eigenen und fremden Leib, umgeben, durchdringen und einhüllen. Hier haben wir es mit Formen eines Etwas zu tun, die keine festen Eigenschaften aufweisen und die sich nicht in diskrete Stoffsorten zerlegen lassen nach Art der chemischen Elemente, die sich aber ebenso wenig auf bloßen Stoff wie Holz oder Bronze reduzieren lassen, also auf das, woraus etwas besteht oder hergestellt wird.[25] Der Rückgang auf die Dinge konfrontiert uns also mit einer „Dingumgebung" (Hua XVI, S. 80), die selbst keinen Dingcharakter hat. Ökologie als Lehre von Lebensumwelten ist ohne solche Umfelder nicht zu denken.

---

25 Aristoteles hat die sogenannten Vorsokratiker kräftig missdeutet, indem er die archaischen Elemente als bloße Hyle verstand, die sich als Materialursache seiner kosmologischen Ontologie einfügt. Zu erinnern ist auch an die Poetik der Elemente, die Gaston Bachelard kontrapunktisch zu seiner Epistemologie entwickelt hat.

Der Leib und die Dinge

Die Dinge werden zu Gegenständen durch die Akte und Einstellungen eines Subjekts, das sich auf sie bezieht und dem sie gegenübertreten. Doch zu rein materiellen Körpern werden sie erst, wenn man sie mit rein mentalen oder psychischen Qualitäten eines denkenden Subjekts kontrastiert. Diese purifizierende Zweiteilung zerspaltet nicht nur die Welt, sie geht durch den konkreten Menschen hindurch. Wie Husserl in der *Krisis* zeigt, ruft die cartesianische Abstraktion auf reine Körperlichkeit geradezu zwangsläufig die „ergänzende Abstraktion" eines rein Seelischen hervor. „Ein metaphysischer Rest liegt darin, daß die Naturwissenschaftler die Natur für konkret halten und die Abstraktion übersehen, in der ihre Natur zum wissenschaftlichen Thema gestaltet worden ist." (Hua VI, S. 231–232) Es mag offen bleiben, wieweit dieser Vorwurf heute noch zutrifft. Jedenfalls ist das Schicksal der Dinge von dem des Leibes nicht zu trennen. Das Wahrnehmen von Dingen, das Hantieren mit ihnen und das Streben nach ihnen ist nicht Sache eines leib- und weltlosen Subjekts, sondern Sache eines sensiblen, mobilen, raum- und zeitorientierten, verletzlichen Leibwesens, wie schon Ludwig Feuerbach gesehen hat: „[D]er Leib in seiner Totalität ist mein Ich, mein Wesen selber".[26] Damit weicht die neuzeitliche Dualität von denkendem und ausgedehntem Ding, von Seele und Körper einer Verschränkung und chiasmatischen Überkreuzung beider Sphären, die mittlerweile in der Phänomenologie des Leibes gründlich erforscht wurde.[27]
Einerseits ist der Mensch ein Doppelwesen, dessen Existenz zwischen Leibsein und Körperhaben oszilliert. Als *Leibkörper* weist unser Leib selbst Züge eines Körperdings auf. Diese Züge treten spontan hervor in Fällen der Ermüdung, bei Lähmungserscheinungen oder in pathologischen Formen der Depersonalisierung. Sie werden künstlich herauspräpariert im Verlaufe chirurgischer Operationen, bei denen seit langem die Empfindungsfähigkeit mit den Mitteln der

---

26 Ludwig Feuerbach: Grundsätze der Philosophie der Zukunft (1843). In: Ders.: *Kleine Schriften*. Frankfurt am Main: Suhrkamp 1966, S. 145–219, hier S. 199. Zur Neuentdeckung der Leiblichkeit gehört auch die Bezugnahme auf ein Du, doch dies wäre ein eigenes Thema.

27 Zu den vielen Facetten einer Phänomenologie des Leibes, zu der Autoren wie Husserl, Max Scheler, Helmut Plessner, Straus und die ganze Phalanx französischer Phänomenologen beigetragen haben, Bernhard Waldenfels: *Das leibliche Selbst*. Frankfurt am Main: Suhrkamp 2000.

Abb. 4: Paul Cézanne: *Stillleben mit Kommode*, 1883/87.

Anästhesie ausgeschaltet wird, und sie treten isoliert auf beim Einsatz diagnostischer Apparaturen. Solche Dissoziationen gehören zur Fremdheit des eigenen Leibes, der immer etwas von einem Fremdkörper hat. Das Haben eines Körpers und seine Aneignung stoßen auf innere Grenzen.

Andererseits unterliegen die Dinge, die uns in der Erfahrung begegnen, einer fortdauernden *Verkörperung und Materialisierung von Bedeutung*.[28] Die bereits erwähnte Als-Struktur, die sich in wiederholten Erfahrungen herausbildet und sich im leiblichen Kennen und Können habitualisiert, findet ihre Stütze in *Zwischendingen* wie Bildern, Schriftzeichen, Zeitungen, Werkzeugen, Maschinen, Symbolen, Insignien, Archiven, Geschenken, Waffen und ähnlichem, in denen sich nicht nur Sinn ablagert, die vielmehr zur Sinnbildung beitragen.

Dies betrifft Nietzsches „nächste Dinge", den Tisch, der zum gemeinsamen Essen oder zum Arbeiten bereitsteht, der eine Sitzordnung

---

28 Zu den vielfältige Aspekten dieser Kulturalisierung Hans Peter Hahn: *Materielle Kultur. Eine Einführung*. Berlin: Reimer 2005.

Abb. 5: Brücke von Mostar (Postkarte, vor 1993).

vorzeichnet und der als täglich gebrauchter Tisch an der Eigenart seiner Benutzer teilhat und die reine Funktionalität hinter sich lässt, so wie Cézannes Münchener Tisch, der seine abgezirkelte Gebrauchsform einer eigentümlichen Bildlogik opfert. Es betrifft unsere Kleider, die nicht nur Kälte abhalten, sondern der Selbstdarstellung dienen, die auf ihre Weise ‚Leute machen' und im Bekleiden, Verkleiden und Entkleiden ihr geselliges und auch erotisches Spiel treiben. Es betrifft Bücher, die nicht nur nützlich oder überflüssig sind, sondern mitunter ‚ihre Schicksale haben'. Solche Zwischendinge entfalten eine eigene Zug- und Schwerkraft. Das Spiel mit dem Ball, das vom Kinderspiel längst zum öffentlichen Schauspiel geworden ist, zeigt uns, wie die Dinge mitspielen, wie sie eigene Wege gehen bis hin zur ‚Tücke des Objekts'. Ähnliches gilt für die asiatische Kunst des Bogenschießens, in der es darum geht, dass man den Pfeil auf den Weg bringt, ihn aber zugleich seiner Eigenbewegung überlässt, indem man von sich selbst loslässt.

Der Umgang mit den Dingen lebt also von synergetischen Effekten. Der Pragmatist G. H. Mead führt das Beispiel des Brückenbaus an:

Der Techniker, der eine Brücke konstruiert, spricht mit der Natur [...]. Es gibt dabei Elemente, die er einkalkulieren muss, und dann kommt die Natur mit anderen Reaktionen, die wiederum anders unter Kontrolle gebracht werden müssen [...] und schließlich erreichen wir einen Punkt, an dem wir mit der Natur zusammenarbeiten.[29]

Die Brücke kann zum Emblem eines störanfälligen Zusammenlebens werden wie die Brücke in Mostar, die Jahrhunderte von muslimischer wie von und kroatischer Seite einträchtig-zwieträchtig überquert wurde, bis sie im letzten Krieg durch serbische Granaten zertrümmert wurde. Doch dazu gehört nicht nur die Fügsamkeit der *res secundae*, sondern auch die Widerständigkeit der *res adversae*. Dinge erweisen sich oft als allzu scharf wie das Messer, an dem wir uns schneiden, oder als allzu hart wie die Tischkante, an der wir uns stoßen; sie können sich aber auch als allzu nachgiebig erweisen wie die flüchtige Feder, die unserem Griff entgleitet, oder der Sand, in den wir versinken.

Das letzte Beispiel erweckt den Anschein, als würden wir die Sphäre bedeutungsgeladener Zwischendinge verlassen. Wir hätten dann auf der einen Seite bedeutsame und normierte *Kulturdinge*, auf der anderen Seite bedeutungslose *Naturdinge*, die einzig kausalen Gesetzen gehorchen. Doch halten wir uns an das Vorbild des Leibkörpers, so ergibt sich ein anderes Bild. Ich erinnere an den offenen Disput zwischen Descartes und Pierre Gassendi. Der Philosoph aus der Schule Epikurs hielt dem *cogito, ergo sum* des denkstolzen Descartes ein körperfreudiges *ambulo ergo sum* entgegen, indem er seinen Kontrahenten mit *ô âme* anredete, während dieser sich postwendend mit einem *ô chair* revanchierte.[30] Doch können wir tatsächlich eine Trennungslinie ziehen zwischen subjektivem Gang und objektiver Fortbewegung, zwischen „ich gehe" und „es geht", ohne das eigentümliche Phänomen zu zerstören? Ist die raumbildende Bewegung von Giacomettis Gehendem als subjektiver Gehakt zu verstehen oder als objektiver Vorgang, der im Übrigen als Vorgang selbst noch etwas vom Gehen durchschimmern lässt? Wenn wir so unterscheiden, so geht

---

29 Georges Herbert Mead: *Geist, Identität und Gesellschaft*. Frankfurt am Main: Suhrkamp 1973, S. 229.

30 Siehe Gassendis Objektionen auf die *Meditationen* und Descartes' Antworten auf die Fünften Objektionen sowie den Briefwechsel zwischen beiden Philosophen (René Descartes: *Meditationen über die Grundlagen der Philosophie mit sämtlichen Einwänden und Erwiderungen*. Hamburg: Meiner 1964).

dies nur auf dem Wege einer nachträglichen Abstraktion, von der Husserl gesprochen hat. Husserl betrachtet den Leib als *Umschlagstelle* von geistiger Kausalität in Naturkausalität (Hua IV, S. 286), oder sagen wir allgemeiner: von Kulturellem in Natürliches und umgekehrt. Auf ähnliche Weise gilt dies für die Dinge. In unserer perzeptiven und praktischen Erfahrung begegnet uns kein kulturelles Ding, das nicht materiell der Natur verhaftet ist und natürliche Anteile enthält, sei es ein Holztisch, eine Wollmütze, ein Gummireifen, eine Bronzemünze, eine Schriftzeile, ein Computer, dessen Software in die Hardware eingebaut ist, oder ein zusammengebastelter Sprengkörper. Doch umgekehrt gibt es keine Naturdinge, die nicht einen kulturellen Index tragen; dies gilt selbst dann, wenn etwas als Unkraut, Rohstoff oder Abfall an den Rand der Kultur gedrängt wird. Selbst Naturparks sind als Schonbezirke eine kulturelle Schöpfung. Auch für die Dinge gilt also, dass die Natur in der Kultur fungiert, und selbst dann, wenn die Natur sich wehrt und rebelliert. Selbst eine Naturkatastrophe ist nicht rein natürlich. Um als Katastrophe aufzutreten, bedarf es möglicher Opfer und eines Zeugen wie Plinius, der als Naturbeobachter beim Vesuvausbruch umkam.

Vor ein eigenes Problem stellen uns technologische Artefakte, die von Menschenhand bedient und von Menschenhirn ausgeklügelt werden, die aber von der Mitwirkung zu einer nur beschränkt kontrollierbaren *Eigen-* und *Fernwirkung* übergehen. Ein neueres Beispiel wäre die bisher noch zögernd eingesetzte Kampfdrohne, die dadurch, dass man ihnen einzelne Tötungsentscheidungen überlässt, eine ‚letale Autonomie' erlangen. Dies wäre ein wichtiges Kapitel innerhalb einer Technologie der Dinge, die an die Grenzen einer Entleiblichung der Erfahrung führt und den Rahmen der Alltagserfahrung sprengt.

Vom Gedächtnis der Dinge

Dass Dinge an der menschlichen Geschichte teilhaben, ergibt sich daraus, dass sie Teil unserer kulturhistorisch geprägten Lebenswelt sind. Dinge werden hergestellt, gebraucht, sie nutzen sich ab, werden repariert, schlicht weggeworfen oder zyklisch wiederverwertet. Wenn es bei der bloßen Nutzung bleibt, so reduziert sich der geschichtliche Anteil der Dinge auf die bloße Zeitdauer mit ihren statistisch zu ermittelnden Verfallswerten. Die Singularität, zu der auch das

Abb. 6
Alberto Giacometti:
Homme qui marche
(Gehender Mann), ca. 1960.

Irreparable gehört[31] und ohne die es keine emphatische Form der Geschichte gibt, verschwindet, wenn alles ersetzbar und austauschbar ist. Die Klage von Äneas angesichts der Tempelbilder vom Untergang Trojas: „*sunt lacrimae rerum et menten mortalia tangunt* – die Dinge haben ihre Tränen und Sterbliches rührt ans Herz"[32] klingt dann wie ein Satz aus der Kinderfibel. Die Ringe einer Baumuhr verwandeln sich von Wachstumsspuren in dürre Messdaten. Doch so leicht können wir uns nicht davonstehlen. Wenn es stimmt, dass unsere leibliche Lebensführung auf die Mitwirkung der Dinge angewiesen ist, so schlägt der Geschichtsverlust der Dinge zurück auf das menschliche Leben. Das Leben verliert seine zeitliche Tiefe; es verarmt, wenn die Kurzlebigkeit zunimmt. Werfen wir einen Blick in die Welt der Kinder, die noch spielerisch mit den Dingen umgehen, ohne sich auf künstlich verfertigtes Spielzeug, auf *play things* zu beschränken. Kinder haben nicht nur Spielzeuge sondern auch Lieblingsspielzeuge, darunter lebendige und stoffliche Lieblingstiere, die als „Übergangsobjekte" eine wichtige Rolle spielen in der Selbstbildung und in der Beziehungsfindung.[33] Bei Kleinkindern erwies sich der ständige Wechsel der Bezugsperson als mitverantwortlich für Entwicklungsschäden, die man als Hospitalismus bezeichnet.[34] Könnte es nicht sein, das der ständige Wechsel von Bezugsdingen und Dingwelten vergleichbare Folgen hat? Aber auch im Leben Erwachsener stellt sich die Frage, ob nicht das Mitgefühl für das Leid anderer austrocknet, wenn die Dinge keine Tränen mehr haben. Dass sie solche haben, zeigen Schaukästen an den Orten der Ausrottung, die mit den alltäglichen Überbleibseln Ermordeter eine besonders eindringliche Sprache sprechen.

Nun liegt es auf der Hand, dass in unserer hochentwickelten westlichen Zivilisation das zunehmende Kurzzeitgedächtnis durch eine immense Sammelfreude wettgemacht wird. Sie umfasst nicht nur Kunstwerke und andere Kostbarkeiten, sie hat längst auf Alltagsdinge übergegriffen. Unsere Völkerkundemuseen, Kunstgewerbemuseen und Technikmuseen tragen wesentlich zur Wiederentdeckung

---

31 Bernhard Waldenfels: *Sinne und Künste im Wechselspiel. Modi ästhetischer Erfahrung.* Berlin: Suhrkamp 2010, S. 350–357 (Kap. 15: „Wiederherstellungskünste: Reparables und Irreparables").
32 Vergil: *Äneis*, 1, 462.
33 Donald M. Winnicott: *Vom Spiel zur Kreativität.* Stuttgart: Klett 1993.
34 René Spitz: *Vom Säugling zum Kleinkind.* Stuttgart: Klett 1967.

der Dinge bei.³⁵ Doch Museen verwandeln sich in Mausoleen, wenn die Fäden zur aktuellen Lebenswelt sich verdünnen. Nietzsche verschont auch die Wissenschaft nicht, die unaufhaltsam an „jenem großen Columbarium der Begriffe, der Begräbnisstätte der Anschauung" baut (KSA 1, S. 886). Damit kehren wir zu den Anfängen unserer Überlegungen zurück. Wir erleben, wie Dinge ihre Zugkraft verlieren, wenn sie sich von ihrer Genese ablösen und sie nicht mehr als ‚dichte Objekte' betrachtet werden, in denen sich eine Werdeprozess kondensiert. Was am Ende zurückbleibt, ist kulturelles Kapital, oder es sind schlichte Kapitalanlagen, die ihren Wert von anderswoher entlehnen und den ‚Eigensinn der Dinge' aufzehren.

Überdinge

Begonnen haben wir mit einem Rückblick auf vordingliche Erfahrungen, in denen uns die Dinge in *statu nascendi* begegnen. Wenn aber die Dinge eine Vorgeschichte haben, deren Potential reicher ist als das, was die Kultur aus den Dingen macht, so haftet den Dingen ein transkultureller Bedeutungsüberschuss an. Sie haben teil an dem, was ich als *Hyperphänomen* bezeichne. In allem, was sich zeigt, deutet sich mehr an als das, was sich zeigt. Die Grundformel ‚etwas als etwas' wäre zu ergänzen durch die Klausel ‚etwas als mehr als es selbst'. Diese Überlegung führt uns abermals in den Bannkreis der „nächsten Dinge". Ein Ding-Dichter wie France Ponge erprobt seine ‚Parteinahme für die Dinge' an einfachsten Dingen wie Brombeere, Brot, Kerze, Zigarette, Feuer und Wasser oder an dem vergänglichen Spankorb in den längst abgerissenen Pariser Hallen:

> An allen Ecken der Straßen, die zu den Hallen führen, schimmert er im bescheidenen Glanz des weißen Holzes. Ganz neu noch und ein wenig verdutzt, für immer in linkischer Pose auf dem Müllhaufen gelandet zu sein, ist dieser Gegenstand alles in allem der sympathischsten einer, – dessen Schicksal jedoch man tunlichst nicht weiter erörtern sollte.³⁶

---

35 Manfred Sommer ist einer der wenigen, die das Sammeln philosophisch ernst genommen haben, s. Manfred Sommer: *Sammeln. Ein philosophischer Versuch*. Frankfurt am Main: Suhrkamp 1999. Dazu auch Bernhard Waldenfels: *Der Stachel des Fremden*. Frankfurt am Main: Suhrkamp 1990, S. 225–242 (Kap. 14: „Der herausgeforderte Blick. Zur Orts- und Zeitbestimmung des Museums").
36 Francis Ponge: *Im Namen der Dinge*. Frankfurt am Main: Suhrkamp 1973, S. 13 [Frz.: *Le Parti Pris des Choses*, 1942].

Abb. 7
Giuseppe Spagna /
Pietro Paulo Spagna:
Goldene Rose, 1818/19
(Postkarte).

Das Vergängliche überlebt im Blick und in den Worten des Dichters und seiner Leser. Abschließend seien zwei Überschussphänomene erwähnt, an denen sich auf exemplarische Weise zeigt, wie im Alltäglichen Außeralltägliches zum Vorschein kommt und wie alles Gebrauchen und Haben der Dinge auf Grenzen stoßen.[37]

Ein erstes Exempel wäre der *Schmuck*. Natürlich gibt es Schmuckstücke oder auch Orden, die in den Umkreis jener Zwischendinge gehören, mit denen man sich in der Gesellschaft zu präsentieren pflegt. Es gibt den Zierrat, der die Dinge so sehr überwuchern kann, dass Adolph Loos Ornamente schlicht zu Verbrechen erklärte. Doch Schmuck lässt sich noch anders beschreiben, nämlich als eine gesteigerte Form der Dingerfahrung, in der die Dinge über sich selbst hinauswachsen. Man mag dabei an die Schönheit denken, aber nur dann, wenn man darunter mehr versteht als wohlbemessene Proportionen,

---

[37] Bernhard Waldenfels: *Hyperphänomene. Modi hyperbolischer Erfahrung*. Berlin: Suhrkamp 2012; speziell zu Schmuck und Gabe ebd., S. 198–233 (Kap. 7: „Mehr als nötig und geschuldet").

nämlich eine Leucht- und Strahlkraft, einen besonderen Glanz (λαμπρόν, φέγγος), wie Platon ihn selbst den Ideen zuschreibt.[38] Allerdings ist Glanz niemals reiner Glanz; er kann etwas Erschreckendes haben, und natürlich kann er auch blenden.
Ein zweites Beispiel wäre die *Gabe*. Die Geste des Gebens erschöpft sich nicht in der gegebenen Gabe, aber sie verkörpert sich in ihr, so dass diese immer auch etwas von der Person des Gebers enthält.[39] Die Geschenkverpackung, die in der japanischen Alltagskultur eine besonders intensive Rolle spielt,[40] bildet eine zusätzliche Schwelle, an der sich das Hin und Her von Geben und Nehmen verzögert. Ein *fast present* würde die Gabe in einen schlichten Transfer verwandeln. Die Gabe, die nicht eingefordert werden und durch keine Äquivalente ersetzt werden kann, hebt das Ding über seinen Gebrauchs- und Tauschwert hinaus. Dies besagt auch, dass man niemals genug gibt.
Dinge durchbrechen den normalen Tauschverkehr, indem sie als Überdinge auftreten, die einen Überanspruch enthalten. Nun mag einer einwenden, dies sei alles gut und schön, aber es tauge nicht für eine moderne, technologisch, ökonomisch und demokratisch regulierte Gesellschaft. Es sei schlicht unnütz. Wie aber wenn es gerade auf das „Unnütze" ankäme, wie in Kafkas Parabel *Von den Gleichnissen*? Was ständig droht, ist eine Reduktion der Dinge auf bloße Normaldinge, die dazu beitragen, dass wir Menschen uns – wie Nietzsche warnend prophezeit – in wohlfunktionierende „Normalmenschen" (KSA 3, S. 490) verwandeln. Die Widrigkeit der Dinge hätte am Ende etwas Heilsames.

---

38 Platon: *Phaidros*, 250 a–d.
39 Marcel Mauss: Die Gabe. In: Ders.: *Soziologie und Anthropologie*, Bd. 2. München 1975, S. 23–27.
40 Birgit Griesecke: *Japan dicht beschreiben. Produktive Fiktionalität in der ethnographischen Forschung*. Lindenberg: Fink 2001, S. 163–198 (Kap. 6: „Wrapping Culture").

Vom ‚Eigensinn' des Materials:
Edvard Munchs „Holzstil"

Monika Wagner

Kein geringerer als der Architekt Gottfried Semper stellte in seinem theoretischen Hauptwerk *Der Stil* von 1860 die rhetorische Frage: „[I]st die Herrschaft über den Stoff nicht intelligenter und eben so mächtig, wenn man in ihm auch seinen Eigensinn respektiert, ihn sich seiner Natur gemäß ohne Zwang dienstbar macht?".[1] Semper billigte dem Material ein Eigenleben zu und verstand die Herstellung von Dingen aller Art als eine Interaktion von Mensch, Werkzeug und dem verfügbaren Naturstoff im Hinblick auf die gewünschte Funktion. „Das Material", so erläuterte er seine Überzeugung, „ist nicht bloß eine passive Masse, sondern als [...] ein mitwirkendes Element der Anregung zur Erfindung zu betrachten"[2]. Den konstatierten „Eigensinn" des Materials führte er am Beispiel des Werkstoffs Holz näher aus. Analog zu den plastischen Tonerden im Bereich der Keramik wertete Semper Holz im Bereich der ‚Tektonik' als ‚Urstoff', der für so unterschiedliche Gattungen wie Architektur, Gebrauchsgerät und Kunst von grundlegender Bedeutung war.

Der „Holzstil"

Die so genannten Mängel des Materials, den begrenzten und unregelmäßigen Wuchs, die Fasern und Astlöcher ebenso wie das Schrumpfen

---

1 Gottfried Semper: *Der Stil in den technischen und tektonischen Künsten oder praktische Ästhetik. Ein Handbuch für Techniker, Künstler u. Kunstfreunde* (1860–63), Bd. 2, hrsg. v. Friedrich Piel. Mittenwald: Mäander 1977, S. 256.
2 Gottfried Semper: Entwurf eines Systems der vergleichenden Künste. In: Ders.: *Kleine Schriften*. Berlin: Spemann 1884, S. 259–291, hier S. 280.

und Reißen des Holzes beim Trocknen kannte Semper als Architekt aus eigener Erfahrung; zudem hatte er anlässlich der Londoner Weltausstellung von 1851 die Präsentation der kanadischen Abteilung betreut, in der die Transformation des Holzes vom Baumstamm zum Kanu und anderen Dingen eine zentrale Rolle spielte. Semper wollte die in seiner stilgenetischen Analyse ausführlich erörterten „Mängel" des Holzes keineswegs eliminiert wissen, sondern sah im Eigenleben des Materials ein gestalterisches Potenzial:

> Die Kunst soll diesen Mängeln begegnen, sie ausbeuten und aus der Noth eine Tugend machen; nichts affektiren und erkünsteln, was der Natur des Holzes widerspricht. Die bezeichneten Unzugänglichkeiten des Stoffes sind die reichhaltigste Quelle immer neuer formaler Hülfsmittel, die den Holzstil erst zu dem machen, was ihn eigentlichst kennzeichnet.[3]

Das, was Semper den „Holzstil" nannte, verdankte sich demnach einer adäquaten Berücksichtigung, einer bewussten Integration der ‚Fehler' des Materials in die Gestaltung. Die Bearbeitung eines gewachsenen Baumstamms veranlasse im Unterschied etwa zu den in der Natur gewissermaßen amorph vorkommenden Steinmassen zu „entschiedenster Stoffkundgebung".[4] Verständlich wird Sempers radikale Umwertung der Materialeigenschaften des Holzes, wenn man sich klar macht, dass die „Unzulänglichkeiten" gerade die Spezifik des Holzes ausmachen. Sie resultieren aus seinem natürlichen Wuchs, seinen Verästelungen, seiner Textur oder den unterschiedlichen Härten der Jahresringe. Während Semper für den Rest des 19. Jahrhunderts des Materialismus bezichtigt wurde, trug die Debatte um sein Werk wesentlich zur Sensibilisierung für das Material bei. Kurze Zeit später wurde im deutschsprachigen Raum die Forderung nach „Materialgerechtigkeit"[5] laut und damit nach der Berücksichtigung materialspezifischer Eigenschaften mit den Implikationen einer ästhetischen Erziehung.[6]

Sempers generelle Neubewertung der Materialien, speziell des Holzes, erschließt sich im zeitgenössischen Kontext der Industrialisierung. Die zeitgenössische Industrie war, wie die Weltausstellung gezeigt

---

3 Semper: *Der Stil*, Bd. 2, S. 257.
4 Ebd., S. 250.
5 Nadine Rottau: *Materialgerechtigkeit – Ästhetik im 19. Jahrhundert*. Aachen: Shaker 2012.
6 In England sprach man mit John Ruskin von "truth to material" (vgl. ebd., S. 17).

hatte, bestrebt, auch für alltägliche Dinge, die traditionell aus Holz gefertigt worden waren, homogene Ersatzstoffe aus Sägemehl und Papier zu entwickeln, die sich maschinell bearbeiten ließen und so besser für die industrielle Produktion tauglich wurden. „Wer hätte sich je träumen lassen", so gab der erzkonservative Journalist Heinrich Pudor zu Beginn des 20. Jahrhunderts seiner Verwunderung Ausdruck, „daß man auf die Suche gehen würde, selbst für ein so billiges Material, wie es das Holz ist, ein Surrogat herzustellen?"[7] Auch andere plastische Stoffe wie der Kautschuk dienten ihrer Gießfähigkeit wegen als Substitut für das ‚eigenwillige' Holz. So wurden in der Harburger Gummiwaren-Fabrik Phoenix zum Beispiel holzsichtig aussehende, gotisierende Madonnenskulpturen aus braun eingefärbtem Kautschuk gegossen und damit aus jenem Stoff, den Semper als den ‚Affen unter den Nutzmaterien' bezeichnete, weil er so anpassungsfähig sei, dass er nahezu jedes andere Material und jede Form imitieren könne. Ihm billigte er wegen fehlenden Eigensinns keine stilbildenden Eigenschaften zu. (Abb. 1)

Während Holz im Alltag – etwa für Möbel – auch weiterhin die dominierende Rolle spielte, galt es als „ein sehr unedler Stoff für Kunstwerke".[8] In der Geringschätzung des Holzes waren sich Ästhetik und Kunstgeschichte des 19. Jahrhunderts von Georg Friedrich Hegel bis zu Anton Springer einig. Zwar wurde Holz in der religiösen Tradition gerade als ‚armes Material' lange Zeit hoch geschätzt, doch sei es wegen seiner Mängel meist unter einer Bemalung verborgen geblieben. Im Verlauf des 19. Jahrhunderts erhielt Holz zunehmend das Image eines „primitiven und ländlichen"[9], jedenfalls die hohe Kunst behindernden Materials. Genau auf diese Charakterisierungen bezogen sich bildende Künstler um 1900 und propagierten sie als positive Qualitäten. Mit Holz wurde gegen eine dekadente Kunst ebenso interveniert wie gegen neue Materialien und Reproduktionsverfahren, die auch vor der Kunst nicht Halt machten. Im Bereich der

---

7 Heinrich Pudor: Deutsche Qualitätsarbeit 1911, zit. n. *Materialästhetik. Quellen zu Kunst, Design und Architektur*, hrsg. v. Dietmar Rübel / Monika Wagner / Vera Wolff. Berlin: Reimer 2005, S. 184.
8 Hermann Riegel: *Die bildenden Künste. Allgemeine Kunstlehre*. Frankfurt am Main: Keller 1895, S. 162.
9 Moritz Carriére: *Ästhetik. Die Idee des Schönen und ihre Verwirklichung in Leben und Kunst*, 2. Teil. Leipzig: Brockhaus 1885, S. 141.

Abb. 1
Paul Gauguin: *Hina*,
tropisches Holz, um 1892.

Skulptur gewannen Paul Gauguins Holzskulpturen aus der Südsee, die als *taille directe* aus dem Stamm heraus gearbeitet waren (Abb. 1) und dessen gewachsene Rundform als Sockel der Figur beibehielten, Modellcharakter für die materialgerechte Form.

„Organische Belebung"
Den wohl überraschendsten Umbruch verzeichnete die Druckgrafik mit der Neubelebung des lange Zeit vergessenen Holzschnitts. Holz spielte bis zur Entdeckung des japanischen Holzschnitts und den Reformbestrebungen des Arts and Crafts Movement in der europäischen Druckgrafik gegenüber Metall für die Radierung und Stein für die Lithographie kaum mehr eine Rolle. Dagegen war in der Reproduktionsgrafik der Holz*stich*, der für die maschinelle Bildreproduktion etwa von Fotos für den Zeitungsdruck eingesetzt wurde, weit verbreitet. Für den Holzstich (Xylographie) nutzte man das harte Hirnholz (Abb. 2), in das mit einem Stichel feinste Linien eingegraben wurden. Im Druck negiert der Holzstich sein Trägermaterial vollständig.[10] Diente Holz hier lediglich als neutrales Medium für das Bild im Sinne der Figuration, so wurde Ende des 19. Jahrhunderts mit dem wieder entdeckten Holz*schnitt* das Trägermaterial zum Teil des Bildes erhoben. Das verlangte im Unterschied zum vorlagenbasierten Holzstich die eigenhändige Herstellung des Druckstocks durch den Künstler. Hierzu diente das weiche Langholz, das im Druck die Texturen des Holzes ebenso wie die Spuren des Hohleisens und damit den Arbeitsprozess erkennen lässt. Walter Ley erläuterte in Paul Westheims *Kunstblatt* 1918 fasziniert den

> Strukturreiz einer Holzfläche, die beim Drucken etwas ganz anderes hergibt als die glatte Fläche einer Metallplatte bei der Radierung. Von dem Leben im Holz, von seinem Wachsen und Werden, von der Eigenheit des Baumes, dem der hölzerne Druckstock entstammt, gelangt eine letzte Spur noch in den Druck hinein.[11]

Im emphatischen Anliegen vergleichbar, aber mit einem noch stärkeren Pathos, das die Lebendigkeit des Materials in den Vordergrund zu stellen sucht, argumentierte auch Paul Westheim in seinem 1921

---

10 Max Bucherer / Fritz Ehlotzky: *Der Original-Holzschnitt. Eine Einführung in sein Wesen und seine Technik.* München: Reinhardt 1922, S. 66–67.
11 Walter Ley: Reize des Holzschnitts. In: *Das Kunstblatt* 2 (1918) S. 56.

erschienen *Holzschnittbuch*. In dem einflussreichen Werk kommt nicht zu Unrecht Edvard Munch die entscheidende Stellung für die Neuentdeckung des Holzschnitts zu. „Man spürt da im Abdruck", so Westheim, „noch etwas vom Werden und Wachsen im Holz, vom Aufbau der Zellen, vom Steigen der Säfte, ein unnachahmlicher Reiz, der dem Holzschnitt eigen ist".[12] Dem Holz billigte man noch als Druckstock „organische Belebtheit"[13] zu, ja, von anderer Seite wurde das Holz gar als „Fleisch"[14] bezeichnet und gegenüber den unorganischen Metallen gewürdigt. Der Kunsthistoriker August Schmarsow lieferte dafür in seinen *Grundbegriffen der Kunstwissenschaft* von 1905 im Abschnitt über „eigene Bewegung und fremdes Material" eine in der Folgezeit viel strapazierte Begründung. Er untersucht die „Übertragung der Ausdrucksbewegung" in das Material, das „mehr oder minder Widerstand" entgegen bringe und betont insbesondere die „Verwandtschaft" zwischen Mensch und Holz, die dem Transfer besonders entgegen komme.[15]

Den Eigensinn des Trägermaterials im Druck sichtbar zu bewahren und als Teil der bildlichen Figuration zu vermitteln, darin lag die Option des neuen Holzschnitts. Westheim betrachtete dies, vergleichbar dem Arbeiten aus dem Holzstamm im Bereich der Skulptur, als ein Denken und Arbeiten *im* Material – im Unterschied zur Übertragung eines papierenen Entwurfs oder einer fotografischen Vorlage auf das Holz. Der Künstler müsse, so lautete einer der populären, bis heute propagierten Topoi, den ‚Widerstand des Materials', spüren und ihm körperlich begegnen. Diese physische Interaktion mit dem aus der lebendigen Natur stammenden Material teile sich noch dem Betrachter mit:

> Die Hand gleitet nicht mehr nur über die Fläche, sie spürt den Widerstand der Materie. Je nachdem, ob das Messer der Faser im Holz folgt oder sie durchzuschneiden versucht, ist die Anstrengung kleiner oder größer […] und noch im Abdruck erlebt der Betrachter […] etwas von der Kraft der Hand […].[16]

12 Paul Westheim: *Das Holzschnittbuch*. Potsdam: Kiepenheuer 1921, S. 158.
13 Konrad Lange: *Schön und praktisch. Eine Einführung in die Ästhetik der angewandten Künste*. Esslingen: Neff 1908, S. 32.
14 Hugo Lang-Danoli: Von der Freude und vom Material. In: *Deutsche Kunst und Dekoration* 24 (1909), S. 201–205, hier S. 201.
15 August Schmarsow: *Grundbegriffe der Kunstwissenschaft*. Leipzig: Teubner 1905, S. 138–139.
16 Westheim: *Das Holzschnittbuch*, S. 168.

Abb. 2
Adolph Menzel: Illustration zu
Franz Kuglers *Geschichte Friedrichs
des Großen* (1842), Holzstich.

Mit dem Widerstand des Holzes zu arbeiten, ohne den Werkstoff zu „vergewaltigen", aktualisierte nicht nur die alte Vorstellung vom künstlerischen Schöpfungsakt als einer bipolaren Geschlechterkonstellation, sondern geriet nach dem Ersten Weltkrieg auch zu einer als „nordisch", „germanisch" oder „deutsch" propagierten virilen Leistung.[17]

Holztexturen

Edvard Munch, der zu den großen Vorbildern der deutschen Expressionisten zählte, zeitweise auch mit ihnen zusammen ausstellte, war der experimentellste unter den ‚neuen Holzschneidern'. Munch, so formuliert es der Kunstkritiker und Essayist Franz Servaes 1894, brauche nicht wie Paul Gauguin nach Tahiti zu reisen, um „Urformen" zu

---

[17] Monika Wagner: Der Holzstil. Expressionistische Beiträge zur „neuen deutschen Kunst". In: Matthias Krüger / Isabella Woldt (Hrsg.): *Im Dienst der Nation. Identitätsstiftungen und Identitätsbrüche in Werken der bildenden Kunst*. Berlin: Akademie 2011, S. 61–76.

Abb. 3
Edvard Munch: *Der Urmensch*, Holzschnitt, 1895.

finden, Munch „trägt sein eigenes Tahiti in sich, und so schreitet er mit nachwandlerischer Sicherheit durch unser verworrenes Culturleben […] im Besitz seiner durchaus culturlosen Parsifal-Natur. […] Kurz, Munch ist ein nachgeborener Urweltler, von der der Paläontologe etwas lernen kann", heißt es dort nicht ohne Witz.[18] Die behauptete Kulturlosigkeit lasse ihn umso freier für die Schöpfung von neuem werden. Munchs Unkenntnis der Tradition habe ihn zu innovativen Lösungen geführt. Das lässt sich auf Munchs Holzdrucke übertragen, auch wenn sich der Künstler damit erst seit 1896 beschäftigte. Dass er jedoch mit dem Material Holz vertraut war, legt nicht allein sein Leben auf verschiedenen norwegischen Höfen nahe, sondern das zeigt auch seine Malerei. In Zeichnungen wie in Ölgemälden befasste er sich mit Baumfällern bei ihrer Arbeit, skizzierte den Holztransport, thematisierte die Forstarbeit und widmete sich immer wieder dem

---

18 Franz Servaes: [ohne Titel]. In: Stanisław Przybyszewski (Hrsg.): *Das Werk des Edvard Munch. Vier Beiträge* [1894]. Berlin: Nabu 2010, S. 37.

Errichten hölzerner Gerüste für den Hausbau.[19] Er thematisierte also die Transformation vom Baum zum nützlichen Gerät.

„Noch niemand hat diese Technik [den Holzschnitt, MW] mit solcher Großzügigkeit behandelt wie Munch", schrieb der Hamburger Jurist und Grafiksammler Gustav Schiefler.

> Die einfachsten Werkzeuge und das sprödeste Material sind ihm gerade recht; […] Er nimmt Kistenbretter von rohem Tannenholz, bearbeitet die Flächen mit derbem Messer und mit dem Hohleisen und benutzt die Maserung und den Sägestrich der Platten als willkommene Gliederung des Holzes.[20]

Doch waren diese Nähe zum Material und die Arbeit mit dessen Eigenheiten nicht unumstritten. Um die Potenziale und Anmutungsqualitäten des Holzes im Druck zu erproben, experimentierte Munch über einen langen Zeitraum mit der Holzmaserung. Dabei erweiterte er allmählich das Holzschnittverfahren, um in der Autopoesis des Abdrucks die Potenziale der Natur zu integrieren.

Ein Typenporträt wie *Der Urmensch* (Abb. 3) von 1905 zeigt kräftige, vertikale Spuren des Hohleisens im ebenfalls vertikal gemaserten Druckstock. Im Druck entsteht ein klarer Schwarz-Weiß-Kontrast und der Kopf des frontal dargestellten alten Mannes erscheint auch metaphorisch ‚wie gemeißelt'. Das Motiv fordert geradezu die groben Einkerbungen in den „Urstoff" Holz geradezu ein. Im Unterschied zu den vertikalen Holzmaserungen in den Porträts nutzte Munch für landschaftliche Motive meist den Holzstock so, dass die Maserung horizontal verläuft. Dadurch entsteht der Eindruck einer mit der Landschaft verbundenen Ausdehnung und Weite, was der Tradition des Landschaftsbildes mit dem Querformat als charakteristischem Merkmal entspricht.

Welche Möglichkeiten Munch aus dem Eigensinn des Holzes entwickelte, soll der Vergleich eines in verschiedenen Drucktechniken – der Radierung und verschiedenen im Holzschnitt – ausgeführten Motivs deutlich machen. In seiner Munch-Biographie von 1918 beschrieb Curt Glaser die Übertragung des Motivs *Der Kuß* von der Radierung

---

19 *Edvard Munch. Arbeitsbilder 1910–1930.* Ausstellungskatalog Kunstverein in Hamburg. Stuttgart-Bad Cannstatt: Cantz'sche Druckerei 1978, S. 102.
20 Gustav Schiefler: *Verzeichnis des graphischen Werks von Edvard Munch* (1907), zit. n. Günther Gercken: Tradition und Erneuerung im modernen Holzschnitt. In: *Ein Jahrhundert des Holzschnitts.* Ausstellungskatalog. Hamburg: Hamburger Kunsthalle 1993, S. 11.

Abb. 4: Edvard Munch: *Der Kuß*, Radierung, 1895.

Abb. 5: Edvard Munch: *Der Kuß I*, Holzschnitt, 1897.

in den Holzschnitt als Abstraktionssprung. Die „nur mehr natürliche Maserung der Holzplatte" führe „fast bis zur formelhaften Abstraktion".[21]

Selbstabdruck

Die 1895 datierte Radierung *Der Kuß* (Abb. 4) zeigt ein nacktes Paar, das sich vor dem Fenster eines dunklen Innenraums mit zurück gezogenen Gardinen umarmt. Die Fenster der gegenüber liegenden Häuser, die im Fenster des Raums für den Betrachter sichtbar werden, scheinen zurück zu blicken, so dass die Nacktheit des Paares in der städtischen Umgebung ausgestellt wird. Die intime Situation wird durch den Verzicht auf alle Details im Interieur, durch das enge Hochformat und die Reduktion auf weiche Hell-Dunkel-Modellierungen betont. Demgegenüber erzeugen die Holzschnittvarianten des sich umarmenden Paares andere Anmutungen. Die Semantik des Trägermaterials wie seine jeweilige Bearbeitung sprechen dabei auf unterschiedliche Weise mit. In dem 1897 datierten Holz*schnitt* (Abb. 5), von dem es auch einen mehrfarbigen Abdruck gibt, lässt sich nicht entscheiden, ob sich das Paar in einem Innen- oder Außenraum

21 Curt Glaser: *Edvard Munch*. Berlin: Cassirer 1918, S. 51.

Abb. 6: Edvard Munch: *Der Kuß III*, Holzschnitt, mit 2 Blöcken gedruckt, 1898.

Abb. 7: Edvard Munch: *Der Kuß IV*, Holzschnitt, mit 2 Blöcken gedruckt, 1902.

befindet. Munch hat in sehr grober Manier mit dem Hohleisen – und in diesem Punkt Ernst Ludwig Kirchner und anderen Expressionisten vergleichbar – das Paar wie mit einer flammenden Aura vielfach umrissen. Während das Paar selbst nur sehr zarte Binnenkonturen aufweist, wurde für die ‚Aura' das Langholz in breiten Spuren ausgekerbt. Die Auskerbungen folgen im Groben dem vertikalen Wuchs des Holzes wie dem Motiv des stehenden Paares und zeigen verschiedentlich kleine, heraus gebrochene Fasern. Das hervortreten der ‚Aura' betont die Ausstrahlung einer vitalen Liebesenergie, die das Paar mit der unspezifisch belassenen Umgebung verbindet – mit dem Kosmos, wie man das seinerzeit in esoterischen Kreisen nannte, denen Munch nahe stand.

In anderen Varianten des Holzschnitts *Der Kuß* kommt die Textur des Holzes auf neue Weise zum Einsatz. Denn Munch arbeitete mit einem ungewöhnlichen Verfahren: Aus dem Druckstock mit einer relativ homogenen, vertikal verlaufenden Maserung (Abb. 6) sägte er den Figurenblock des eng umschlungenen Paares mit der Laubsäge heraus.[22] Damit gewann er ein separat verfügbares Druckmodel. Das

---

22 Dieter Buchhart (Hrsg.): *Edvard Munch. Zeichen der Moderne.* Ausstellungskatalog Kunsthalle Würth. Ostfildern: Hatje Cantz 2007, S. 89.

Abb. 8: Edvard Munch: *Der Kuß III*, Holzschnitt, mit 2 Blöcken gedruckt, 1898.

heißt, die Figuration ließ sich nun wie ein Stempel auf verschiedene Untergründe drucken, die Munch durch den Abdruck von Holzbrettern mit unterschiedlichen Maserungen, Astlöchern und Sägeschnitten anfertigte. Bei den also in zwei Druckgängen geschaffenen Varianten handelt es sich eigentlich nicht mehr um reine Holzschnitte, sondern um eine Kombination vom Holzschnitt und dem Selbstabdruck von einem Stück Holz. In einer Variante wählte Munch ein Brett mit kräftiger Maserung, dessen Sägeschnitt vertikal verläuft und an der rechten Seite ein Astloch aufweist (Abb. 7). Die Holzmaserung des Figurenblocks, der über den Bretterabdruck gedruckt wurde, verläuft ebenfalls vertikal. Nur die gröbere Textur des Grundes und der hellere Ton unterscheiden sich von der feineren des Paares und dessen dunklerer Farbe. Die Holzmaserungen von Figur und Grund durchdringen sich wechselseitig. Das wird besonders in den zu einer einzigen, unmarkierten hellen Fläche zusammen gefassten Gesichtern und den Händen deutlich, in denen die Holztextur des Grundes

Abb. 9: Edvard Munch: *Der Kuß III*, Holzschnitt, mit 2 Blöcken gedruckt, 1898.

erscheint. Der mit Munch befreundete polnische Dichter Stanisław Przybyszewski befand: „[M]an sieht nur die Verschmelzungsstelle, die wie ein Riesenohr aussieht und das in der Extase des Blutes taub wurde, es sieht aus wie eine Lache von flüssigem Fleisch: etwas Widerliches liegt darin".[23] In der Tat ist die „Verschmelzungsstelle" auf der Ebene der Figuren nicht näher charakterisiert. Anstelle eines physiognomischen Ausdrucks oder der Haut treten die Äderungen des Holzes. Obwohl die Szene nun nicht mehr wie in der Radierung in einem Innenraum angesiedelt ist, entsteht dennoch eine, allerdings anders geartete Intimität, die durch die ornamentale Holzmaserung erzeugt wird. Sie behauptet nicht nur eine gewissermaßen natürliche

---

23 Carolin Quermann: Gemalte Präparate der Seele. In: *Edvard Munch. Aus dem modernen Seelenleben.* Ausstellungskatalog Hamburger Kunsthalle. Bremen: Edition Hachmann 2006, S. 9–16, hier S. 12.

Abb. 10: Edvard Munch: *Der Kuß auf dem Felde*, Holzschnitt, 1943.

Verbindung von Figuren und Umgebung, sondern auch eine Universalisierung der Situation – und damit einer Abstraktion. Dass sie ausgerechnet über das konkrete Material erzeugt wurde, musste irritieren.

In dem Maße, in dem Munch gröbere Holztexturen wählte und verschiedene Astlöcher einbezog, tritt der physische Materialcharakter in den Vordergrund (Abb. 8), so dass eine höhere Präsenz in der materiellen Welt suggeriert wird. Die Astlöcher erscheinen wie Fixierungen des Bildträgers, die verhindern, dass die Holzmaserung zu einem räumlich entfernten Hintergrund wird. Eine andere Situation entsteht bei der horizontalen Lagerung der Holzbretter. Die Horizontale erzeugt stärkere landschaftliche Assoziationen (Abb. 9). Zugleich ergeben sich in dem Bereich, in dem die vertikale Maserung des Paares die horizontale des Grundes überlagert, feine, fast schraffenartige Interferenzen. Vor allem aber durchdringen sich Figur und Grund, so dass das Paar wie ein Schatten in der Materialität des Holzes zu verschwinden bzw. aus ihr empor zu tauchen scheint. Die

Verzahnung von Form und Material ist hier sehr eng, was wohl auch zu der Beobachtung beigetragen haben mag, bei Munch bestünden die Menschen aus demselben Material wie die Landschaft. Noch weitaus stärker kommt dies in dem allerdings erst wesentlich später – um 1943 – datierten Holzschnitt *Kuß auf dem Felde* zum Ausdruck (Abb. 10). Lediglich ein gezackter, insgesamt horizontal verlaufender Kontur, der so unspezifisch ist, dass er Berge ebenso wie Hausfirste assoziieren lässt, transformiert die stark ornamentierte Fläche der ebenfalls horizontalen Holzmaserung in eine weite Landschaft. Während das Paar in den früheren Varianten vom unteren Bildrand überschnitten wurde, taucht es nun im unteren Drittel aus der gemaserten Bildfläche auf. Sein schwach ausgeprägter Kontur überragt die Horizontlinie und lässt das umschlungene Paar zu einer Vision werden, die mit der Landschaft verschmilzt. Es sind die sichtbaren Eigenheiten des Holzes, die den Eindruck entstehen lassen, als würden sich alle Bildelemente in großen Strömen durchdringen. Thematisierte bereits der Holz*schnitt* von 1897 mit den starken Auskerbungen des Holzes (vgl. Abb. 10) eine energetische Ausstrahlung, die von dem Paar ausgeht, so vermittelt die späte Arbeit mit dem Selbstabdruck der Natur eine ornamentale Qualität, die keine Dynamik zeigt, sondern als integrative Kraft erscheint und alles zu umfassen vermag.

Kunstgewerbliches
Munchs starkes Interesse an den Potenzialen der Holztexturen erschien zeitgenössischen Autoren ebenso faszinierend wie gefährlich: Der Kunsthistoriker und Reichskunstwart Edwin Redslob sah in Munchs Holzschnitten die „ornamental drängende Linie und sein Greifen nach Handwerk, die in der Holzplatte und der in die Tiefe schneidenden Technik beide ihr Symbol finden".[24] Dass Redslob die Holzschnittkunst Munchs über das Material und die Arbeit am Holz in die Nähe des Handwerks rückte, war eine ambivalente Wertung. Zwar gehörte „die Rückkehr zu primitiver Gestaltungsweise und manueller Handwerksarbeit [...] am Holzstock" durchaus zu den

---

24 Edwin Redslob: Der Weg zur Graphik. In: Fritz Gurlitt (Hrsg.): *Das graphische Jahr*. Berlin: Gurlitt 1921, S. 11.

Ambitionen der „jungen Künstlergeneration".[25] Gleichwohl bedeutete dies eine Gratwanderung. Noch deutlicher als Redslob wurde Glaser, der meinte, „[a]ls drohendes Zeichen stellt ein Zug ins Kunstgewerbliche sich ein. Der moderne Holzschnitt selbst enthält diese Lockung. Er war entstanden im Kreise der Apostel des Materials, die aus dem Stoff, aus dem das Kunstwerk gestaltet ist, das Gesetz seiner Bildung ableiten wollen"[26]. Das zielte letztlich auf Semper, der sich jedoch hauptsächlich mit den ‚nützlichen Künsten', also dem, was dem Kunstgewerbe zugerechnet wurde, befasst hatte. Im Bereich des Alltags war die Rolle des Materials allerdings weniger problematisch. Inzwischen legten jedoch auch viele bildende Künstler, unter ihnen Munch, ein neuen Materialbewusstsein an den Tag, ohne damit die „Ideenkunst" zu verabschieden.[27] Solche „Materialapostel",[28] zu denen auch Expressionisten wie Kirchner, Karl Schmidt-Rottluff oder Emil Nolde gehörten, machten die Texturen und das Materialverhalten sichtbar, wie dies zuvor nur bei dekorativen Holzpaneelen üblich war. Hinzu kam die gezielt rohe Bearbeitung, mit dem sich der Duktus des Künstlers in das Material einschrieb und der als Handschrift Authentizität verhieß. Letzteres galt jedoch nicht für den Selbstabdruck des Holzes mit seinen ornamentalen Texturen. Manchen zeitgenössischen Autoren, die sich auf eine lange kunsttheoretische Tradition beziehen konnten, erschien das Material in diesen Arbeiten zu selbstständig, zu wenig sublimiert. Es gefährdete den spezifischen Kunstwert. Denn über das Hervortreten des Materials schien das Bild zum Ding zu werden und drohte die Grenze zwischen Handwerk und Kunst, zwischen Kunstgewerbe und Hochkunst einzuebnen. Dabei übersahen die Kritiker, in welchem Maße durch das permanente Oszillieren zwischen dem selbstevidenten Abdruck banaler Holzbretter und ihrer Evokation von Landschaften oder gar den Äderungen der Haut ein kreativer Wahrnehmungsprozess in Gang gesetzt wird.

---

25 Westheim: *Das Holzschnittbuch*, S. 5.
26 Glaser: *Edvard Munch*, S. 51.
27 Wagner: Der Holzstil, S. 69.
28 1909 wurden Künstler der Wiener Werkstätten wie Josef Hoffmann, Kolo Moser und Carl Otto Czeschka, die „Gebrauchskunst" herstellten als „fröhlich gebende Apostel jener Freude am Material" bezeichnet (Lang-Danoli: Von der Freude und vom Material, S. 201).

Abb. 11
Max Ernst: *Les Moeurs des feuilles*,
1925, aus der *Histoire Naturelle*,
Bleistiftfrottage.

Eigensinn und Phantasie

Das Verfahren, zufällige Muster von Naturstoffen als Figuration für ein Bild zu nutzen, haben Maler schon in der Renaissance praktiziert. Allerdings war nicht Holz, sondern Marmor neben Alabaster und Halbedelsteinen das privilegierte Material, um in Kooperation mit der Künstlerin Natur Bilder zu schaffen. Die als Pietre Fiorentine bekannten Arbeiten, wie sie besonders in Kunstkammern gesammelt wurden, nutzten den Zufall der Natur[29] und knüpfen damit an einen schon aus der Antike überlieferten Topos an, demzufolge der Künstler die ‚Kunstformen der Natur' erkennt und in seinem Werk freizulegen versteht. Munch übertrug die am ‚italienischen Stein' erprobte Kombination von künstlerischer Geste und natürlichen Formen auf

---

29 Robert Felfe: Figurationen im Gestein. Ko-Produktionen zwischen Kunst und Natur. In: Joris van Gastel / Yannis Hadjinicolaou / Markus Rath (Hrsg.): *Paragone als Mitstreit*. Berlin: Akademie 2014, S. 153–176.

Abb. 2
Joseph Beuys:
Intuitionskiste, Multiple,
Nadelholz, 1968.

das Holz. Was hinsichtlich des strukturellen Verfahrens vergleichbar ist, entwickelte im konkreten historischen Kontext unterschiedliche semantische Potenziale. Denn durch das Holz wurden Munchs Arbeiten zur Natur des Nordens.

Was bei Munch bereits angelegt war, dass nämlich der Eigensinn des Holzes, seine Unregelmäßigkeiten und Texturen sich selbst ausstellen und gleichzeitig etwas anderes herstellen, ist im Surrealismus zu einer künstlerischen Strategie ausgebaut worden. Max Ernst, der Mitte der 1920er Jahre in seiner *Histoire naturelle* mit Holzabrieben zu arbeiten begann (Abb. 11), berief sich als belesener Surrealist ausdrücklich auf Leonardo da Vincis Empfehlung, die Spuren eines nassen Schwammes auf der Mauer mit seinen undefinierten Formen als Stimulanz für die künstlerische Erfindung einzusetzen.

In seinen Frottagen aus dem Jahr 1925 nutzte er die Textur des Holzes, indem er nach eigenem Bekunden die Oberfläche alter Dielen eines Gasthauses mit einem Bleistift abrieb. Dazu habe ihn, wie er detailliert notierte, die visionäre Erinnerung an „eine Vertäfelung aus nachgemachtem Mahagoniholz" gebracht.[30] Max Ernst transferierte gewissermaßen in mechanischer Handarbeit die feinen Fasern und Texturen des Holzes mit all den Zufälligkeiten auf das Papier. Die abgeriebenen Holztexturen ähneln den Untergründen aus Bretterabdrücken in Munchs *Kuß*-Varianten. In mehreren Frottagen Max Ernsts stellen die Abdrücke der Dielen in materialmimetischer Weise wiederum Holz dar. In anderen Arbeiten ist die Holztextur mit ihren feinen Verästelungen in Blätter, in Erde, Wasser oder Himmel transformiert – Munchs *Mann am Meer* vergleichbar, wo die horizontale Holztextur gleichzeitig Wasser und Himmel evoziert. In Max Ernsts *Les Moeurs des feuilles* aus dem Jahr 1925 wird beispielsweise ein Astloch zu einem Auge, das die elegante Bewegung des Blattes zwischen den beiden seitlichen, baumartig auftretenden Brettern zu beobachten scheint. Als Surrealist war Max Ernst am mechanischen Selbstausdruck der Natur interessiert, nicht an einem materialgerechten Umgang mit dem Holz.

Seit 1945 kam zum Selbstabdruck der Natur die Präsentation von Stoffen und Dingen hinzu. Das eigensinnige Holz ist darunter prominent vertreten, wie etwa in Alberto Burris Legni aus den 1950er Jahren, in denen sich Maserungen und Astlöcher mit Gebrauchsspuren und Verletzungen verbinden und die Bretter als Relikte vergangener Ereignisse erscheinen lassen. Wie kein zweiter hat Joseph Beuys die einstigen ‚Mängel' des Holzes zur *figura* erhoben. Beuys' Multiple mit dem Titel *Intuitionskiste* (Abb. 12) aus dem Jahr 1968 besteht aus nichts weiter als einer flachen, leeren Holzkiste ohne Deckel. Aus einfachem Nadelholz hergestellt, zeigt die Kiste die zufälligen Maserungen des Holzes. Auf dem inneren Kistenboden findet sich eine an beiden Seiten begrenzte horizontale Linie, über der „Intuitionskiste" zu lesen ist. Dadurch werden die zufälligen Texturen, Maserungen und Astlöcher der Fläche zum Angebot an die Phantasie. Beuys' zeigt nicht wie sein Lehrer Ewald Mataré die Maserungen des Holzes in massiven, polierten Handschmeichlern. Vielmehr sind seine *Intuitionskisten* aus maschinell gesägten Brettern hergestellt. Gleichwohl handelt es sich jedoch um unterschiedliche Einzelstücke, denn jede Kiste zeigt zwangsläufig eine andere Maserung. Insofern lässt sich das

---

30 *Max Ernst. Frottagen, Collagen, Zeichnungen, Graphik, Bücher.* Ausstellungskatalog Kunsthaus Zürich. Stuttgart-Bad Cannstatt: Cantz'sche Druckerei 1978, S. 105.

Multiple *Intuitionskiste* zugleich als Befragung serieller Produktion verstehen und als radikale Konsequenz aus Gottfried Sempers Postulat, dem Holz seinen „Eigensinn" zu lassen und der Kunst den Auftrag zu erteilen, diesen Eigensinn „auszubeuten und aus der Noth eine Tugend zu machen".[31]

---

31 Semper: *Der Stil*, Bd. 2, S. 257.

Die Aura der Dinge
Lektüren einer altägyptischen Fayence-Schale

Jan Assmann

für Andrea Kucharek[1]

Archäologen haben es ständig mit Dingen zu tun, die sie ausgraben, restaurieren, beschreiben, ausstellen, katalogisieren und aus denen sie ein Maximum an Informationen über ihren ursprünglichen kulturellen und lebensweltlichen Kontext herauszuholen versuchen. Entscheidend ist schon der Grabungskontext; deshalb fehlt bei Objekten aus dem Kunsthandel der wichtigste Schlüssel zu ihrer Bestimmung, d.h. Datierung, Funktion und Bedeutung. Manche Dinge stammen aus Siedlungsgrabungen; dann handelt es sich vermutlich um Dinge des alltäglichen Gebrauchs. Andere stammen aus Gräbern, dann sind es Dinge, die einem Toten mitgegeben wurden, damit er sich im Jenseits ihrer bedienen kann oder weil sie mit ihrer Aura von Erinnerungen und Assoziationen zu ihm gehören, und wieder andere stammen aus Heiligtümern; dann handelt es sich um Weihgaben oder Kultgerät und können etwas über die Gottheit dieses Heiligtums verraten. Dinge werden in der Regel mit anderen Dingen zusammen gefunden, die sie mit einer bestimmten Zeit, einem Ort, vielleicht sogar einer Person verbinden. Ein Ding ist für den Archäologen immer Teil eines Ganzen, es steht für etwas Umfassenderes, das es aus seiner Form oder Dekoration und seinem Fundkontext zu erschließen gilt. Viele Dinge haben neben ihrem Gebrauchs- und Erinnerungswert auch

---

1 Eigentlich müsste der Name Andrea Kucharek als Ko-Autorin dieses Artikels figurieren, der ihr mehr verdankt, als eine Widmung zum Ausdruck bringen kann. Sie hat die Abbildungen zusammengetragen, mich auf die grundlegende Arbeit von Abigaëlle Richard (s. Anm. 2) aufmerksam gemacht und manche Irrtümer korrigiert.

Abb. 1: Nun-Schale, Leiden.

einen sozialen Wert als Statussymbole, sie verraten etwas über den sozialen Rang, der mit ihrem Besitz verbunden ist. Von einem Ding ausgehend sind verschiedene Exkursionen in dieses Ganze möglich, das von dem Ding im Sinne eines *pars pro toto* repräsentiert wird. Dies möchte ich am Beispiel eines altägyptischen Dings, einer sogenannten Nun-Schale versuchen. Das ist keine ägyptische, sondern eine ägyptologische Bezeichnung. *Nun* ist das ägyptische Wort für das Urwasser, aus dem alles entstanden ist, und wird von uns mit diesen Objekten in Verbindung gebracht, weil das Thema Wasser für sie kennzeichnend ist. Da ist zum einen die blaugrüne Farbe der Fayence, mit der sie glasiert sind, die typische Wasserfarbe der alten Ägypter, und zum anderen die Dekoration, die sich fast immer auf die Wasserwelt bezieht. Die Nun-Schalen bieten sich für einen solchen Versuch an, da diese Objektgattung durch eine neuere Dissertation in ausgezeichneter Weise erschlossen ist.[2]

Mein Beispiel (Abb. 1) bildet da mit seiner Lautenspielerin eher eine Ausnahme; allein die Lotus- und Papyruspflanzen, die die Lautenspielerin einrahmen, verweisen auf die Wasserwelt. Die Weinrebe darüber

---

[2] Abigaëlle Richard: *Représentations votives pour la «Dame de Vie». Analyse iconographique des bols de faience du Nouvel Empire égyptien.* Thèse présentée à la Faculté des Arts et des Sciences, Université de Montréal 2011. https://papyrus.bib.umontreal.ca/xmlui/bitstream/handle/1866/6154/Richard_Abigaelle_2011_these.pdf (Zugriff am 20.02.2015).

aber deutet schon wie die Lautenistin selbst in eine andere Richtung. Dann gibt es da noch ein Äffchen, eine Meerkatze, die auch nichts mit der Wasserwelt zu tun hat, dafür aber mit der Damenwelt, zu der auch unsere Lautenspielerin gehört. Sie trägt auf dem Kopf einen Salbkegel, wie es zur ägyptischen Kosmetik gehört; dadurch soll der Körper von der langsam schmelzenden Salbe für die Dauer eines langen Festes mit duftenden Essenzen gesalbt werden. Ein Salbkegel gehört zur festlichen Aufmachung, ebenso wie die Lotusblüte und die Blütengirlande im Haar. Bis auf einen Perlenkragen und einen Hüftgürtel ist die junge Frau nackt; auf dem rechten Oberschenkel trägt sie eine Tätowierung, die den Gott Bes darstellt. Bes ist ein drolliger zwergenhafter Geselle mit einer Silensmaske, der tanzen und musizieren kann und zur weiteren Sphäre der Göttin Hathor gehört, er ist der Schutzgott des Schlafzimmers, der Intimsphäre, der Fruchtbarkeit und des Kindbetts. In die Sphäre der Liebesgöttin Hathor verweist auch seine häufige Verwendung als Töpfchen für *kohl*, der schwarzen Augenschminke mit zugleich verschönernder und übelabwehrender Funktion.

Von dieser Schale ausgehend möchte ich nun vier Exkursionen unternehmen in das Feld von Bedeutungen und Assoziationen, das sich für dieses ,Ding' erschließen lässt.

Form und Funktion

Die erste Exkursion soll uns einen kleinen Einblick in die *Gattung* der Nun-Schalen verschaffen, von denen es in den Museen Hunderte gibt. Zunächst zu Form und Funktion. Darüber unterrichten uns die Wandbilder in Gräbern des Neuen Reichs, der Zeit zwischen 1450 und 1100 v. u. Z. Auf den Wandbildern sind allerdings nur ganz allgemein Schalen dieser Form dargestellt, aber nicht blaugrün glasierte Nun-Schalen. Wenn man mehr über die tatsächliche Verwendung speziell der Nun-Schalen herausfinden will, muss man die archäologischen Fundumstände beachten. Diesbezüglich nun hat die Studie von Abigaëlle Richard ergeben, dass die meisten Nun-Schalen, soweit sie nicht aus dem Kunsthandel stammen, im Zusammenhang mit dem Hathorkult gefunden wurden.[3] Es handelt sich also um Weihgeschenke für Hathor. Diese Beziehung zur Göttin Hathor, der

---

3 Ebd.; Geraldine Pinch: *Votive Offerings to Hathor*. Oxford: Griffith Institute 1993.

ägyptischen Aphrodite, der Göttin der Schönheit, Liebe und sexuellen Fruchtbarkeit, gilt es im Auge zu behalten. In Schalen dieser Form bekommen vornehme Personen, meist als Gäste bei einem Festmahl, etwas zu trinken gereicht. Ein Relief aus viel früherer Zeit (um 2000 v. u. Z.) stellt die Prinzessin Kawit dar (Abb. 2). Ein Diener schenkt ihr Wein ein, eine Dienerin frisiert sie. Die Prinzessin hält einen Spiegel in der Hand: Hier geht es um Wein, Kosmetik und Schönheit. Dem Motiv des Spiegels lohnt es sich vielleicht etwas nachzugehen. Meist bildet eine Papyrusstaude seinen Griff, wie hier dargestellt, oft aber auch eine junge nackte Frau mit einer Papyrusdolde auf dem Kopf (Abb. 3).
Beide Motive, die Papyrusdolde und das nackte Mädchen, deuten auf die Sphäre der Göttin Hathor. Das Rascheln mit Papyrusdolden spielt im Hathorkult eine Rolle, und zugleich verweist diese Pflanze auf die Wasserwelt, denn sie wächst im Sumpfland des Nildeltas. In diese Wasserwelt wird uns die nächste Exkursion führen, die wir von unserer Schale ausgehend unternehmen wollen.

Die Wasserwelt
Nachdem wir nun wissen, dass es sich um Trinkgefäße handelt nach Art der *bols*, aus denen die Franzosen Kaffee, die Ägypter aber Wein trinken, wollen wir nach den Assoziationen fragen, die sich mit diesen Trinkgefäßen verbinden. Der nächstliegende Weg in diese Sphäre ist die Dekoration; alle Nun-Schalen sind dekoriert.
Ein Beispiel aus dem Louvre (Abb. 4) zeigt, dass das Motiv der nackten Lautenspielerin nicht ganz und gar ungewöhnlich ist. Bei dieser Musikantin fällt die Lockenpracht ins Auge, die offenbar infolge einer stürmischen Kopfbewegung nach vorne fällt. Der Rand ist oben mit einer Zickzacklinie dekoriert: der ägyptischen Hieroglyphe für ‚Wasser'. Den äußeren Rand schmückt eine Girlande aus Blütenblättern.
Sehr typisch sind die Motive einer anderen Schale in New York (Abb. 5). Da gibt es ein unteres Feld mit Fischen und Wasserpflanzen und darüber eine Zone mit Vögeln, Papyrus- und anderen Pflanzen, wie sie auch auf der Außenwand dargestellt sind. Eine Schale in Boston zeigt im inneren Feld eine große offene Lotusblüte und

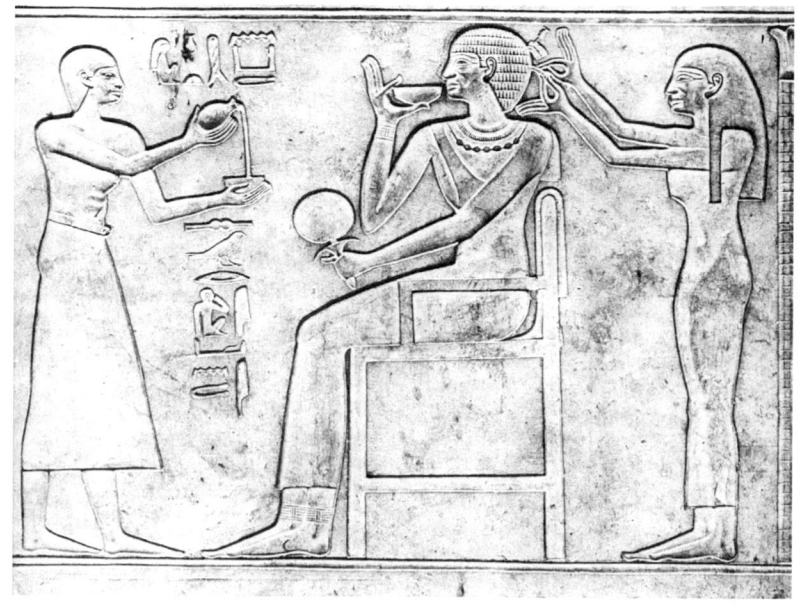

Abb. 2: Sarg Prinzessin Kawit.

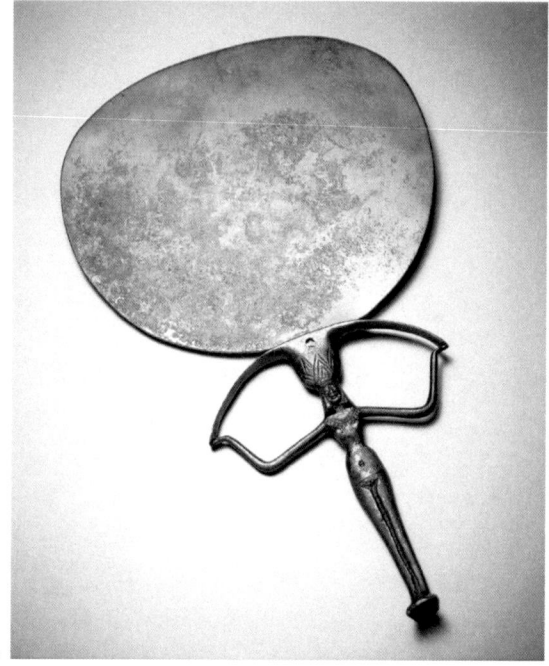

Abb. 3
Spiegel, British
Museum London.

Abb. 4: Nun-Schale, Louvre Paris.

Abb. 5: Nun-Schale mit Wasserpflanzen, MMA New York.

Abb. 6: Nun-Schale, MMA New York.

Abb. 7: Nun-Schale mit Hathor-Symbol, Leiden.

Abb. 8: Nun-Schale, MMA New York.

Abb. 9: Nun-Schale mit Boot-Szene, British Museum London.

darüber einen Fries mit Vögeln,⁴ eine andere in Washington hat ein inneres Feld mit Fischen, um das herum in stark geometrischer Stilisierung Papyrus und Lotus wachsen.⁵ Sehr viel weniger stilisiert und lebendiger erscheint dasselbe Motiv auf einer Schale aus New York (Abb. 6). Eine Schale aus Leiden zeigt um ein zentrales Quadrat herum gegenständig angeordnet zwei Fische, eine Lotusblume und ein Hathorsymbol (Abb. 7).⁶ Dass diese Schalen alle etwas mit der Göttin Hathor zu tun haben, ergibt sich aus den Fundumständen vieler Stücke im Kontext von Hathorheiligtümern. Hier sehen wir die Göttin in der Form ihres Symbols dargestellt, ein weiblicher Kopf in Vorderansicht, mit Kuhohren und auswärts gedrehten Locken, auf einem Pfahl. Daraus wird in den Hathortempeln der Typus der Hathorsäule entwickelt mit dem Hathorkopf als Kapitell. Oft ist das mittlere Quadrat oder Rechteck so groß dargestellt, dass man darin ein Bassin erkennen möchte, um das herum Lotus- und Papyruspflanzen wachsen.⁷ Die meisten Nun-Schalen sind in dieser Weise dekoriert. Damit ergibt sich als das beherrschende Thema das Wasser und die damit verbundene Flora und Fauna: Fische, Vögel, Lotus und Papyrus. Bevor wir diese Thematik weiter verfolgen, wollen wir aber noch einige Stücke mit etwas ausgefallenerer Thematik betrachten.

Auf einer Schale in New York (Abb. 8) sieht man einen Gärtner mit Reben, Zweigen und Weinflasche und auf einem Schalenfragment aus Oxford,⁸ wieder in Verbindung mit Wasserpflanzen und der alles umrahmenden Zickzacklinie, von der wir wissen, dass sie ‚Wasser' bedeutet, eine säugende Gazelle, ein Motiv, das auch sonst gelegentlich vorkommt.⁹

Eine Schale in London (Abb. 9) stellt das Thema Wasser einmal anders dar: Unter einem Papyrusnachen, der von einem Mann durch offenbar flaches Wasser gestakt wird, schwimmt ein großer Fisch,

---

4 Richard: *Représentations votives*, Abb. 120.
5 Ebd., Abb. 164.
6 Susanne Petschel (Hrsg.): *Leben und Tod im Alten Ägypten. Meisterwerke aus dem Reichsmuseum für Altertümer in Leiden*. Hamm: Gustav-Lübke-Museum 1999, S. 53, Nr. 86.
7 Richard hat 36 Beispiele für das „bassin d'eau central" gesammelt (s. Richard: *Représentations votives*, S. 351).
8 Ebd., Abb. 170.
9 Ebd., S. 278–279.

Abb. 10: Nebamun bei der Jagd im Sumpfdickicht, British Museum London.

im Boot liegt ein gefesseltes Opfertier vor einem Schrein oder einer Kajüte. Hinter der Kajüte erheben sich sieben Papyruspflanzen, ob auf dem Boot zu denken oder als Hintergrund und Landschaftsangabe, ist schwer zu entscheiden.

Nun evozieren diese Motive der Wasserwelt wie Fische, Vögel, Lotus und Papyrus in der Vorstellungswelt des Ägypters noch mehr als einfach Wasser und Garten. Mit diesen Motiven assoziieren die Ägypter unweigerlich den Inbegriff der Lustbarkeiten einer aristokratischen Mußekultur: die Jagd auf Fische und Vögel im Papyrusdickicht der Sumpflandschaft des Deltas. Auf dem Fragment einer Wandmalerei aus dem Grab eines Nebamun im Britischen Museum sehen wir den Grabherrn mit dem Bumerang Jagd auf Wasservögel machen (Abb. 10). Er steht in einem Papyrusnachen, der in einem Gewässer voller Fische schwimmt. Hinter ihm seine festlich geschmückte Frau mit einem Blumenstrauß, zu seinen Füßen eine Tochter in derselben Tracht und Haltung wie die Lautenspielerin. Die Beischrift erläutert

die Szene: „Das Herz vergessen lassen (nämlich die Sorge), Schönes schauen."
Es geht um das Herz und den Anblick der Schönheit. Dieses Motiv verbindet sich mit allen Szenen der Mußekultur, und neben dem Festmahl besonders mit der Jagd auf Fische und Vögel im Papyrusdickicht. Dort lautet die Beischrift regelmäßig „Das Herz (die Sorge) vergessen lassen; Schönes sehen." Immer sind bei diesen Lustbarkeiten die festlich geschmückte Ehefrau und die Töchter dabei. Die Jagd auf Fische und Vögel wird als festlicher Familienausflug zelebriert. Diese Freuden möchte der Ägypter auch im Jenseits genießen können. Daher finden sich diese Szenen der Fisch- und Vogeljagd in den Delta-Sümpfen so oft in Gräbern dargestellt. In einem Totentext, der oft auf Särgen des 20. und 19. Jahrhunderts. v. u. Z. vorkommt, werden dem Toten diese Freuden mit sprachlichen Mitteln ausgemalt:

> Du sollst die Steppen durchfahren mit Re,
> er soll dir die Stätten der Lustbarkeit zeigen.
> Du sollst die Wadis antreffen voll Wasser
> und dich waschen zu deiner Erfrischung.
> Du sollst Papyrus pflücken und Binsen,
> Lotusblumen mit Knospen.
> Wasservögel sollen zu dir kommen zu Tausenden,
> indem sie auf deinem Weg liegen.
> Du hast dein Wurfholz nach ihnen geworfen,
> und schon sind tausend gefallen durch das Geräusch seines Luftzugs
> an Graugänsen und Grünbrust-Gänsen,
> Bläßenten und männlichen Spießenten.
> Dir soll gebracht werden
> das Junge der Gazelle
> und Herden von männlichen weißen Antilopen(?).
> Dir soll das ‚Rind' des Steinbocks
> gebracht werden, mit Korn gemästet,
> und das Männchen des Mähnenschafs.[10]

In diesem Text finden wir alle Motive wieder, die uns auch auf den Nun-Schalen begegnet sind: die Wasserfahrt zwischen Lotus und

---

10 Sargtext Nr. 62, s. dazu Hermann Grapow: Die Vogeljagd mit dem Wurfholz. In: *ZÄS* 47 (1910), S. 132–134; Erika Feucht: Fishing and Fowling with the Spear and the Throw-Stick Reconsidered. In: Ulrich Luft (Hrsg.): *Intellectual Heritage of Egypt. Studies Presented to László Kákosy by Friends and Colleagues on the Occasion of his 60th Birthday.* Budapest: Eötvös Loránd University 1992, S. 157–169.

Papyrus, die Vogeljagd und sogar die Gazelle. Es sind offenbar diese paradiesischen Lustbarkeiten, die den Trinkenden in den Sinn kommen, wenn sie solche Schalen zum Munde führen.

Die Enten, die in dem Totentext eine so große Rolle spielen – es werden ja vier verschiedene Arten erwähnt – begegnen uns auch in einer anderen Objektgattung, die wie die Spiegel in die Sphäre der Kosmetik und weiblichen Schönheit gehören: die Salbgefäße und Salblöffel, bei denen die Entenform ganz besonders beliebt ist (Abb. 11).

Das beliebteste Motiv für Salblöffel aber ist die nackte Schwimmerin. Nackte Mädchen haben wir auch bei den Spiegeln angetroffen, wo sie zusammen mit einer Papyrusdolde den Griff bilden. Die Schwimmerin auf dem in Abbildung 12 abgebildeten Salblöffel trägt denselben Hüftgürtel wie die Lautenspielerinnen auf den Nun-Schalen. Andere Salblöffel in Form von Sträußen aus Lotus und Papyrus verweisen auf die Pflanzenseite der Wasserwelt, und der Löffel in Abbildung 13 mit der Tamburinspielerin auf die Musik. Auch wenn diese Musikantin mit einem Gewand aus feinem Leinen bekleidet ist, ist es doch so durchscheinend, dass auch sie praktisch nackt erscheint.

Bei dieser Verbindung von Wasserwelt, Kosmetik und Festlichkeit fühlt man sich an Darstellungen einer viel späteren Zeit erinnert: an die Nil-Landschaften der römischen Mosaik-Fußböden (Abb. 14). Sie zeigen die Lustbarkeiten zur Zeit der Nilüberschwemmung und tragen in die römischen Villen die paradiesische Atmosphäre der ägyptischen Fest- und Mußekultur hinein. Hier finden wir alle Wasserwelt-Motive der Nun-Schalen wieder: die festlichen Trinker, die Musik, Weintrauben, Lotusblumen und Papyruspflanzen; und auch wenn das alles hier mit fremden, hellenistischen Augen gesehen und in einem völlig anderen Stil dargestellt ist, so geht es doch um dasselbe Thema, dieselbe Assoziationssphäre, die sich mit der Verbreitung der Isiskulte in der gesamten Alten Welt weit über die Grenzen Ägyptens und seiner Kultur hinaus ausgedehnt hat.

Musik und festliche Nacktheit

Damit kehren wir zu unseren Nun-Schalen mit den Lautenspielerinnen zurück und gehen der Motiv-Verbindung von Musik und unbekleideten Mädchen nach. Im ‚Grab des Nacht' (Theben Nr. 52) gibt es eine berühmte Darstellung eines Trios von Musikantinnen, von denen die Lautenistin in genau derselben Aufmachung erscheint wie

Abb. 11: Salblöffel in Entenform, British Museum London.

Abb. 12: Salblöffel in Form einer Schwimmerin, MMA New York.

Abb. 13
Salblöffel
in Form einer
Tamburinspielerin.

Die Aura der Dinge · 113

Abb. 14: Nilmosaik aus Praeneste (Palestrina), Ende 2. Jh. v. u. Z.

die Lautenspielerin der Leidener Nun-Schale (Abb. 1): nackt bis auf Kragen und Hüftgürtel, mit einer Blütengirlande im Haar und einem Salbkegel auf dem Kopf (Abb. 15). Hier geht es nun noch offensichtlicher als bei den Nun-Schalen, Spiegeln und Salblöffeln um die ästhetische Entfaltung sinnlicher Reize. Darauf verweist schon einmal die höchst kunstvolle, anmutige Komposition der Dreifigurengruppe, und sodann natürlich die mit unverkennbarem und eigentlich für die zurückhaltende ägyptische Kunst eher untypischem Gusto dargestellten Körperformen der tanzenden Lautenistin. Wenn wir einen Blick auf den Kontext dieser Musikszene werfen (Abb. 16), wird klar, in welchen Zusammenhang dieses Thema gehört: in den Kontext des festlichen Gastmahls, auf den wir ja am Anfang des Beitrags gestoßen sind, als wir nach der Funktion der Nun-Schalen fragten.

Das Fest, wie es die Wandbilder in den Gräbern der 18. Dynastie darstellen, versteht sich als solches bereits als eine Inszenierung von Schönheit und als Entfaltung sinnlicher Reize.[11] Der Grabherr und seine Gäste machen sich schön für diesen Anlass, sie schminken sich mit denselben Pinseln und Farben, mit denen die Maler sie im Bilde

---

11 Jan Assmann: Ikonographie der Schönheit im alten Ägypten. In: Theo Stemmler (Hrsg.): *Schöne Frauen, schöne Männer: literarische Schönheitsbeschreibungen.* Tübingen: Narr 1988, S. 13–32.

Abb. 15
Musikszene im Grab des
Nacht, um 1420 v. u. Z.

wiedergeben; Kosmetik und Wandmalerei gehen ineinander über. Sie salben sich mit duftenden Ölen, kleiden sich in feinste, halbtransparente, plissierte Leinengewänder und genießen erlesene Speisen ebenso wie den Anblick der anmutigen Mädchen, die sie ihnen darreichen und sie mit Musik und Tanz unterhalten. Meist bedienen diese Mädchen aber nur die Damen, und es sind auch nur die Damen, für die sich der Maler anmutige Gruppenkompositionen einfallen lässt, während die Herren in eher steifer, hieroglyphischer Ordnung dargestellt sind. Es sind ja auch *weibliche* Toilettengegenstände – Spiegel und Salblöffel –, in deren Gestaltung nackte Mädchen eine Rolle spielen. Rechts von dieser Damengruppe sieht man einen blinden Harfner ein Lied vortragen.

Auf einem Fragment aus dem Grab eines Nebamun im Britischen Museum, aus dem wir auf einem anderen Fragment die Szene der Vogeljagd gesehen haben, ist ebenfalls eine solche Festgesellschaft dargestellt (Abb. 17). Auch hier sehen wir wieder junge Mädchen mit Kragen und Hüftgürtel in festlicher Nacktheit die Gäste bedienen, mit Trinkschalen, Blütengirlanden und Speisen.

Auch zu diesem Fest gehört eine Musikszene, die auf einem anderen Fragment erhalten ist (Abb. 18). Da sieht man in der oberen Reihe wieder die von einem Mädchen bedienten Gäste und darunter die Musikantinnen. Es handelt sich um drei Sängerinnen, von denen zwei

Abb. 16: Gastmahlsdarstellung im Grab des Nacht, um 1420 v. u. Z.

ihren Gesang mit Klatschen begleiten, eine Flötenspielerin mit Doppelflöte und zwei Tänzerinnen.
Diese beiden Tänzerinnen sind wieder nackt in ihrer typischen Tracht mit Hüftgürtel, Kragen und Löckchenperücke und führen offenbar einen sehr lebhaften Tanz auf. Daher tragen sie auch keinen Salbkegel auf dem Kopf. Das Lied ist offenbar ein Hymnus auf den Gott Ptah, den Gott der Erde und der Kunst. Was man noch lesen kann ist:

> […] was Ptah [geschaffen] hat und Geb hat wachsen lassen.
> Seine Schönheit ist in jedem Leib.
> Ptah hat dies mit seinen Händen erschaffen
> nach dem Plan(?) seines Herzens.
> Die Kanäle sind voll frischen Wassers
> und das Land ist überschwemmt mit Liebe zu ihm.

Rechts von den Musikantinnen und Tänzerinnen sind Weinflaschen aufgestellt, die mit Weinreben umwunden sind. Die kleine Szene veranschaulicht den Dreiklang von Wein, Weib und Gesang, der offenbar den Inbegriff dieser Art von Festlichkeit darstellt.

Abb. 17: Gastmahlszene im Grab des Nebamun, British Museum London.

Denselben Dreiklang haben wir auch mit der Nunschale vor uns, von der ausgehend wir unsere Exkursionen unternehmen. Wenn wir sie uns dazu noch mit Wein gefüllt vorstellen, dann wird dieser Akkord noch deutlicher.

Gehen wir aber dem Motiv der festlichen Nacktheit noch etwas nach. Wir müssen uns klar machen, dass junge Ägypterinnen sonst nicht so herumlaufen. Der einzige Ort und Zeitpunkt, an dem so etwas statthaft ist, ist diese Form des Festes. Das Fest ist im Ganzen der ägyptischen Kultur ein „Heterotop", ein aus den Normen des normalen Lebens herausgehobener Ort, an dem andere Regeln gelten, und die Inszenierung solcher Feste macht diese Alltagsenthobenheit und Besonderheit deutlich.[12] Zu diesem festlichen Ausnahmezustand gehört auch die geschmückte Nacktheit der jungen Dienerinnen und Musikantinnen. Sie erscheinen in den Wandmalereien der thebanischen Gräber allerdings nur in einem eher kurzen Zeitfenster, ungefähr von 1420 bis 1350 v. u. Z. In älteren Gastmahldarstellungen erscheinen sie bekleidet, und in einem Grab aus der Zeit um 1420

---

12 Vgl. hierzu Jan Assmann: Der schöne Tag. Sinnlichkeit und Vergänglichkeit im altägyptischen Fest. In: Walter Haug / Rainer Warning (Hrsg.): *Das Fest*. München: Fink 1989, S. 3–28, wiederabgedr. in: *Stein und Zeit. Mensch und Gesellschaft im Alten Ägypten*. München: Fink 1991, S. 200–237.

Abb. 18: Musikszene im Grab des Nebamun, British Museum London.

(Theben Grab Nr. 45) hat ein späterer Benutzer des Grabes die nackten Mädchen mit Gewändern übermalt.[13] Das Fest, das in diesen Gräbern dargestellt ist, gehört genau wie die Szenen des Fisch- und Vogelfangs im Delta zu jener aristokratischen Mußekultur, deren Lustbarkeiten der Grabherr auch im Jenseits genießen möchte. Der ägyptische Ausdruck für diese Lustbarkeiten, wie er immer wieder in den Beischriften zu solchen Szenen auftaucht, ist, wie schon erwähnt, „das Herz vergessen lassen", nämlich die Sorge.[14] Zum Ausnahmezustand des Festes gehört in allererster Linie eine alltagsenthobene Stimmung, und der Dreiklang von Wein, Weib und Gesang dient der Erzeugung dieser Stimmung. Die ägyptische Wendung für den Begriff ‚Muße' aber lautet noch prägnanter und umfassender „dem Herzen folgen".

In der klassischen ägyptischen Weisheitslehre, der Lehre des Ptahhotep, widmet sich ein Abschnitt diesem Prinzip:

> Folge deinem Herzen, solange du lebst,
> und vermehre nicht die Geschäfte.
> Beschneide nicht die Zeit der Muße ($šms$-jb):
> Es ist ein Abscheu für den Ka, wenn ihre Zeit geschmälert wird.
> Verschwende nicht Zeit für die täglichen Bedürfnisse
> über das Bestellen deines Haushalts hinaus.

---

13 Siegfried Schott: Ein Fall von Prüderie aus der Ramessidenzeit. In: *Zeitschrift für ägyptische Sprache und Altertumskunde* 75 (1939), S. 100–106.
14 Michael v. Fox: The Entertainment Song Genre in Egyptian Literature. In: *Scripta Hierosolymitana* 28 (1982), S. 268–316, hier S. 269–270.

Wenn Besitz entstanden ist, dann folge dem Herzen,
denn nichts nutzt der Besitz, wenn es unwillig ist.[15]

Das Thema dieser Maxime ist der rechte Gebrauch der Zeit, die dem Menschen auf Erden gegeben ist. Worauf es ankommt, ist, diese Zeit so zu nutzen, dass „Herz" und „Ka" nicht beschädigt werden. Die Gefahr solcher Beschädigung geht von den „Geschäften" aus. Man darf sie nicht vermehren. Man darf nicht mehr tun, als zur Bestellung des Hauses unabdingbar ist. Nicht etwa Muße, sondern im Gegenteil übermäßige Betriebsamkeit wird hier als Zeitverschwendung angeprangert! Ein verantwortungsvoller Gebrauch der Erdenzeit verlangt, dass man die „Zeit des Ka" nicht „beschädigt". Die „Zeit des Ka" ist der Genuss, die Hingabe an das Schöne, der „Schöne Tag". Begriffe wie „Ka" und „Herz" umschreiben das Konzept eines inneren Selbst, das sich während des Erdenlebens in Muße und Arbeit, Geselligkeit und Intimität entfaltet. Die Sinnenkultur der Muße dient der Kultivierung des inneren Selbst.

Das Fest bzw. die Muße ist die intensivste Form der Zeitverwendung, weil sie dem inneren Selbst in der beschränkten Zeit seiner irdischen Existenz zu vollster Entfaltung verhilft. Ptahhotep mahnt zur Muße im Interesse einer verantwortungsvollen Verwendung der kurzbemessenen Lebenszeit.

Diese Weisheit lässt sich auch in zwei Worten zusammenfassen: *ktô chrô* – „erwirb und genieße". Sie steht auf sogenannten Skelettbechern, Trinkgefäßen nicht der ägyptischen, sondern der griechisch-römischen Antike.[16] Das Skelett, das auf ihnen dargestellt ist, soll die trinkenden Festgäste an die Vergänglichkeit des Lebens und die Kostbarkeit des festlichen Augenblicks erinnern, im Sinne einer Verbindung von *Memento mori* und *Carpe diem*.

Diese Skelettbecher sind nun vollkommen andere ‚Dinge' als die ägyptischen Nun-Schalen, obwohl sie genau derselben Funktion

---

15 Lehre des Ptahhotep, 186–193, Papyrus Prisse, 7. 9–10; Günter Burkard: *Die Lehre des Ptahhotep*. In: *Texte aus der Umwelt des Alten Testaments*, Bd. 3, 2. Lieferung, hrsg. v. Otto Kaiser. Gütersloh: Gütersloher Verlagshaus 1991, S. 195–221, hier S. 203.
16 Claudia Nauerth: Vom Tod zum Leben. Die christlichen Totenerweckungen in der spätantiken Kunst. In: *Göttinger Orientforschungen* 1 (1980), S. 117–120. Das Skelett mit der Beischrift „ktô chrô" findet sich auch auf einem Bodenmosaik, dass aus dem Triclinium einer pompeianischen Villa stammen wird, vgl. ebd., S. 117, Anm. 2. Die anspruchsvolleren Aspekte dieser Philosophie des Festes erscheinen auf den Silberbechern von Boscoreale (ebd., S. 119, Anm. 2).

dienen. Ihre Dekoration weist in eine Richtung, die der ägyptischen Inszenierung von Schönheit – mit nackten Mädchen, Blütengirlanden, Lotus- und Papyruspflanzen, Musik und Tanz – genau entgegengesetzt scheint. Und doch findet sich dieselbe Gedankenverbindung von *Carpe diem* und *Memento mori* auch in Ägypten, z. B. bei Herodot, einem kostbaren ethnographischen Zeugnis, das wir über die ägyptische Festkultur besitzen, sowie bei späteren Autoren wie Lukian und Plutarch:

> Beim Gastmahl, wie es die Reichen halten, trägt nach der Tafel ein Mann ein hölzernes Bild einer Leiche, in einem Sarge liegend, herum. Es ist aufs beste geformt und bemalt und ein oder zwei Ellen lang. Er hält es jedem Zechgenossen vor und sagt: ‚den schau an und trink und sei fröhlich! Wenn du tot bist, wirst du, was er ist'.[17]

Wein, Weib und Gesang – die Weisheit des Festes

Tatsächlich gehört auch dieses Motiv zum ägyptischen Fest. Damit möchte ich zu dem vierten und letzten Ausflug aufbrechen, den wir in das Assoziationsfeld unserer Schale unternehmen wollen.

Wir müssen uns die Lautenspielerin als eine Sängerin vorstellen, die sich auf der Laute begleitet. Was waren das für Lieder, die typischerweise zum festlichen Gelage erklangen? Bei diesem letzten Ausflug werden wir es also weniger mit Dingen als mit Texten zu tun haben.

Die bedeutendsten Festlieder werden von einem Harfenspieler vorgetragen, wie er auch auf den Festdarstellungen der Wandbilder in Gräbern begegnet. Diese Lieder sind um die Motive *Memento mori* und *Carpe diem* herum komponiert.[18] Schauen wir uns das bekannteste dieser Lieder einmal an, das zum Vorbild aller weiteren Harfnerlieder wurde. Es steht in einem Londoner Papyrus mitten in einer Anthologie von Liebesliedern, was uns einen wichtigen Hinweis auf die Verwendung dieser Lieder, ihren ‚Sitz im Leben' gibt. Offenbar

---

17 Herodot Historien, Buch II, Kap. 78; Plutarch: *De Iside et Osiride*, Kap. 17; ders.: *Convivium septem sapientum*, 2, 148 a–b; Lukian: *De Luctu*, 21. Zum archäologischen Nachweis entsprechender Figurinen vgl. Pierre Montet: *La vie quotidienne en Égypte aux temps des Ramsés*. Paris: Hachette 1946, S. 100–101.

18 Jan Assmann: Fest des Augenblicks – Verheißung der Dauer. Die Kontroverse der ägyptischen Harfnerlieder. In: Ders. / Erika Feucht / Reinhard Grieshammer (Hrsg.): *Fragen an die altägyptische Literatur. Studien zum Gedenken an Eberhard Otto.* Wiesbaden: Reichert 1977, S. 55–84.

bildet das festliche Bankett den gemeinsamen Nenner von Liebesliedern und den sogenannten Harfnerliedern, von denen wir nun das berühmteste Beispiel betrachten wollen. Beide Gattungen gehören zur Gelagepoesie.

Das Lied, das im Hause (König) Antefs, des Seligen, steht,
vor dem (Bilde des) Sängers zur Harfe.

Glücklich ist dieser gute Fürst, nachdem das gute Geschick eingetreten ist!
Geschlechter vergehen,
andere kommen (var. bestehen) seit der Zeit der Vorfahren.

Die Götter, die vordem entstanden,
    ruhen in ihren Pyramiden.
Die Edlen und Verklärten desgleichen
    sind begraben in ihren Pyramiden.
Die da Häuser bauten – ihre Stätte ist nicht mehr –
    was ist mit ihnen geschehen?

Ich habe die Worte gehört des Imhotep und Hordedef,
    deren Sprüche in aller Munde sind.
Wo sind ihre Stätten? Ihre Mauer sind verfallen,
sie haben keinen Ort mehr als wären sie nie gewesen.
Keiner kommt von dort, von ihrem Ergehen zu berichten,
ihren Bedürfnissen zu erzählen,
unser Herz zu beruhigen bis auch wir gelangen, wohin sie gegangen sind.

Du aber erfreue dein Herz und denke nicht daran!
Gut ist es für dich, deinem Herzen zu folgen, solange du bist.

Tu Myrrhen auf dein Haupt,
kleide dich in weißes Leinen,
salbe dich mit echtem Öl des Gotteskults,
vermehre deine Schönheit, laß dein Herz dessen nicht müde werden!

Folge deinem Herzen in Gemeinschaft deiner Schönen,
tu deine Dinge auf Erden, kränke dein Herz nicht,
bis jener Tag der Totenklage zu dir kommt.
Der ‚Müdherzige' hört ihr Schreien nicht
und ihre Klagen holen das Herz eines Mannes nicht aus der Unterwelt zurück.

Refrain: Feiere den Schönen Tag, werde dessen nicht müde!
Bedenke: niemand nimmt mit sich, woran er gehangen,
niemand kehrt wieder, der einmal gegangen.[19]

---

[19] ‚Anteflied' des Papyrus Harris 500 (Papyrus British Museum 10060), 6,2–7,3, nach Michael v. Fox: *The Song of Songs and the Ancient Egyptian Love Songs*. Madison: University of Wisconsin Press 1985, S. 378–380. (Übers. J. A.)

Diese Weisheit hätte man den Ägyptern nicht zugetraut. Sie scheinen doch sonst vielmehr davon auszugehen, dass man sehr wohl ins Jenseits mitnehmen kann, woran man gehangen, und vor allem bauen sie sich schon zu Lebzeiten ihre prächtigen Gräber, in denen sie die Ewigkeit zu verbringen dachten. Aus dem Bewusstsein der Kürze und Vergänglichkeit des Lebens zogen sie nicht den Schluss, dass es nicht darauf ankäme, die kurze Lebenszeit möglichst sorgenfrei zu genießen, sondern umgekehrt, sich die Ewigkeit des Todes vor Augen zu stellen und sich auf diese so viel bedeutendere Existenzform vorzubereiten. Das bringt z. B. ein Text im Grab des Wesirs Amun-User aus dem 15. Jahrhundert v. u. Z. in unübertrefflicher Klarheit zum Ausdruck:

> Ich errichtete mir ein vortreffliches Grab
> in meiner Stadt der Zeitfülle.
> ich stattete vorzüglich aus den Ort meiner Felsgrabanlage
> in der Wüste der Ewigkeit
>
> Möge mein Name dauern auf ihm
> im Munde der Lebenden,
> indem die Erinnerung an mich gut ist bei den Menschen
> nach den Jahren, die kommen werden.
>
> Ein Weniges nur an Leben ist das Diesseits,
> die Ewigkeit (aber) ist im Jenseits.[20]

Amen-User zweifelt nicht am Sinn einer aufwendigen Grabanlage. Er denkt an die Ewigkeit im Jenseits und bereitet sich rechtzeitig auf diesen Umzug vor.

Die gleiche Philosophie, nämlich angesichts der Kürze des Lebens alles in die Ewigkeit des Totseins zu investieren, indem man für eine prachtvolle Grabanlage und ein gutes Andenken der Nachwelt sorgt, bringt nun über 1000 Jahre später ein anderer Grieche mit einer unvergleichlichen Präzision zum Ausdruck. Hekataios von Abdera lebte zu Beginn der Ptolemäerzeit, von 320–305 v. u. Z., in Alexandria und schrieb ein großes, nur in Zitaten erhaltenes Werk über Ägypten. Darin heißt es:

> Die Einheimischen geben der im Leben verbrachten Zeit einen ganz geringen Wert. Dagegen legen sie das größte Gewicht auf die Zeit nach ihrem Tode,

---

20 Eberhard Dziobek: *Die Denkmäler des Vezirs User-Amun*. Heidelberg: Orientverlag 1998, S. 78–79.

während der man durch die Erinnerung an die Tugend im Gedächtnis bewahrt wird. Die Behausungen der Lebenden nennen sie „Absteigen" (*katalyseis*), da wir nur kurze Zeit in ihnen wohnten. Die Gräber der Verstorbenen bezeichnen sie als „ewige Häuser" (*aidioi oikoi*), da sie die unendliche Zeit im Hades verbrächten. Entsprechend verwenden sie wenig Gedanken auf die Ausrüstung ihrer Häuser, wohingegen ihnen für die Gräber kein Aufwand zu hoch erscheint.[21]

Hekataios war aufgefallen, dass die Ägypter ihre Wohnhäuser aus luftgetrockneten Lehmziegeln bauen, das billigste und schlichteste Baumaterial, das sich denken lässt. Auch der Königspalast ist aus diesem Material errichtet. Dagegen sind die Gräber aus Stein gebaut, entweder wie kleine Tempel aus behauenen Blöcken oder aus dem Fels herausgehauen. Das hat, wie er meint, seinen Grund in der ägyptischen Konstruktion der Zeit. Das Wissen um die Sterblichkeit des Menschen lässt die Lebenszeit für den Ägypter zu einem kurzen Augenblick zusammenschrumpfen, für den es nicht lohnt, sich auf Erden aufwendig einzurichten. Dafür investieren sie alle geistigen und materiellen Mittel in die unendlich lange Zeit, während derer sie nach ihrem Tod wegen ihrer Tugend im Gedächtnis bewahrt bleiben.

Die Lieder aber, die zum Fest gesungen werden, scheinen dieser Philosophie doch glatt zu widersprechen. Da ist von der Vergeblichkeit derartiger Anstrengungen die Rede. Die Gräber verfallen, als wären sie nie gewesen. Offenkundig ist das Fest auch in anderer Hinsicht ein Heterotop: Hier dürfen nicht nur die jungen Mädchen nackt herumlaufen, um die Gäste zu bedienen und mit Musik und Tanz zu unterhalten, hier dürfen auch Gedanken zum Ausdruck kommen, die in krassem Widerspruch stehen zur herkömmlichen Alltagsweisheit.

Auch die Ägypter selbst haben den Widerspruch empfunden, den diese Lieder zur offiziellen Lehre darstellen. So beginnt ein anderes Harfnerlied:

> Ich habe die Lieder gehört, die in den Gräbern der Vorfahren stehen,
> und was sie erzählen, um das Diesseits zu erhöhen und das Jenseits herabzusetzen.
> Warum denn wird dergleichen angetan
> dem Lande der Ewigkeit,
> das gerecht ist und keinen Schrecken kennt,

---

21 Hekataios von Abdera, bei Diodor, *Bibl.Hist.* I 51, s. Diodor: *The Library of History*, Books I–II: 1–34, aus dem Griech. v. Charles Henry Oldfather. Cambridge: Harvard University Press 1933, S. 180. (Übersetzung J. A.)

dessen Abscheu der Streit ist?
Da ist keiner, der gegen seinen Nächsten vorgeht
in diesem Land ohne Widersacher.
Alle unsere Vorfahren ruhen in ihm
seit dem Anbeginn der Zeit.
Die noch entstehen werden zu Millionen und Abermillionen,
sie kommen alle zu ihm –
es gibt kein Verweilen in Ägypten,
keiner ist, der nicht dorthin gelangt.
Die Zeit, die wir im Lande verbringen
ist wie ein Traum.
„Willkommen, heil und wohlbehalten" aber sagt man
zu dem, der den Westen erreicht hat.[22]

Darin sind sich also beide Seiten einig: Das diesseitige Leben ist kurz, ein Augenblick, ein Traum nur im Vergleich zur Ewigkeit, die man im Westen, bei den Toten verbringt. Unterschiedlich sind nur die Schlüsse, die aus dieser Lage der menschlichen Existenz gezogen werden. Soll man sich die Ewigkeit vor Augen stellen und die kurze Lebenszeit dazu nutzen, sich so umfassend wie möglich darauf vorzubereiten, oder soll man umkehrt alles daran setzen, den kurzen Augenblick so intensiv wie möglich zu genießen? Dieses Dilemma, diese semantische Spannung halten die Ägypter aus, indem sie der einen Stimme im Alltag, der anderen im Fest einen Ausdruck verschaffen.

Es gibt auch ein Literaturwerk, in dem dieser Disput ausgetragen wird. Das ist das in einem Berliner Papyrus aus dem frühen 2. Jahrtausend erhaltenes Streitgespräch zwischen einem „Ich" und seinem „Ba" (was wir mit „Seele" übersetzen).[23] Beide sind sich einig, dass das diesseitige Leben nicht mehr auszuhalten ist und dass es das Beste ist, aus dem Leben zu scheiden. Strittig ist nur die Form dieses Fortgangs. Das Ich vertritt den Standpunkt des Jenseits, es will Vorsorge

---

22 Theben, Grab des Neferhotep Nr. 50; Alan H. Gardiner: In Praise of Death: A Song from a Theban Tomb. In: *Proceedings of the Society of Biblical Archeology* 35 (1913), S. 165–170; Miriam Lichtheim: The Songs of the Harpers. In: *Journal of Near Eastern Studies* 4 (1945), S. 178–212, hier 197–198; Siegfried Schott: *Altägyptische Liebeslieder*. Zürich: Artemis 1950, S. 137, Nr. 101.

23 *Gespräch eines Mannes mit seinem Ba. (Papyrus Berlin 3024)*, hrsg. v. Winfried Barta. Berlin: Hessling 1969; Hans Goedicke: *The Report about the Dispute of a Man with his Ba*. Baltimore: Johns Hopkins University Press 1970; Odette Renaud: *Le Dialogue du Désespéré avec son âme. Une interprétation littéraire*. Genf: Société d'Égyptologie 1991; Katharaina Lehmann: Das Gespräch eines Mannes mit seinem Ba. In: *SAK* 25 (1998), S. 207–236.

treffen für die Fortdauer im „Westen", durch Anlage eines Grabes und Bestellung eines Erben. Dem hält nun der Ba in schonungslosester Weise den illusionären Charakter solcher Vorkehrungen gegen die Vergänglichkeit vor Augen:

> Wenn du an das Begräbnis denkst: Ein Herzensjammer ist das,
> ein Hervorholen der Tränen ist das durch das Traurigmachen eines Menschen,
> das Herausholen eines Menschen ist das aus seinem Haus, um ihn in die Wüste zu werfen.
> Du kannst nicht wieder herauskommen, die Sonnen zu sehen.
> Die da bauten in Granit,
> die Kapellen anlegten in schönen Pyramiden,
> in vollendeter Arbeit,
> wenn ihre Erbauer zu Göttern geworden sind,
> blieben ihre Opfersteine leer wie die der Müden,
> die am Uferdamm gestorben sind aus Mangel an einem Hinterbliebenen.
> Das Wasser hat sich seinen Teil genommen, die Sonnenglut desgleichen,
> die Fische des Ufers reden mit ihnen.
> Höre du auf mich! Hören ist für die Menschen gut.
> Folge dem schönen Tag! Vergiß die Sorge![24]

„Folge dem schönen Tag, vergiß die Sorge!" – das ist die Weisheit des Festes, die hier und nur hier ihren Ort hat. Das ist auch die Botschaft der Lautenspielerin auf unserer Nun-Schale.

Nun haben wir schon bei unserem kurzen Ausflug in die griechisch-römische Welt gesehen, dass diese Botschaft auch dort zum festlichen Gelage gehörte. Sie war in der Tat in der ganzen Alten Welt verbreitet. Im Gilgamesch-Epos ist es die Schankwirtin Siduri, die dem Gilgamesch diese Weisheit vor Augen führt. Gilgamesch ist auf der Suche nach Unsterblichkeit bis ans Ende der Welt gelangt. Dort betreibt die Göttin Siduri eine Schenke und empfängt den erschöpften Helden mit derselben Botschaft wie der ägyptische Harfner:

> Gilgamesch, wohin läufst du?
> Das Leben, das du suchst, wirst du nicht finden!
> Als die Götter die Menschen erschufen,
> teilten den Tod sie der Menschheit zu
> und nahmen das Leben für sich in die Hand.
> Du, Gilgamesch – dein Bauch sei voll,
> ergötzen magst du dich Tag und Nacht!
> Feiere täglich ein Freudenfest!

24 *Gespräch eines Mannes mit seinem Ba*, S. 56–68.

Tanz und spiel bei Tag und bei Nacht!
Deine Kleidung sei rein, gewaschen dein Haupt,
mit Wasser sollst du gebadet sein!
Schau den Kleinen an deiner Hand,
die Gattin freu sich auf deinem Schoß!
Solcherart ist, was den Menschen zu tun bleibt.[25]

Selbst in der Bibel stoßen wir auf diese Weisheit. Dort ist es der Prediger, der das Lied des Festes und der Schönheit anstimmt:

Auf! Iss freudig dein Brot und trink vergnügt deinen Wein,
denn das was du tust hat Gott längst so festgelegt, wie es ihm gefiel.
Trag jederzeit frische Kleider,
und nie fehle duftendes Öl auf deinem Haupt.
Mit einer Frau, die du liebst, genieß das Leben
alle Tage deines eitlen Lebens.
Denn das ist dein Anteil am Leben und an dem Besitz,
für den du dich anstrengst unter der Sonne.
Alles, was dir vor Händen kommt zu tun, das tue frisch:
denn bei den Toten, dahin du fährst, ist weder Schaffen noch Planen,
noch Erkenntnis und Weisheit mehr![26]

Bei Gilgamesch und Qohelet handelt es sich offenkundig um Lieder zum festlichen Gelage, die in den Kontext einer größeren Komposition eingefügt sind.

Allerdings steht diese Botschaft weder in Mesopotamien noch im antiken Israel noch in Griechenland und Rom in einem so scharfen Kontrast zur offiziellen und allgemeinen Lehre. Keine dieser Kulturen kennt – zumindest ursprünglich – jenes Dritte neben diesseitigem Leben und unterweltlichem Totsein, das eine genuin ägyptische Errungenschaft zu sein scheint: die Idee einer ewigen Fortdauer im Gedächtnis und eines ewigen Lebens im Jenseits, in Gemeinschaft der Götter. Daher – so könnte man argumentieren – hatte auch keine dieser antiken Gesellschaften es so nötig, sich wenigstens für die Dauer des Festes aus dieser ständigen Sorge um die jenseitige Existenz herausreißen und an die Kostbarkeit des kurzen irdischen Lebens erinnern zu lassen.

---

25 *Das Gilgamesch-Epos*, übers. v. Albert Schott. Stuttgart: Reclam 1970, S. 75. Das Lied der Siduri gehört nicht zum neuassyrischen Zwölftafelepos, sondern ist nur altbabylonisch überliefert, vgl. Andrew George: *The Epic of Gilgamesh. The Babylonian Epic Poem and Other Texts in Akkadian and Sumerian*. New York: Penguin 1999, S. 124.
26 Prediger (Qohelet) 9,7–10 (Norbert Lohfink: *Kohelet. Die Neue Echter Bibel: Kommentar zum Alten Testament*. Würzburg: Echter 1993, S. 67–71).

Damit werfen wir einen letzten Blick auf die Leidener Schale, das ‚Ding', dessen Horizont von Assoziationen ich hier abzuschreiten versucht habe. Dieser Horizont deckt sich mit der Sphäre der Göttin Hathor, deren Symbol auf der anderen Schale, ebenfalls aus Leiden, dargestellt ist. Wie eingangs erwähnt, sind die meisten dieser Schalen im Kontext des Hathorkults gefunden worden; es handelt sich offenkundig nicht um Gefäße des täglichen Gebrauchs, sondern um Kultgeräte im Hathorkult und Weihgaben für Hathor. Das erklärt auch die Farbe, denn Blau-Grün ist nicht nur die Farbe des Wassers, sondern auch die Farbe von Türkis, als dessen Herrin Hathor gilt. Alle Assoziationen, die wir von der Leidener Schale mit der Lautenspielerin ausgehend in den Blick bekommen haben: Schönheit, Nacktheit, Erotik, Sexualität, Fruchtbarkeit, Fest, Fülle, Trunkenheit, Musik und Tanz, Lotus, Papyrus und die Freuden der Fisch- und Vogeljagd gehören zur Sphäre der Göttin Hathor, der ägyptischen Aphrodite. Es ist die Sphäre dieser Gottheit, die im festlichen Gelage vergegenwärtigt wird und es ist auch diese Sphäre, die unser ‚Ding', die Schale aus Leiden, dem Kundigen vergegenwärtigt.

Wenn Dinge Netzwerke sind

Susanne Küchler

Einleitung

Netzwerke sind für uns am Anfang des 21. Jahrhunderts so gang und gäbe, dass man meinem könnte, es hätte sie schon immer gegeben. In der Tat scheinen Netzwerke ein notwendiger Teil unserer Erfahrungswelt zu sein. Nichts ist besser an das Denken und die gesellschaftlichen und wirtschaftlichen Strukturen angepasst als das Konzept des Netzwerks. Netzwerke sind überall. So sprechen wir von Netzwerken der Neuronen im Gehirn, von Verkehrsnetzen, von sozialen Netzwerken im Betrieb, im öffentlichen Leben und jetzt auch von sozialen Netzen im privaten Bereich. Alles, was bei der älteren Generation vage Erinnerungen an Beziehungen oder Verhältnissen von zwei oder mehr Orten, Personen oder Dingen auslöst, wird heute als ‚Netzwerk' bezeichnet. Im ‚richtigen' Netz, im Internet, sind solche Beziehungen jetzt sogar fast greifbar, rekonstruierbar, dort können sie sogar den Menschen selbst überdauern. Kurzum: Das Netzwerk ist die neue soziale Sphäre, in deren Rahmen sich Institutionen und gesellschaftliche Organisationen entfalten und ausbreiten.

Wir könnten meinen, die dem Netzwerk zugesprochenen umfassenden Bedeutungen wären nur eine Frage der konventionellen Redeweise, eine Frage der Wortwahl – ein Ausdruck in der sprachlichen Kurzfassung einer immer schnelleren Welt, in der ein und das selbe Wort viele Dinge und Zustände umfassen muss, um angemessen, schnell und effizient Bedeutungen zu vermitteln. Für Ethnologen ist jedoch allein eine solche verallgemeinernde Begriffsbestimmung ein Signal, genauer hinzuschauen, da sich hinter solchen allumfassenden Begriffen fast immer tiefgehende Einstellungen und Gewohnheiten des Denkens und Handelns verstecken, die nur scheinbar unproblematisch sind.

In diesem Aufsatz werde ich mich den Einstellungen und Gewohnheiten, die sich hinter dem Begriff ‚Netzwerk' verstecken, zuwenden. Ich möchte aufzeigen, dass dieser Begriff, obwohl verständlich – sprich, als historisch gewachsen deutbar –, eben doch sehr problematisch ist. Wie ich darlegen werde, stellt sich nämlich der allumfassende Begriff ‚Netzwerk' einem radikalen Umdenken der Art und Weise, wie wir Vernetzung darstellen, entgegen. Ich werde mich in diesem Sinne kritisch mit dem Verhältnis von Sprache und dem materiell-technischen Träger digitaler Vernetzung befassen. Dieser materiell-technischen Grundlage digitaler Vernetzung, der seit den frühen Tagen digitaler Kommunikation eine besondere Leistungsfähigkeit zugeschrieben wird, steht die bildhafte, analoge und nicht-verbale, von Gestik unterstützte Bedeutungsfähigkeit der Sprache gegenüber. Die Poetik der Sprache mit ihrer emotionsgeladenen, gemusterten, die iterative Wiedergabe ermöglichenden Struktur wurde nämlich lange Zeit außer Acht gelassen. Erst jetzt, im Zeitalter digitaler Übersetzung von Algorithmen in Dinge jeder Art (z. B. durch Rapid Prototyping), wird die Sprache wiederentdeckt, genauso wie die Übersetzung von Sprache in materielle Dinge, die lange eher kleinen Wissenschaften wie der klassischen Archäologie und der Ethnologie überlassen wurde.[1]

Mein zweiter Gedankenschritt wird noch radikaler sein als meine Forderung nach einer Revision der Vorstellungen von ‚digitaler Vernetzung'. Ich werde mich dafür um Beispiele bemühen, die scheinbar in keiner Weise den Aufgaben einer globalen Gesellschaft gewachsen sind und den sogenannten „Insel-Gesellschaften" entstammen.[2] Die beklagenswerte Vernachlässigung solcher angeblich kleinen, nicht komplexen, persönlichen, nicht-übergreifend organisierten Kulturen ist meines Erachtens eine außerordentlich schädliche, dem kolonialen Erbe geschuldete Entwicklung. Die von mir ausgewählten Beispiele aus solchen Kulturen betrachte ich als neue Modelle für ein anderes Konzept von Netzwerken. Es handelt sich dabei um eine Perspektive,

---

[1] Barbara Maria Stafford: *Echo Objects: The Cognitive Work of Images*. Chicago: Chicago University Press 2007; David Wengrow: *The Origin of Monsters: Image and Cognition in the First Age of Mechanical Reproduction*. Princeton: Princeton University Press 2014.

[2] Ethnologen haben in der langen Geschichte des Faches oftmals kleine, scheinbar gut abgegrenzte Gruppen untersucht. Die isolierte Betrachtung einer Gesellschaft ist problematisch. Sie scheint dem heutigen Bild global vernetzter Kulturphänomene diametral gegenüberzustehen. Sicher handelt es sich auf um ein Stereotyp des Faches, aufgrund dessen kulturhistorisch lange existierende Verflechtungen übersehen oder zumindest vernachlässigt wurden.

die mir genauso wichtig ist wie mein Argument, dass der allumfassende Begriff von ‚Netzwerk' uns blind für die eigentlichen Möglichkeiten der Wissenschaft macht.

Vernetzungen und Konnektivität in der Krise
Vor hundert Jahren, zur Zeit von Marcel Proust, entzückte, verwunderte und inspirierte die technologische Innovation der Elektrizität die Menschen. Dies galt vor allem für die Fähigkeit, an zwei Orten gleichzeitig zu sein, also zum Beispiel gemütlich zu Hause im Sessel zu sitzen, während man einem Konzert lauscht, welches hunderte Kilometer entfernt gegeben wird. Heute nehmen wir diese doppelte Anwesenheit und Erweiterung der Sinne durch immaterielle, zumeist elektronisch definierte Ströme als selbstverständlich hin. Die Möglichkeit, an mehreren Orten gleichzeitig zu sein, ist heute geradezu altmodisch geworden.

Ohne viel Aufwand können wir heute unsere Sinne ‚ausdehnen', denn dank sozialer Netzwerke und Newsfeeds wie Facebook oder Twitter berühren wir flüchtig und manchmal unfreiwillig das Leben von unzähligen Anderen, indem wir unseren Gedanken spontan Ausdruck verleihen. Der immaterielle Fluss von Elektrizität, der die Konnektivität vor einem Jahrhundert revolutionierte, wurde schon vor einiger Zeit überholt von den neuen interaktiven Materialien. Diese echten Innovationen lassen erahnen, in welchem Maße unsere Sinne ausdehnbar sind, und dass diese Erweiterung weiterreichend, schneller und vor allem realer wird.

Eine veränderte Haltung zu Konnektivität insgesamt wird damit noch nicht impliziert, denn die materiellen Kapazitäten der neuen Verbindungsformen drängen sich uns als Paradoxon auf. Zwar erkennen wir deren Potential an, aber wir sind bis heute oftmals nicht bereit, ihr Effizienzversprechen mit der lebensweltlichen Einbettung gleichzustellen. Noch glauben wir nicht dem Versprechen, aufgrund von neuen Formen der Konnektivität, die beispielsweise Facebook oder Twitter bieten, die Bodenständigkeit unseres körperlichen Lebens hinter uns lassen zu können.[3] Dennoch fühlen wir uns angezogen von dem unglaublichen Potential der Geräte digitaler Kommunikation, die es ermöglichen, unseren Körper und unseren Geist

---

3 Jean-François Lyotard: *The Inhuman: Reflections on Time*. New York: Polity 1991.

auszudehnen, ähnlich wie uns vor Jahrzehnten einmal das Radio und das Telefon faszinierten. Als Objekte der Begierde wurden solche Geräte zu einem Teil unseres Zuhauses, sobald sie auf dem Markt verfügbar waren. Wie wir allerdings auch eingestehen müssen, ist diese Faszination durch Computer, Smartphones oder Tabletts nicht dauerhaft. Wenn diese Dinge auf dem Markt nicht mehr als ‚neu' eingestuft werden, nimmt die Begeisterung schnell wieder ab. Je kleiner, leichter und damit mobiler solche Geräte werden, desto stärker haben sie uns buchstäblich an den Boden gefesselt. Das zeigt sich darin, dass sie von uns verlangen, sie so nah und so fest wie möglich an unserem Körper zu positionieren. Smartwatches (= Armbanduhren mit Display, die mit dem Mobiltelefon verknüpft sind) stellen nur ein aktuelles Beispiel dieser Körperlichkeit dar.

Die Geräte der digitalen Vernetzung werden immer leichter und kleiner. Sie erlauben uns, immer mehr von ihnen in unsere Taschen zu stopfen, während sie uns im ständigen Kontakt mit der Welt halten, wo auch immer wir uns aufhalten mögen. Wir sind an diese Objekte gekettet; und nur manchmal ruft dieser Zustand Gelächter oder auch Ärger hervor. Es gibt keinen weiteren Schritt, den die Innovation noch machen könnte, außer, dass wir diese mobilen Verbindungsträger in unsere Körper einpflanzen, um ihr Tragen zu erleichtern und so die Konnektivität noch einmal zu verbessern.

Frustriert vom Verlangen nach synchroner Vernetzung suchen wir nach immer neuen Gegenständen, die Vernetzung erträglicher, kontrollierbarer und tragbarer machen. Der Gegenstand selber tritt dabei immer mehr in den Hintergrund. Er ist oft nichts als eine Oberfläche, oder ein Display, die uns direkt mit den Strömen unserer Gedanken und den Gedanken anderer verbindet – hauchdünn – vielleicht bald nichts als Haut. Das materielle Objekt als solches, das einst uns als Bote der Gedanken anderer schien und dementsprechend verehrt, gepflegt und verbessert wurde, ist jetzt ein Hindernis, ein Un-Ding, welches der wirklichen symbiotischen Vernetzung entgegenzuwirken scheint.[4] Vorstellungen von virtuellen Welten und virtuellen Archiven, in denen dinghafte Körper als Träger der Übersetzung dienen und die auf der Struktur digitaler Vernetzung aufbauen, greifen in den

---

4 Heather Horst / Danny Miller: *Digital Anthropology*. Oxford: Berg 2012.

letzten Jahren in die Institutionen der Gesellschaft in einem Ausmaß ein, über das wir uns gerade erst bewusst werden. Die weit verbreitete Neigung, den besonderen Charakter der Dinge nur insofern wahrzunehmen, als dass man ihn mit Bekanntem verknüpfen kann, entspringt jedoch einem falschen Denken über das Verhältnis von Sprache und Ding. Der Glaube an elektronische, digitale Geräte als zukunftsweisende Lösung, um Informationsfluss und Vernetzung zu sättigen, findet sich scheinbar bestätigt in seiner Art, Informationen synchron zu vermitteln. Man könnte sagen, der durch die Geräte vermittelte Fluss an Informationen ist in hohem Maße mit menschlicher Kommunikation vergleichbar. Aber unser Verlangen, immaterielle Informationsflüsse zu bewältigen, indem wir sie in durch Fingerbewegungen manipulierbare Materialien einbinden, basiert gerade nicht auf einer rationalen Argumentation, sondern auf einer anthropomorphisch und subjektzentrierten Definition von Sprache. Die Manipulation der elektronischen Geräte durch Fingerbewegungen erscheint als synchrone Kommunikation und ist damit der nicht-verbalen Kommunikation gleichgeschaltet. Diese Interpretation von Sprache hat von Anfang an die Mensch-Computer-Interaktion gehemmt und die Forschung in bestimmte Bahnen gelenkt. Aufgrund dieser allzu einfachen Auffassung von Kommunikation mit elektronischen Geräten ist es heutzutage sehr schwer geworden, alternative Möglichkeiten neuer Materialien für ein radikales Umdenken in der Informationstechnologie zu nutzen.

Für meine Argumentation ist es wichtig, diese in der Kommunikation mit elektronischen Geräten implizit enthaltene Annahme herauszustellen. Diese Annahme besagt, dass Artefakte Produkte zweiter Ordnung sind, die Sprache nur sinnbildlich und indirekt erfassen. Materielle Kultur ist diesem Modell zufolge gewissermaßen ein zufälliger Zusatz von Kultur, sie entsteht durch verbale Kommunikation und hermeneutisch eingebettete Wahrnehmung. Materielle Dinge sind für uns Menschen alltäglich, da wir mit ihrer Hilfe in der Lage sind, Informationen zu ordnen und zu strukturieren.

Die hier geschilderten allgemeinen Auffassungen über Kommunikation mit elektronischen Geräten machen uns jedoch blind dafür, dass diese Artefakte aktiv daran teilhaben, Informationen zu kreieren oder ihre Vermittlung zu sichern. Mit anderen Worten: Wir nehmen immer noch größtenteils an, dass Netzwerke von Beziehungen sich auf das

Verhalten von Subjekten, d.h. auf ‚unser' Verhalten beziehen. Wir verlieren den Blick für die Unabhängigkeit und pre-hermeneutische Dinglichkeit der Welt, die Träger unserer Denkweisen und Verhaltensweisen ist.[5] Das gilt auch dann, wenn wir die Unterschiede zwischen materiell und immateriell, zwischen Subjekten und Objekten, zwischen menschlichen und nicht-menschlichen Akteuren immer mehr aufheben. Oftmals bedeutet dies lediglich, Dinglichkeit anthropomorphisch, egozentrisch und relativ dem Subjekt gegenübergestellt zu verstehen.

Welche Annahmen müssen wir hinterfragen, damit die neuen elektronischen Geräte nicht in dieser Weise ‚simplifiziert' werden? Wie kann man die Grenze überwinden, die uns in diesen Geräten lediglich eine vermittelnde materielle Plattform des Virtuellen sehen lässt? Wie sollen wir Dinge überhaupt verstehen, wenn diese nicht nur durch Netzwerke wandern oder diese lediglich repräsentieren, sondern sie selbst als vernetzt und vernetzend wahrgenommen werden?

Differenzen zwischen Materialdesign und digitaler Konnektivität
Diese Fragen sind längst nicht so abseitig, wie sie auf den ersten Blick erscheinen mögen. Beispielsweise zeigt ein Blick auf die Material- und Designwissenschaften, dass dort in der letzten Zeit viele neue Lösungen entstanden sind, um materielle Interaktionen mit immateriellen Informationsflüssen zu erweitern. In diesen innovativen Designlösungen wird das Computer-Bit buchstäblich greifbar, zugänglich, manipulierbar und programmierbar, indem sich nämlich die Materialien selbst laufend verändern. Über die letzten zwanzig Jahre haben Materialwissenschaftler neue Substanzen gefunden, die sie mit neuen kombinierten Eigenschaften ausstatten konnten. Manche dieser Materialien betreffen alltägliche Werkstoffe wie Filz und Ton, andere sind dagegen ganz neue Designmaterialien wie flexinol, MEFit (eine Plastikfolie, die mechanische Stärke in Elektrizität umwandelt), thermochromische Tinte und elektrische Stoffe.[6]

---

5 Susanne Küchler: Threads of Thought. In: Liana Chua / Marc Elliott (Hrsg.): *Distributed Objects: Meaning and Mattering after Alfred Gell.* Oxford: Berghahn 2013, S. 5–39.
6 Dabei handelt es sich um programmierbare, handgewebte Textilien, welche die Farbe wechseln können, aber auch optisch und thermisch reagierende, programmierbare Materialien, welche auf Carbon-Nanotube-Hydrogel-Polymer-Mischungen basieren. Überdies gibt es eine Vielzahl von anderen Lösungen, welche modulare Robotertechniken nutzen oder MEMS-basierte Einheiten.

Ironischerweise haben das Aufkommen virtueller Welten und die Integration von Informationstechnologien in den Alltag dazu geführt, dass die Schnittstelle vom Virtuellen hin zu materiellen Dingen immer mehr als lästiger Faktor erscheint. Die Einbettung von Sensoren in Materialien hat praktische Probleme in den Vordergrund gerückt und dazu geführt, dass der Nutzer schon beim Design mitbedacht werden muss. Die ästhetische Beschaffenheit des Materials wirft unendlich komplizierte Fragen auf, zum Beispiel bei der Entwicklung der leitfähigen Substanzen, deren Materialität unendliche Variationen von Textur, Farbe und Geruch ermöglicht, die aber auch Ängste bezüglich der Übertragung von Schadstoffen auslöst. Innovative Materialien als Träger und Substanz digitaler Ströme werden bislang nur selten als Lösung oder Neuanfang empfunden, sondern viel öfter als kostspielige, zeitaufwendige und unzuverlässige Last.

Ganz grundsätzlich sind die Innovationen der Materialwissenschaften im Hinblick auf ihre mechanische Funktionalität weiterhin abgetrennt von den Innovationen des Virtuellen, wie sie wesentlich durch neue Anwendungen von Computern angetrieben wird. Die überraschende Trennung von zwei Bereichen der Innovation (einerseits neue, intelligente Materialien – andererseits innovative virtuelle Netzstrukturen) wirft die Frage auf, ob Annahmen bezüglich der Immaterialität des Virtuellen und der fortbestehende Rückgriff auf die oben erläuterten konventionellen Kommunikationsmodelle im Design von Schnittstellen nicht das eigentliche Hindernis zu weiteren Innovationen darstellen.

Eine große Herausforderung sind heute nicht nur die Differenzen zwischen Materialdesign und digitaler Konnektivität, sondern ebenso die ästhetischen und formellen Eigenschaften der materiellen Agenten. Welche Rolle kann ihre Ästhetik für informationelle Infrastrukturen spielen? Wie verträgt sich die Notwendigkeit, lokale Infrastrukturen neu zu erfinden, mit dem Bedürfnis, dieselben Strukturen doch wieder in konventioneller Weise zu (re-)produzieren? Wie kann das zunehmende Bedürfnis nach Beständigkeit und intergenerationaler Überlieferung durch die neuen Designmaterialien garantiert werden?

Solche Fragen sollten nicht länger nur von Experten für Design und Technologie beantwortet werden, denn sie verlangen nach dem Fachwissen von Humanwissenschaftlern. Humanwissenschaftler sind von je her eine eher unterschätzte Gruppe von Experten. Als Ethnologen

Abb. 1: Malanggan aus Papua-Neuguinea.

haben sie eine besondere Kompetenz dafür, Funktionalität, aber auch Dysfunktionalität von sozialen Beziehungen, Institutionen und Netzwerken zu erklären. Ethnologen vergleichen solche Phänomene und beschreiben, wann und warum Beziehungen stabil, dauerhaft und intergenerational werden oder eben, warum sie in dieser Hinsicht scheitern. Ethnografische Forschung ist heute dringend erforderlich, um gemeinsam mit Designern und technischen Experten des Virtuellen und des Materiellen zu klären, wie alternative Designmodelle von digitalen und materiellen Schnittstellen aussehen könnten.

Alternative Modelle der Vernetzung von Dingen und Daten: Malanggan und Tivaivai

Im Folgenden werde ich einige vorläufige Gedanken formulieren, um erste Hinweise auf eine neue, wirklich in den materiellen Dingen begründeten Virtualität zu geben. Die Hinweise betreffen ganz andere, bislang kaum beachtete Relationen zwischen Informationen und Dingen. Da sie weithin als ‚traditionell' wahrgenommen werden, hat man sie bis heute in den Debatten um innovative Vernetzungsformen weitgehend ignoriert. Diese Vernachlässigung hat auch damit zu tun, dass sie uns durch ihre absolute Materialität an ein Leben erinnern, in dem das Verlangen nach Konnektivität scheinbar noch nicht existiert. Dennoch ist es die spezifische Fähigkeit dieser Artefakte, die uns zu einer ganz neuen Perspektive auf das Design der Mensch-Computer-Interaktion führen könnte. Das kann gelingen, wenn sie nicht nur als Hüllen oder Träger von Netzwerken verstanden, sondern selbst als Netzwerk aufgefasst werden. Um darzustellen, wie Artefakte an sozialen Netzwerken teilnehmen, mit denen sie untrennbar verbunden sind, richte ich im Folgenden den Blick auf den Südpazifik, wo das Materielle bedeutungsgleich mit sozialen Netzwerken ist. Vergleichende ethnografische Studien von verschiedenen Gesellschaften Neuguineas haben gezeigt, dass es dort ein spezifisches Konzept der „verteilten Persönlichkeit" und der sozialen Sphäre gibt.[7] Dieses Konzept verleiht den Effekten von Handlungen und den Gedanken des Individuums besonderen Ausdruck. Demnach ist die soziale Sphäre zusammengesetzt und zugleich bruchstückhaft. Das Individuum steht nicht unter der Kontrolle sozialer Institutionen und etabliert sich anstelle dessen ausdrücklich über materielle Infrastrukturen, die mobil und dennoch leicht zu verorten sind. In diesen Gesellschaften werden soziale Beziehungen unmittelbar in Artefakten sichtbar gemacht. Diese Objekte stellen im Grunde Kompositionen mit einer spezifischen intentionalen Konfigurationen dar.[8] Am anschaulichsten wird diese Genauigkeit des Ausdrucks der Kunst im Beispiel der skulpturalen Werke, die als Malanggan bezeichnet werden (Abb. 1).[9]

Malanggan inszenieren eine soziale Sphäre, indem die Natur der Beziehungen der verteilten Persönlichkeit durch präzise Maßstäbe, Proportionen und der Vervielfachungen von bestimmten Elementen in genau definierten Kompositionen festgehalten wird. Vergleichbar mit einer Musikpartitur, die allen Instrumenten einen genauen Platz im konzertanten Zusammenspiel geben, bestimmen Malanggan

---

[7] Alfred Gell: *Art and Agency*. Oxford: Clarendon 1998; Chua / Elliott: *Distributed Objects*.
[8] Peter Brunt / Nicholas Thomas / Lissant Bolton / Sean Mellon / Damian Skinner / Susanne Küchler: *Art in Oceania: A New History*. London: Thames & Hudson 2012.
[9] Küchler: Threads of Thought. In: Chua / Elliott (Hrsg.): *Distributed Objects*; dies.: Der Theoretische Anspruch von Malanggan. In: Marcus Schindlebeck (Hrsg.): *Materielle Kultur und Kunst: Neue Aufsätze einer ethnologischen Betrachtung*. Berlin: Reimer 2011, S. 23–33.

durch die Inszenierung (= die Herstellung) eine klare soziale Rolle für jeden Einzelnen.[10] Malanggan zeigen eine erstaunliche Vielfalt von modularen Formen, die durch ihre kombinatorische Logik in komplexer Weise mit einem rituellen Austauschsystem verbunden sind. Dieses System des Austausches ermöglicht es den Menschen – trotz des überall herrschenden Mangels an Arbeit und Land –, Ressourcen zu bündeln sowie Produkte und Ideen über ein weit ausgedehntes Territorium zu bewegen.

Die Herstellung von Malanggan-Skulpturen ist untrennbar mit einem bestimmten Fest verbunden, das die ‚Zweite Beerdigung' inszeniert.[11] Mit diesem Fest wird in öffentlicher Form die Periode der Trauer über den Tod der betreffenden Person abgeschlossen und damit die soziale Sphäre in der Umgebung des Toten neu definiert. Malanggan kommunizieren keine ‚Bedeutung', aber sie erweisen sich als nützlich, wenn es um die Markierung von Ansprüchen geht. Dabei handelt es sich meist um Besitzansprüche, an die erinnert werden soll und die zu verteidigen sind. Gerade weil in diesen Gesellschaften solche Ansprüche nicht durch Institutionen kontrolliert werden, sind sie austauschbar und unsicher.

Wir können Malanggan in einem weiteren Sinne auch verstehen als modulare, narrativ verankerte ‚Karten'. Sie sind ein strategisch bedeutungsvoller, materieller und visueller Ausdruck sozialer Beziehungen, deren Konfiguration durch die Präsenz der Artefakte öffentlich sichtbar wird. Politische und wirtschaftliche Verbindungen, die sich fächerartig über eine weite, ausgedehnte Region spannen, werden damit abgebildet und ermöglichen den Angehörigen der Gesellschaft, Landeigentum zu artikulieren und soziale Unterstützung einzufordern.

---

10 Die ethnografischen Sammlungen der Museen in Europa verwahren mehr als 25.000 dieser hölzernen Skulpturen, die seit dem Beginn der kolonialen Herrschaft zwischen 1870 und 1990 gesammelt wurden.
11 Weltweit gibt es in vielen Kulturen den Brauch, eine gewisse Zeitspanne nach dem Tod eine bedeutendes soziales Ereignis zu gestalten, das erst die eigentlich Totengedenkfeier darstellt. Der Brauch der Ablösung der Totenehrung vom Moment der Bestattung hat sicher auch mit den aufwendigen Vorbereitungen dafür zu tun. Nur in manchen Fällen gibt es eine materielle Verbindung zum Toten, etwa indem die Knochen des Toten erst dann am definitiven Ort bestattet werden. Viel wichtiger ist die mit dieser Feier einhergehende soziale Anerkennung, welchen Status man dem Toten im Gedächtnis geben möchte und wie z. B. seine Nachfolge geregelt wird.

Ein zweites Beispiel für ein Objekt, das zugleich soziale Konfiguration artikuliert, lässt sich weiter im Osten, auf den Cook-Inseln, finden.[12] Ähnlich wie in Neuguinea gilt auch hier die ‚Zweite Beerdigung' als das geeignete Ereignis, um soziale Beziehungen öffentlich erkennbar zu definieren. Allerdings folgt auf den Cook-Inseln die materielle Inszenierung des Sozialen einer spiegelbildlich umgekehrten Logik. Die materielle Entsprechung der sozialen Beziehungen wird nicht nach außen getragen und sie ist weder öffentlich sichtbar noch mobil, sondern sie ist am Ort des Ereignisses mit einer Sammlung von Objekten innerhalb von grabähnlichen Häusern verbunden. Riesige Patchwork-Decken, die man als Tivaivai bezeichnet, werden von Frauen genäht und zu allen wichtigen Lebenszyklus-Ereignissen verschenkt (Abb. 2). Zu den Lebzeiten einer Frau werden die Tivaivai-Decken in hölzernen Truhen gesammelt und nach dem Tod bei dem Fest der ‚Zweiten Beerdigung' an den Ort des Festes zurückgeführt. So sind die materiellen Entsprechungen der sozialen Beziehungen an einem bestimmten Orten verankert.

Die Muster auf diesen Decken stellen Großaufnahmen von Blumen dar; manche zeigen die Blume aus der Mitte der Blüte heraus. Die Blumen sind in standardisierten Symmetrien arrangiert und verorten durch ihre genaue Form soziale Beziehungen in ihrer gegenwärtigen Vernetzung. Überträgt man die Technik der Verfilzung von Rindenstoff auf genähten Stoff, so lassen sich drei verschiedene Arten von Decken identifizieren, die alle eine Aufwertung von qualitativer Distinktion und eine Entwertung von Quantität bedeuten.

Malanggan, deren Formen ein vorgestelltes Ganzes repräsentieren, sind dreidimensionale Skulpturen, die in ihre Bestandteile zerlegt und nach Belieben wieder zusammengefügt oder aufgelöst werden können. Im deutlichen Kontrast dazu sind die Tivaivai eine dauerhafte materielle Manifestierung eines unzerlegbaren Ganzen. Die exakte Menge an Stoff wird schon vor dem Nähen genauestens abgemessen. Besonders wichtig ist dabei das qualitative Arrangement der Bestandteile, welche in einer hierarchischen Weise angeordnet werden. Dieses Arrangement spiegelt die reflektierte Wahrnehmung von genealogischen Verbindungen wider und artikuliert somit die Ordnung der sozialen Sphäre.

12 Susanne Küchler: *Tivaivai: The Social Fabric of the Cook Islands.* London: British Museum Press 2009.

Objekte als soziale Beziehung und virtuelle Netzwerke
Eher durch Zufall wurde die mögliche Relevanz dieser Daten für die Welt computerbasierter Virtualität und Netzwerke offensichtlich. Inmitten der Vorbereitungen zu einem Kapitel eines Buches über das Konzept der Mediation und die Ontologie des Bildes stolperte ich über einen Artikel zweier Informatiker, Mikael Wiberg und Erica Robles.[13] Wiberg und Robles waren parallel zu meinen Überlegungen zu Artefakten, die soziale Beziehungen repräsentieren, zu der Schlussfolgerung gekommen, dass es relevante Verbindungen zwischen der Zusammensetzung von Informationen und ihrer Übermittlung gebe.

Die Artefakte, über die ich gerade nachdachte, schienen auch mir zu Beginn meiner Arbeit irrelevant für das moderne Leben zu sein. Die Bedeutung dieses Materials in parallelen Diskussionen über Mensch-Computer-Interaktion hatte ich bis dahin nicht wahrgenommen. Wahrscheinlich geht es vielen meiner Kollegen, die sich mit den Eigenschaften von Bildern und ihren formellen Merkmalen beschäftigen, ähnlich. Auch Wiberg und Robles ist es wohl ähnlich ergangen. Die Tatsache, dass ihre Ideen in anderen Wissenschaftsbereichen auf Resonanz stoßen können, ist ermutigend. Diese Verbindung zeigt die Möglichkeit auf, neu über die Sprache der Dinge zu denken.

Der erwähnte Artikel behandelt Fragen der Ästhetik sowie des Materials und Designs von Mensch-Computer-Interaktion. Im Kern präsentieren Wiberg und Robles eine fundamentale Kritik der konventionellen Unterscheidung zwischen Hardware und Software. Die Autoren sehen in dieser Differenzierung eine problematische Beschränkung, da sie jede radikale Innovation im Design von Computersystemen blockiert. Sie schlagen ein alternatives Design vor, mit dessen Hilfe Computersysteme in einer Logik der Komposition und in einer Ästhetik des Gewebes neu zu überdenken wäre. In diesem neuen Modell müssen Tragfähigkeit, Verhältnismäßigkeiten und Maßstäbe des Materiellen berücksichtigt werden, auch wenn dies gewöhnlich Faktoren der Hardware sind. Demnach gibt es eine bestimmte Beziehung zwischen Zusammensetzung und Zusammenfügung – also zwischen den Bauteilen und deren Verknüpfung.

---

13 Mikael Wiberg / Erica Robles: Computational Compositions: Aesthetics, Materials, and Interaction. In: *International Journal of Design* 4,2 (2010), S. 65–76.

Abb. 2: Tivaivai von den Cook-Inseln.

Den Autoren zufolge gibt es drei dominante Annahmen, die das Design von Mensch-Computer-Interaktion bis heute maßgeblich beeinflusst und eingeschränkt haben:

1. Die erste fundamentale Annahme betrifft die Vermittlung zwischen menschlicher Aktion und Maschinen. Sie besagt, dass nur durch eine sehr enge Verknüpfung zwischen Mensch und Maschine optimale Resultate dieser Interaktion möglich sein sollen. Folgerichtig orientierten sich die Designer an Kommunikationsmodellen der sozialen Welt und beschäftigen sich seit den frühen 1990er Jahren mit den abduktiven Qualitäten von Metaphern. Die Begriffe der Interaktion und die zugehörigen Bildschirmsymbole orientierten sich an Artefakten der materiellen Welt wie ‚Ordner‘, ‚Papierkorb‘ und Ähnlichem mehr. Diese Metaphern sind Werkzeuge, die einer Logik der Erweiterung der nicht-computerisierten Welt folgen. Die nicht-computerisierte Welt wurde dabei durch eine einfache logische Ableitung des Realen in die Computerwelt übersetzt.

2. Weiterhin beruhen Computerdesigns vielfach auf der Annahme, dass Kommunikation das adäquate Modell für Interaktion mit virtuellen Welten sei. Dies betrifft vor allem die bildschirmbasierte, grafik- und gestikorientierte Schnittfläche vom Virtuellen zum Materiellen, welche einen navigierenden Prozess durch

Oberflächen-Repräsentationen wie Ordner, Papierkörbe oder Lesezeichen (Bookmarks) unterstützt. Die Ästhetik des Bildschirms dominiert mehr und mehr die Gestaltung der Maschine, denn die Materialität der Informationsprozesse wird durch sofortige digitale Verfügbarkeit auf dem Bildschirm suggeriert.[14] Wir haben uns an die Gestik-basierte, greifbare Interaktion (sogenannte Touchscreens) und an eine Vielfalt von Displays gewöhnt (mit denen wir zum Beispiel Tickets für die Bahn oder Museen kaufen). Diese Schnittstellen wurden mit dem Ziel entwickelt, Computersysteme möglichst flexibel zu gestalten.

3. Solche neuen Formen der Interaktion werden zudem durch die Annahme gesteuert, dass Interaktion funktional sein müsse, indem unbewusste Informationsverarbeitung wie z. B. die Gestik (= Wischen und Drücken) für Einfachheit und Schnelligkeit genutzt werden. Zweifellos ist dem so und dennoch wurde die Interaktion zwischen Mensch und Computer von Anfang an auch mit dem Ziel konstruiert, Stift und Papier nachzubilden. Dazu nutzen Designer die technischen und materiellen Eigenschaften von Stift und Papier, zogen aus grundlegenden Funktionen ('Wissen zusammenzuführen', 'Verknüpfungen festhalten' und 'Daten weiterreichen') Rückschlüsse auf die plausiblen Metaphern als Unterstützung für visuelle, einprägsame Oberflächen.

Das grundlegende Problem dieser Annahmen betrifft nicht so sehr die dingliche Natur der Metaphern. Das Problem besteht vielmehr zunächst in der Tatsache, dass alternative Möglichkeiten der Integration von Informationen dabei nicht mitgedacht wurden. Ein zweites, viel entscheidenderes Problem ist die Beobachtung, dass diese Grundannahmen die Einsicht in die Vorteile der radikalen Einfachheit von Artefakten der Interaktion verhindern.

Wie ich weiter oben gezeigt habe, können Artefakte der Interaktion sehr einfach, ohne mediale Repräsentation Beziehungen herstellen. Diese Vorstellung von der Einfachheit beruht jedoch auf der These der aktiven Materialität. Wie Dinge aussehen, wie sie sich anfühlen und anhören, sind nicht nur Fragen, die Designer beantworten. Sie

---

14 Die programmierten Pixillationsdarstellungen bei den Eröffnungs- und Abschlussfeiern der Olympischen Spiele in London 2012 lösten zwar den Bedarf nach Bildschirmen auf, dennoch wurde das graphische und abbildhafte Aussehen des Displays gewahrt.

verlangen auch nach ethnologischen Einsichten. Ethnologen sollten sich fragen, wie die Aktionen von Materialität mit der beziehungs- und handlungsorientierten menschlichen Denkweise so in Einklang zu bringen sein könnten, dass sie intuitiv erkennbar und als ‚Dinge' von intersubjektivem Einfühlungsvermögen und Intentionen geteilt werden.

Zur Überwindung der Schranken konventioneller Mensch-Computer-Schnittstellen

Durch die Arbeit von Wiberg und Robles ist klar geworden, wie unzureichend das konventionelle Konzept der Mensch-Computer-Schnittstelle ist. Dieses Konzept behindert Innovation, da es dem materiellen Medium, soweit es als Oberfläche mit medialen Funktionen anerkannt wird, die Subjektivität des Ichs, erzwingt. Diese Dominanz des ‚Ich' steht aber im unmittelbaren Gegensatz zur Logik einer dezentrierten, dritten Person. Wie hier am Beispiel der Artefakte aus Neuguinea und von den Oster-Inseln gezeigt wurde, geht auch die intrinsisch beziehungsorientierte Identität von Dingen weit über solche Schranken hinaus. Dieses Potential von Dingen, Beziehungen schon in sich einzuschließen, wird durch konventionelle Mensch-Computer-Schnittstellen überhaupt nicht genutzt. Netzwerke sind für uns deshalb immer eher digitaler Art; ihre materielle Grundlage wird uns nur bewusst, wenn wir Schnittstellen bedienen – also nur im Moment der Nutzung der elektronischen Geräte.

Diese Beschränkung der Vernetzung, ihre Reduktion auf die Bedienung der Schnittstelle, wird in Zukunft noch sehr viel deutlicher als Problem hervortreten. Die Innovation der interaktiven Materialien ermöglicht nämlich neue digitale Technologien, die zum Beispiel sogenannte „ambiente Umgebungen" schaffen wird.[15] Solche Technologien können jedoch nicht mit den herkömmlichen Schnittstellen gesteuert werden. Vielmehr bedarf es der Einsicht, dass dauerhafte Verbindungen etwas Gegebenes darstellen, das immanent innerhalb der neuen Materialien agiert und vernetzt sein muss.

---

15 Beispiele dafür wären z. B. Ambient Assisted Living (AAL) oder auch das Smart Home.

Netzwerke in Dingen und Materialien

Deshalb, so die Prognose, werden wir uns in Zukunft viel mehr mit den Fragen nach Verortung, Abgrenzung und Unterbrechung der Netzwerke beschäftigen müssen. Die bislang kaum reflektierten Prozesse der Interaktion und Verbindung werden nun nicht mehr nachrangig sein. Anstelle dessen rücken sie in den Fokus einer empathischen Beschäftigung mit der ‚intelligenten' materiellen Welt. Diese neue materielle Welt repräsentiert nicht länger eine Schnittstelle zum Digitalen, sondern sie selbst ist das Digitale. Die Welt der Zukunft wird bestimmt sein von Materialien, die bewusst mit bestimmten Anwendungen oder Möglichkeiten dazu entwickelt wurden, um über das Subjekt (= den Schnittstellen-Bediener) hinaus vernetzt zu sein. Oder, um es mit den Worten eines führenden Neurowissenschaftlers zu sagen: diese Materialien werden so entwickelt, dass sie als das „geteilte, inter-subjektive Vielfältige" (*shared intersubjective manifold*) wahrgenommen werden.[16] Wenn wir erkennen, dass die materielle Umwelt nicht lediglich versteckte Möglichkeiten des Interaktion enthält, sondern selbst eine Tendenz dazu hat, Schnittstelleneigenschaften zu enthalten, dann wird auch die bislang allgemein akzeptierte Unterscheidung von Hardware und Software fragwürdig. Ebenso ist der Rückgriff auf konventionelle Designs von Kommunikationsmodellen kritisch zu sehen, wenn es darum geht interkonnektive Eigenschaften von Materialien zu entwickeln.
Der spannendste Aspekt der Studie der erwähnten Autoren ist ihr Vorschlag, die konventionellen Begriffe von virtueller Zusammensetzung und der damit verbundenen konventionellen Designstrategien für Schnittstellen über Bord zu werfen. Es gilt zu überdenken, welche Rolle materielle Dinge in dieser Innovation einnehmen könnten. Auf diese Weise könnte schließlich, so die Autoren, ein neues Vokabular, neue Formen der Konnektivität und neue Wege des Seins und des Denkens entstehen. Die direkte und dauerhafte Verbindung von Material und virtueller Computerwelten würde dann zu einer selbstverständlichen Grundlage von Netzwerken. Die Autoren sprechen sehr treffend vom Gewebe als dem formellen Prinzip, um Computerwelten zu artikulieren. Dieses Prinzip wird realisiert durch heterogene

---

[16] Vittorio Gallese: The "Shared Manifold" Hypothesis. From Mirror Neurons to Empathy. In: *Journal of Consciousness Studies* 8 (2001), S. 33–50.

Wenn Dinge Netzwerke sind · 143

Abb. 3
Filipe Tohi: *Mata Tangaroa* [The Eyes of the God], 2002. Die regelmäßige Struktur an der Oberfläche greift die tradierten Formen von Knotenmustern auf.

Strukturen, die Materielles und Virtuelles enthalten. Die Gewebestruktur, die selbst ‚denkt' und dauerhaft verbunden ist, bildet eine Grundlage, die nicht nur die technische Seite der Materialwissenschaften betrifft. Denn diese Grundlage, das Gewebe, kann auch auf anderen Domänen des Lebens wie dem Kochen, der Musik, der Erzählung in der Literatur und der Kunst ausgedehnt werden. Das Gewebe kann etwas anschaulicher als ein Prisma beschrieben werden, durch welches wir das mögliche Verhältnis zwischen dem Materiellen und virtuellen Welten neu und besser verstehen. Mit der Bereitstellung einer solchen neuen intensiven Schnittstelle wird es möglich, sich auch eine neuartige Mensch-Computer-Interaktion vorzustellen.

Niemand hat die Bedeutung von Gewebe lebhafter und greifbarer in das Blickfeld gerückt, als der Künstler Filipe Tohi aus Tonga. Tohis Kunstwerke übertragen das geschnürte Tauwerk der Dachbalken in traditionellen tongaischen Häusern in eine Vielfalt von Materialien. Dadurch werden die gestaffelten und vervielfältigten Formen der

Logik des ‚lavalava' (des Wickelns und Umhüllens) sichtbar gemacht. Diese besonderen Muster, die durch das Wickeln entstehen, werden von Tohi als „Computer" bezeichnet, da sie die kombinierbaren Möglichkeiten und Verbindungen verfügbar macht – ganz ähnlich wie ein Computer (Abb. 3). Die einschlägigen Muster der tongaischen Dächer sind Artefakte, die in der Vergangenheit stets aufs Engste mit der Fähigkeit verbunden waren, Beziehungen auch räumlich und zeitlich verteilt darzustellen. Beispiele dafür wären die Navigation und die Tätowierung der Krieger.

Die tiefgründige, kosmologische Bedeutung dieser Kunst des Umhüllens durch ‚gewobene' Muster in Polynesien wurde durch den Ethnologen Alfred Gell in dessen Aufsatz mit dem inspirierenden Titel „Closure and Multiplication"[17] herausgearbeitet. Gell verweist darin auf die uralte polynesische Schöpfungslehre und die dazugehörigen Rituale. Er interpretiert diesen Mythos als Ausgangspunkt für eine ‚Ontologie der Immanenz'. Das ist genau das, was in der ethnologischen Literatur schon früher als ‚Mana' beschrieben wurde. Nach Gell rekapitulieren sowohl materielle Objekte als auch menschliche Eigenschaften gleichermaßen kosmologische Handlungen. Eine Unterscheidung zwischen Natur und Kultur wird damit obsolet. Das von Gell so bezeichnete Prinzip der „Immanenz" ist nicht unbedeutend für meine Argumentation. ‚Mana' oder die dinglich immanente Qualität der Verbindung und der Beziehung werden als Ausgangspunkt von Zerstreuung, Umverteilung und Vernetzung gedacht. Paradoxerweise hat es jedoch zugleich die Bedeutung von Abgrenzung und Verortung.

Das Umhüllen in zusammengesetzten Bildern ist in Ozeanien bis heute eine wichtige Strategie, um die Abgrenzung alles Lebenden (Dinge sowie Körper) angesichts einer immanenten und durchdringenden Verbindung zu wahren. Angesichts der durch die neuen Designmaterialien möglich gewordenen dinglichen Immanenz von Beziehungen ist zu fragen, ob Abgrenzung und Differenzierung von digitalen Strömen genauso wichtig werden könnten wie in den Artefakten aus Ozeanien. Durch das Beispiel dieser ozeanischen Artefakte zeichnet sich am Horizont die Hoffnung ab, die Last der Vernetzung,

---

[17] Alfred Gell: Closure and Multiplication: An Essay on Polynesian Cosmology and Ritual. In: Daniel de Coppet / André Iteanu (Hrsg.): *Cosmos and Society in Oceania*. Oxford: Berg 1995, S. 21–56.

die zurzeit noch in all den elektronischen Geräten in unseren Taschen steckt, in eine Befreiung zu verwandeln. Eine Befreiung, die schon seit langer Zeit und mit hohem ästhetischem Anspruch von den Schnitzern der Malanggan, von Frauen der Cook-Inseln und neuerdings auch von Künstlern des Südpazifiks praktiziert wird. Der ‚Eigensinn der Dinge' könnte darin liegen, dass die Beziehungen der Dinge zur Sprache weit über unsere konventionelle Vorstellung von Kommunikation hinausgehen.

Über den Eigensinn epistemischer Dinge

Hans-Jörg Rheinberger

Meine Überlegungen zu epistemischen Dingen im Zusammenhang mit der Vortragsreihe „Vom Eigensinn der Dinge", die im Wintersemester 2012/2013 an der Goethe-Universität Frankfurt stattfand, gehen von den Sätzen aus, mit denen Gilles Deleuze seine Dissertationsschrift von 1968 eingeleitet hat: „Die Differenz und die Wiederholung", lesen wir in dem gleichnamigen Buch,

> sind an die Stelle des Identischen und des Negativen, der Identität und des Widerspruchs getreten. Denn nur in dem Maße, wie man die Differenz weiterhin dem Identischen unterordnet, impliziert sie das Negative und lässt sich bis zum Widerspruch treiben. Der Vorrang der Identität, wie immer sie auch gefasst sein mag, definiert die Welt der Repräsentation. Das moderne Denken aber entspringt dem Scheitern der Repräsentation wie dem Verlust der Identitäten und der Entdeckung all der Kräfte, die unter der Repräsentation des Identischen wirken.[1]

Was sich wie eine Zeitdiagnose liest, ist für mich ein Ausgangspunkt, um über die Konstitution epistemischer Dinge nachzudenken – über Dinge also, die im Zentrum des Forschungsprozesses, des Vorgangs wissenschaftlicher Erkenntnisgewinnung stehen. Wenn man sich dazu entschließt, dies nicht im logischen Horizont von Identität und Widerspruch, sondern aus der praxeologischen Perspektive von Wiederholung und Differenz zu tun, dann lassen sich dem Erkenntnisgestaltungsprozess Aspekte abgewinnen, die es erlauben, sich im Raum eben jener Kräfte zu bewegen, „die unter der Repräsentation des Identischen wirken", wie Deleuze es ausgedrückt hat. Dies ist der Raum, in dem die Gegenstände der Wissenschaft Gestalt annehmen.

[1] Gilles Deleuze: *Differenz und Wiederholung*. München: Fink 1992, S. 11.

Sie sind einerseits auf Wiederholung angelegt; andererseits sind sie aber nur so lange von epistemischer Brisanz und Relevanz, als sie Anlass zur Differenzbildung geben. Das gibt ihnen ein für sie unerlässliches Maß an Unbestimmtheit und Unabgeschlossenheit, das sie von den technischen Dingen unterscheidet. Dabei bedingen Differenz und Wiederholung einander so, dass sie in ihrer zeitlichen Aufeinanderfolge ganz unterschiedliche Konturen annehmen und dementsprechend unterschiedliche Dynamiken auslösen können.[2] Man könnte es auch so formulieren: Die in einem Forschungsprozess verhandelten epistemischen Dinge verkörpern in experimentell handhabbarer Form das noch nicht auf den Punkt gebrachte Wissen. Sie sind die Platzhalter des jeweilig noch nicht Gewussten. Es sind also Dinge in kritischem Zustand, ausgestattet mit einem nicht reduzierbaren Maß an unscharfen Konturen. Es sind Differenzmaschinen, im Gegensatz zu technischen Dingen, die man als Identitätsmaschinen adressieren kann. Epistemische Dinge können in technische Dinge übergehen, müssen es aber nicht.

Ich möchte im Folgenden auf drei Klassen von epistemischen Objekten und ihre experimentellen Verdinglichungsformen und -figuren etwas näher eingehen.[3] Im Sprachgebrauch der Wissenschaften firmieren sie unter den Bezeichnungen von Präparat, Modell und Simulation. Sie beinhalten und transportieren jeweils besondere Formen rekursiv-iterativen Selbstbezugs und Eigensinns, Formen, die keineswegs aufeinander reduzierbar sind und daher einer gesonderten näheren Bestimmung bedürfen. Auch besitzen diese epistemischen Dingformen ihre jeweils eigene Geschichte je nach den Disziplinen und Zeitläufen der Wissenschaftsentwicklung, in denen sie zur Ausbildung gelangen. Vor allem aber sind sie jeweils eng mit den Techniken verknüpft, denen die betreffenden Objekte ihre Gestaltung verdanken. Es wird überhaupt zu zeigen sein, dass das Verhältnis von Gegenständen wissenschaftlichen Wissens und den Werkzeugen ihrer Bearbeitung kein bloß äußerliches und instrumentelles ist, sondern ein konstitutives. Die Konstitutivität geht dabei in beide Richtungen. Objekt und Darstellungstechnik produzieren einander zwar nicht, aber sie provozieren einander. Die Beispiele, an denen

---

2 Hans-Jörg Rheinberger: *Experimentalsysteme und epistemische Dinge. Eine Geschichte der Proteinsynthese im Reagenzglas*. Frankfurt am Main: Suhrkamp 2006.
3 Hans-Jörg Rheinberger: Epistemische Dinge. In: Stefanie Samida / Manfred K. H. Eggert / Hans Peter Hahn (Hrsg.): *Handbuch Materielle Kultur. Bedeutungen – Konzepte – Disziplinen*. Stuttgart: Metzler 2014, S. 193–197.

ich meine Überlegungen entwickeln und so einen Begriff von Präparat, Modell und Simulation gewinnen möchte, entnehme ich der Geschichte der Lebenswissenschaften, also der Biologie im weitesten Sinne unter Einschluss der medizinischen Disziplinen. Die Botschaft, die sie transportieren, gilt aber im Großen und Ganzen für alle empirisch ausgerichteten Wissenschaften.

Noch eines sei vorab festgehalten. Ich unternehme hier den Versuch, mich Präparaten, Modellen und Simulationen aus der Perspektive der Produktion experimenteller Daten zu nähern, da von hier aus die spezifischen Differenzen dieser epistemischen Dingformen wohl am besten sichtbar gemacht werden können. An anderer Stelle habe ich ausführlicher dargelegt, dass im Experiment typischerweise zunächst Spuren erzeugt werden; Spuren stellen die erste Ausfällung der zum Einsatz kommenden Untersuchungsmedien dar.[4] Diese Grapheme, wie man sie auch nennen kann, das Rohmaterial der experimentellen Semiose, sind aber in der Regel flüchtiger Natur. Sie müssen deshalb in der einen oder anderen Weise dauerhaft gemacht werden, um als das dienen zu können, was man üblicherweise Daten nennt.[5] Daten ihrerseits werden dann zu provisorischen, mehr oder weniger verstetigten Wissensobjekten integriert, verbleiben als solche aber im Bereich des Epistemischen, im Raum der Wissensgewinnung und beziehen ihre Bedeutung aus ihm.[6] Die Art und Weise, wie dies geschehen kann, ist vielfältig, und genau an dieser Stelle setzt die Typologie an, die ich hier vorstellen möchte.

Präparate

Beginnen wir mit dem Präparat.[7] Präparate sind so etwas wie Eigenkonfigurationen von dauerhaft gemachten Spuren, die an der Materialität des untersuchten Objektes teilhaben und zu ihrer Artikulation dessen physikalische, chemische oder biologische Eigenschaften

---

4 Vgl. Hans-Jörg Rheinberger: Spurenlesen im Experimentalsystem. In: Sybille Krämer / Werner Kogge / Gernot Grube (Hrsg.): *Spur. Spurenlesen als Orientierungstechnik und Wissenskunst.* Frankfurt am Main: Suhrkamp 2007, S. 293–308.
5 Hans-Jörg Rheinberger: Wie werden aus Spuren Daten, und wie verhalten sich Daten zu Fakten? In: *Nach Feierabend. Züricher Jahrbuch für Wissensgeschichte* 3 (2007), S. 117–125.
6 Hans-Jörg Rheinberger: Infra-experimentality: From Traces to Data, from Data to Patterning Facts. In: *History of Science* 49 (2011), S. 337–348.
7 Hans-Jörg Rheinberger: Präparate – „Bilder" ihrer selbst. In: *Bildwelten des Wissens. Kunsthistorisches Jahrbuch für Bildkritik* 9,1 (2003), S. 9–19.

ausnutzen, dem epistemischen Ding also sozusagen anhaften. Aus semiotischer Sicht sind Präparate damit von einer besonderen Indexikalität: Sie zeigen und verweisen auf sich selbst. Es sind Manifestationen. Es sind Darstellungen, aber nicht im üblichen Sinne von Repräsentation, sondern im Sinne dessen, was man aus der Chemie etwa als ‚Reindarstellung' kennt, als Herauslösung eines bestimmten Stoffes aus einem Gemisch durch analytische oder sonstige Prozeduren. Prozedur und Darstellung bleiben dabei verschränkt. Präparate sind Manifestationen von Sachverhalten, die, in erhöhte Sichtbarkeit versetzt, in spezifischer Weise das Spiel von Wiederholung und Differenz vorantreiben.

Die klassischen Formen des Präparates in den Biowissenschaften, die zugleich exemplarisch für deren Entwicklung vom 18. bis 20. Jahrhundert stehen können, sind das anatomische, das mikroskopische und das biochemische Präparat. Sie seien hier nur der Vollständigkeit wegen genannt. Ich habe mich mit ihnen an anderer Stelle bereits ausführlich beschäftigt.[8] Stattdessen will ich exemplarisch eine Form von Mikropräparaten vorstellen, die zwar unscheinbar ist, die aber bei der Entwicklung der molekularen Genetik um die Mitte des 20. Jahrhunderts eine entscheidende Rolle gespielt hat. Im Gegensatz zu den soeben genannten Präparaten handelt es sich dabei, paradox formuliert, um Lebend-Präparate. Sie stellen zugleich eine ganz spezielle Form der biologischen Visualisierung dar. Es geht um das makroskopische Sichtbarmachen der Präsenz von Viren, also kleinsten hochmolekularen Partikeln. Dabei kommt eine einfache Form des Visualisierungsprinzips zum Einsatz, die aber doch für naturwissenschaftliches Experimentieren charakteristisch ist: Was zu klein ist für die Untersuchung, muss vergrößert werden. Man kann dies als Prinzip der ‚Dilatation' bezeichnen.[9] Die Umkehrung gibt es natürlich auch: Was zu groß ist, muss verkleinert werden – Prinzip der ‚Kompression'. Solche Verkleinerungen oder Vergrößerungen können auf ganz unterschiedliche Weise realisiert werden. Die hier zur Diskussion stehende Visualisierung beruht aber nicht auf

---

8 Hans-Jörg Rheinberger: *Epistemologie des Konkreten*. Frankfurt am Main: Suhrkamp 2006, S. 336–349 (Kap. 12: „Präparate").
9 Hans-Jörg Rheinberger: Sichtbar Machen. Visualisierung in den Naturwissenschaften. In: Klaus Sachs-Hombach (Hrsg.): *Bildtheorien. Anthropologische und kulturelle Grundlagen des Visualistic Turn*. Frankfurt am Main: Suhrkamp 2009, S. 127–145.

einer Vergrößerung durch physikalische Instrumente, wie es beim Mikroskopieren der Fall ist. Sie macht sich vielmehr den biologischen Wachstums- und Vermehrungsprozess von Zellen selbst zunutze. Es kommt zu einer punktuellen Massenvermehrung molekularer Strukturen, die dann durch Akkumulation makroskopisch sichtbar werden. Darüber hinaus vermag sie aber zudem durch selektive Handhabung des Vermehrungsvorgangs nicht nur Molekülverbände als solche, sondern auch Molekül-Varianten sichtbar zu machen.

Ich muss hier zur Erklärung etwas ausholen, um an diesem Beispiel das Ineinanderwirken von Darstellungstechnik und epistemischem Ding zu verdeutlichen. Das Prinzip kann man wie folgt beschreiben: Viren können als genetische Packungen angesehen werden, die, um sich vermehren zu können, in Bakterien eindringen müssen. Dort veranlassen sie den genetischen Apparat der Wirts-Bakterienzelle, sich statt der eigenen Vermehrung der Vervielfältigung des eingedrungenen Virus zu widmen. Das Bakterium füllt sich mit Viruspartikeln bis zum Platzen. Es kommt zur Lyse, wie man sagt, die freigewordenen Viren dringen wiederum in benachbarte Zellen ein, und der Zyklus beginnt von vorne. Wenn man nun Viruspartikel in entsprechender Verdünnung auf einen ebenmäßig in einer Petrischale verteilten Bakterienrasen aufbringt, tun die Viren ihre Arbeit, und es bilden sich Löcher im Rasen, so genannte Plaques, und zwar an den Stellen, von denen die Vermehrung eines einzigen Virus seinen Ausgang nahm. Diese ‚Löcher' können je nach Virusvariante unterschiedliche Schattierungen, Körnungen, Ränder und Färbungen annehmen. Das Prinzip wird in Abbildung 1 verdeutlicht.

Sie lässt vier genetische Mutanten des Bakterienvirus T2 unterscheiden, auf das sich die Arbeitsgruppe um Max Delbrück am California Institute of Technology in Pasadena in den 1940er Jahren spezialisiert hatte. Die Abbildung stammt aus einem Lehrbuch des Molekularbiologen Gunther Stent von 1963.[10] Da in diesem Experiment aber nur zwei verschiedene T2-Phagen – vom Typ hr und h^+r^+ – verwendet wurden, zeigt das Präparat zusätzlich an, dass im Laufe der Vermehrung genetische Rekombination stattgefunden hat. Es lassen sich nämlich vier unterschiedliche Plaques auf der Petrischale

---

10 Gunther S. Stent: *Molecular Biology of Bacterial Viruses*. San Francisco: Freeman 1963, S. 185.

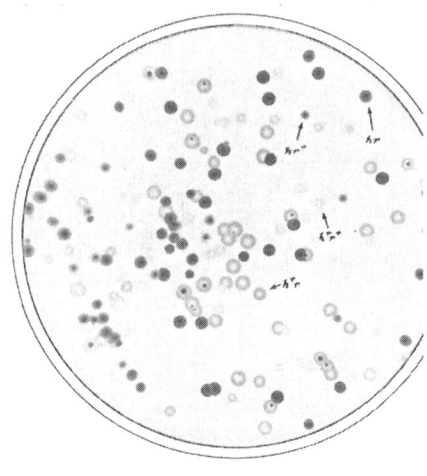

Abb. 1
Mit T2-Phagen infizierte Bakterien in Petrischale.

identifizieren, die neben den Typen hr und h^+r^+ auch den Mischtypen h^+r und hr^+ zugeordnet werden können. So verkörpert dieses Virus-Präparat einerseits ein komplexes Wissen um die genetische Konstitution von Bakterienviren. Es ist aber andererseits auch das Ergebnis eines experimentellen Verfahrens, mit dessen Hilfe neue, bisher unbekannte Mutanten identifiziert werden können, die ihrerseits wiederum den Experimentalprozess vorantreiben. Man kann hier also ganz konkret sehen, was die Rede vom Eigensinn eines epistemischen Dings impliziert.

Die Existenz der unterschiedlichen genetischen Typen der Viren kommt durch die charakteristische Struktur jener Bereiche des Bakterienrasens zur Darstellung, die von den jeweiligen Typen in unterschiedlicher Form ‚verwüstet' wurden. Sie sind das Resultat der Wechselwirkung von Virus und Bakterium sowie der Interaktion von Viren unterschiedlicher genetischer Konstitution miteinander. Hier habe ich nur den Einsatz verschiedener Virustypen beschrieben. Das Darstellungsarsenal dieses Typus von Präparat – auf Synthese beruhend, jedoch molekular-analytisch in seinem Ergebnis – wird aber noch einmal dadurch potenziert, dass auch unterschiedlich aufnahmefähige Bakterien und Bakterienmischungen zum Einsatz kommen können. So wird es möglich, in der beständigen Iteration des Prozesses wiederholt neue Differenzen zu erzeugen, die zu neuen Charakterisierungen führen, die wiederum den weiteren Verlauf der

Experimente bestimmen. Eine solche Eigensinnigkeit oder Selbstinstruktivität ist typisch für produktive Experimentalverläufe und die sie auszeichnenden Darstellungsverfahren. Diese haben mit der klassischen Idee von Repräsentation im Grunde genommen nichts zu tun. Und dennoch wird molekulares Geschehen, das sich sonst aller Bildlichkeit entzieht, sichtbar gemacht. Die Strukturmerkmale sichtbarer Konturen und Flächen werden auf sie bedingende und bestimmende molekulare Vorgänge bezogen.

Modelle
In vielen Wissenschaften spielen Modelle, eine zweite Art von epistemischen Dingen, die ich hier kurz besprechen möchte, eine ganz besondere Rolle.[11] Ein erstes allgemeines Charakteristikum von Modellen ist es, dass sie einen Medienwechsel voraussetzen: Sie führen zu einer Art epistemischen Verdoppelung, durch die das in Frage stehende epistemische Ding zwischen zwei medialen Formen zu oszillieren beginnt. Das unterscheidet Modelle von Präparaten, die, wie wir gesehen haben, an der Materialität der Wissensobjekte teilhaben bzw. Realkonfigurationen derselben darstellen. Das Modell hingegen ist in einem anderen materiellen Medium angesiedelt als der Forschungsgegenstand, auf den es sich bezieht und mit dem es verbunden wird. Damit ist aber noch nichts über das Medium des Modells selbst ausgesagt. Hier gibt es einen weiten Spielraum: Modelle können rein schematisch sein und sich im Wesentlichen im Medium des Papiers realisieren. Sie können aber auch die Gestalt von materiellen Werkmodellen annehmen, an denen gebastelt wird. Heute sind virtuelle Modelle in den Computerräumen der Laboratorien der Welt allgegenwärtig.
Im Modell werden aus dem Experiment gewonnene Daten miteinander in Beziehung gesetzt. Hieran erkennt man die zweite Spezifik des Modells. Modelle sind so etwas wie Datenverbünde. Die Daten

---

11 Die Literatur zu Modellen füllt Bibliotheken und bleibt hier unzitiert. Zu diesem Abschnitt vgl. ausführlicher Hans-Jörg Rheinberger: Molekulare Modelle als epistemische Objekte. Ribosomen im Spiegel von 50 Jahren Forschung. In: Jochen Hennig / Udo Andraschke (Hrsg.): *Weltwissen. 300 Jahre Wissenschaften in Berlin.* Ausstellungskatalog Martin-Gropius-Bau Berlin. München: Hirmer 2010, S. 76–81. Zur aktiven Funktion von Modellen im Forschungsprozess vgl. Reinhard Wendler / Bernd Mahr: *Modelle als Akteure: Fallstudien.* KIT-Report TU Berlin 2009.

verbinden sich hier aber nicht quasi ‚von selbst' wie im Präparat, sie werden vielmehr verbunden. Wenn Präparate oft noch Konfigurationen von Spuren und damit mehr oder weniger vergänglich sind, so setzen Modelle den Übergang von Spuren zu Daten konstitutiv voraus. Denn es ist ja gerade die Spezifik dieses Übergangs, dass auch er mit einem Medienwechsel verbunden ist. Modelle erlauben es, gewissermaßen auf einen Blick eine Vielzahl von Daten synoptisch in kondensierter Form zu erfassen, und sie geben ein Gerüst ab, das als Ganzes sensibel – also wiederum eigensinnig - reagiert, wenn verbundene Daten durch einen Eingriff an einer bestimmten Stelle verändert werden. Die Arbeit am Modell kann dann ihrerseits wieder Anlass zu weiteren Datenerhebungen werden. Auf diese Weise werden in den Versuchsraum neue Zwischenwelten einbezogen. Es wird auch hier ein Kreislauf von Wiederholung und Differenz begründet, der in diesem Fall in einem permanenten Medienwechsel besteht – vom Modell zum Experiment und vom Experiment zum Modell.

Natürlich besteht hier Bedarf zu weiteren Differenzierungen, denn Modelle können sehr vielfältiger Art sein. Eine solche Differenzierung ist die zwischen Funktionsmodellen und Strukturmodellen. Sie ist in den biologischen Wissenschaften von besonderer Bedeutung, da Struktur und Funktion sowohl auf molekularer wie auch auf organismischer Ebene stets in enger Wechselwirkung miteinander stehend gedacht werden. Jeweils ein molekulares Funktionsmodell und ein Strukturmodell will ich hier exemplarisch kurz beschreiben. Beide Beispiele sind der Geschichte der Zellforschung entnommen.

Das Funktionsmodell kreist um einen zentralen biosynthetischen Vorgang, der sich an einer Zellorganelle abspielt: die geordnete Verknüpfung von Aminosäuren zu Eiweißen entlang einer Nukleinsäure-Vorlage an einem Ribosom genannten Molekülkomplex. Die Grundzüge des Modells nahmen zwischen 1945 und 1975 Gestalt an. Es ist eine Eigenart dieser Funktionsmodelle, dass sie im Grunde genommen molekular-chemische Prozesse als molekular-mechanische Vorgänge repräsentieren. Die biochemischen Aspekte des Vorgangs – z. B. die katalytischen Eigenschaften der Komponenten der Zellorganelle, die dabei auftretenden Energieumwandlungen – geraten hier weitgehend in den Hintergrund. Dies wird besonders deutlich an der metallenen, dreidimensionalen Ausführung eines solchen

Abb. 2
Mechanisches, dreidimensionales Modell eines Ribosoms.

Modells (Abb. 2), das 1969 auf einem Symposium über Proteinsynthese in Cold Spring Harbor vorgestellt wurde.

Diese Beschränkung ist aber zugleich ihr Vorteil, und sie demonstriert das Potential, das solchen Vereinseitigungen innewohnt, die das Modellieren vorzunehmen erlaubt. Aus den durch das Modell getroffenen mechanischen Festlegungen lassen sich Voraussagen ableiten, die ihrerseits im Sinne des bereits skizzierten Zirkels der experimentellen Überprüfung unterzogen werden können. Das Modell wird so zur indirekten Quelle einer neuen Erzeugung von Spuren und Fixierung von Daten, die ihrerseits wiederum auf Kompatibilität mit dem existierenden Modell befragt werden und modifizierend in es eingehen können. Dabei muss das Modell, wie man an diesem Beispiel sieht, nicht unbedingt ‚realistisch' sein: In der Konzentration auf einen bestimmten Aspekt des Vorgangs kann es durchaus metaphorischen Charakter haben.

Historisch gesehen lief die Funktionsbestimmung mit der Identifizierung der Eiweiß- und Nukleinsäurekomponenten einher, die am Aufbau dieser Zellorganelle – dem Ribosom - beteiligt sind. Eine Proliferation von Strukturmodellen war die Folge. Abbildung 3 zeigt ein frühes Protein-Komponentenmodell der kleinen Untereinheit des Bakterienribosoms.

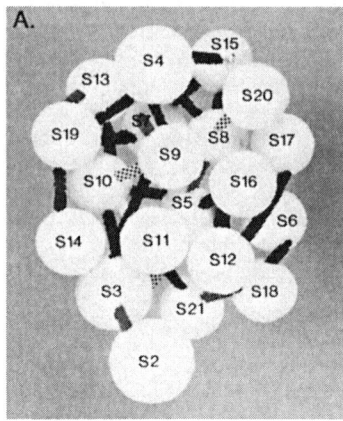

Abb. 3: Modell der kleinen ribosomalen Untereinheit aus Styropor.

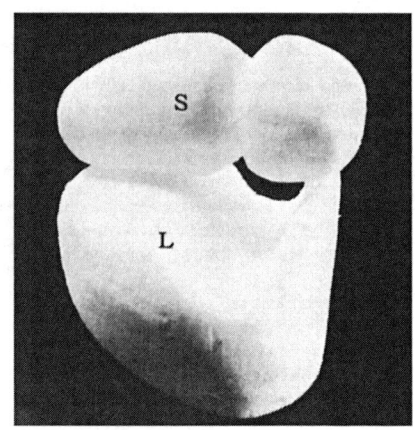

Abb. 4: Styroporschaum-Modell des ganzen bakteriellen Ribosoms.

Die Proteine unterschiedlichen Molekulargewichts sind hier durch unterschiedlich große Styroporkugeln dargestellt, von 1 bis 21 durchnummeriert und mit verschieden schraffierten Balken untereinander verbunden. Die Balken stehen dabei für unterschiedliche experimentelle Zugänge zu den dargestellten Nachbarschaftsbeziehungen: chemische Vernetzung nach Behandlung des ganzen Partikels mit Reagenzien; aus dem sukzessiven Aufbau der Organelle im Reagenzglas gewonnene Abhängigkeitsdaten; Schutz vor chemischer Oberflächeneinwirkung beim stufenweisen In vitro-Aufbau, der im Prinzip eine Antwort auf die Frage erlaubt, was in dem Molekülkomplex weiter innen ist und was weiter außen.

Solche Modelle stehen für Versuche, den inneren Aufbau der Organelle zu repräsentieren. Daneben gab es aber auch Versuche, seine äußere Form zu modellieren. Die Methode der Wahl, die hierzu vorwiegend die Daten lieferte, war die Transmissions-Elektronenmikroskopie. Vergleich, Serienbildung und Superposition von Einzelbildern führten zu durchaus konkurrierenden dreidimensionalen Modellen, von denen eines aus Styropor, die beiden Untereinheiten mit deutlich asymmetrischen Konturen darstellend (Abb. 4), hier abgebildet ist.

Damit sind die beiden Parameter benannt, die solchen Strukturmodellen zugrunde liegen: Zum einen ist es die äußere Gestalt im dreidimensionalen Raum, zum anderen ist es die innere Gliederung und

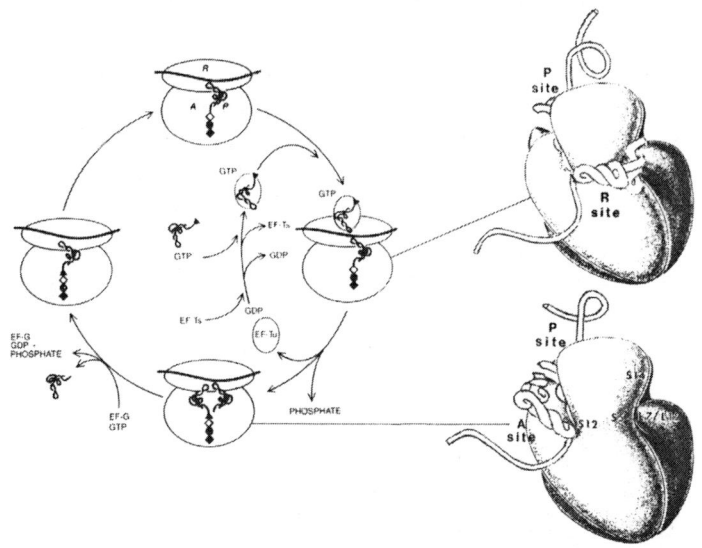

Abb. 5: Strukturmodell und Funktionsmodell des Ribosoms.

Lagerung der Komponenten gegeneinander. Letzteres bezeichnet man oft auch als Quaternärstruktur, da es um die Verhältnisbestimmung von an sich schon dreidimensionalen Makromolekülen zueinander geht – eine Sisyphusaufgabe bei über einem halben Hundert Komponenten, aus denen diese Zellorganelle aufgebaut ist. Dementsprechend zog sich dieser Modellierungsprozess auch über mehrere Jahrzehnte hin.

Schließlich blieb es aber auch nicht aus, Funktionsmodelle wie die zu Beginn dieses Teils über Modelle gezeigten auf Strukturmodelle zu beziehen. Abbildung 5 bietet ein Beispiel dafür. Hier sind spezielle Funktionszustände des Synthese-aktiven Ribosoms, das einen Zyklus durchläuft – wie links formal dargestellt –, mit der korrespondierenden Positionierung von Boten-RNS und Transfer-RNS im Zwischenraum zwischen den beiden Untereinheiten und den für den Vorgang als relevant erachteten Proteinen korreliert – wie rechts zu sehen.

Wir sind hier an einem Punkt, wo wir resümieren können, dass es im Forschungsprozess nicht nur eine zyklische Rückkopplung zwischen Modellen und der Produktion von Daten im Experiment, sondern auch eine Rückkopplung gewissermaßen zweiter Ordnung gibt, nämlich die zwischen unterschiedlichen Modellen, die auf jeweils verschiedenen Datensets beruhen, die in unterschiedlichen Experimenten mit unterschiedlichen Methoden erhoben wurden. Die Konfrontation zwischen mehreren solcher Modelle kann aus bestehenden Inkongruenzen wiederum zur experimentellen Produktion neuer Daten und zum gegenseitigen Abgleich der Modelle veranlassen. Hier geht es also weniger um das Verhältnis eines Referenten zu seiner Referenz, bei dem man letztlich nach der Bedeutung fragt, sondern um das Verhältnis zwischen unterschiedlichen Referenzen, bei dem etwas – um mit Gottlob Frege zu sprechen – vielmehr Sinn macht oder nicht.[12] Hieran zeigt sich besonders prägnant und eindrücklich der Eigensinn epistemischer Dinge.

Einerseits befinden wir uns, so scheint es, mit den Modellen in der Welt der traditionellen Repräsentation, wie Jill Sigman und Bas van Fraassen sie definiert und wie sie für die Sphäre der Wissenschaft ja weithin auch als charakteristisch angesehen wird. Nach dieser Definition meint die Repräsentation von etwas „die Herstellung eines anderen Objekts, das auf das erste intentional bezogen ist. Dabei wird eine bestimmte Codierungs-Konvention unterstellt, die festlegt, was zu Recht als ähnlich gilt."[13] Auf der anderen Seite aber wird diese vermeintliche Eindeutigkeit im Prozess des Modellierens ständig unterlaufen. Epistemisch produktive Modelle leben aus der permanenten Verfehlung der Repräsentation, eben „dem Scheitern der Repräsentation", um noch einmal das Wort von Deleuze aufzugreifen. Sie leben aus der Tatsache, dass sie etwas zu wünschen übrig lassen. „Es scheint", so hat es Georges Canguilhem einmal formuliert, „dass es in der Biologie noch schwieriger ist als in der Physik, der Versuchung zu widerstehen, einem Modell einen Repräsentationswert zuzuschreiben." Und er fährt fort:

> Es sieht so aus, als ob nicht nur Vulgarisatoren der Wissenschaft die Tendenz haben zu vergessen, dass ein Modell nichts anderes ist als seine Funktion. Diese

---

12 Gottlob Frege: Über Sinn und Bedeutung. In: Ders.: *Funktion, Begriff, Bedeutung. Fünf logische Studien.* Göttingen: Vandenhoeck & Ruprecht 1966, S. 40–65.
13 Bas C. van Fraassen / Jill Sigman: Interpretation in Science and in the Arts. In: George Levine (Hrsg.): *Realism and Representation.* Madison: University of Wisconsin Press 1993, S. 73–99, hier S. 74.

Funktion besteht darin, seinen eigenen Mechanismus einem anderen Objekt zu unterstellen, ohne sich dabei als Kanon aufzuspielen.[14]

Mit anderen Worten: Die epistemische Fruchtbarkeit des Modells liegt gerade in der Aufrechterhaltung einer nicht reduzierbaren Differenz, die dem Medienwechsel unweigerlich geschuldet ist, gleich ob die von van Fraassen und Sigman genannte Codierungs-Konvention nun ikonischer oder rein symbolischer Natur ist. Ich halte mich hier an die triadische Unterscheidung von Index, Ikone und Symbol, wie sie von Charles Sanders Peirce getroffen wurde, und ordne Indexikalität dem Präparat, Ikonizität und/oder Symbolizität dem Modell zu.[15]

Simulationen

Die bisher betrachteten Wissensdinge – Präparate, Modelle – waren eher passiver, stillstellender, fixierender Natur. Heute nimmt eine Sorte von Wissensobjekten immer mehr Raum ein, die selbst von zunehmend aktiver Natur sind. Es handelt sich um Computermodelle.[16] Dabei gibt es natürlich Aspekte von Computermodellen, die sie mit traditionellen Modellen teilen. Ein Beispiel ist, um bei dem Experimentalbereich zu bleiben, dem ich meine bisherigen Exempel entnommen habe, eine computergraphische Darstellung, bei der die Ribonukleinsäure und die Proteine des Ribosoms in der standardisierten Form ihrer Sekundärstruktur gezeigt werden – Faden- und Doppelhelixbereiche für die Ribonukleinsäure, alpha-Helices und beta-Faltblätter für die Proteine (Abb. 6). Diese Elemente sind ihrerseits im dreidimensionalen Raum gefaltet und können stereoskopisch auch dreidimensional betrachtet werden. Abbildung 7 zeigt alternativ dazu eine kompakte Oberflächendarstellung der großen Untereinheit des Bakterienribosoms, während Abbildung 8 ein Elektronendichtemodell der kleinen Untereinheit im Vergleich zu elektronenmikroskopischen Modellen ins Bild setzt.

14 Georges Canguilhem: Modèles et analogies dans la découverte en biologie. In: Ders.: *Etudes d'histoire et de philosophie des sciences*. Paris: Vrin 1968, S. 305–318, hier S. 313.
15 Charles Sanders Peirce: Logic as Semiotic: The Theory of Signs. In: Justus Buchler (Hrsg.): *Philosophical Writings of Peirce*. New York: Dover 1955, S. 98–119.
16 Gabriele Gramelsberger: *Computerexperimente. Zum Wandel der Wissenschaften im Zeitalter des Computers*. Bielefeld: Transcript 2010.

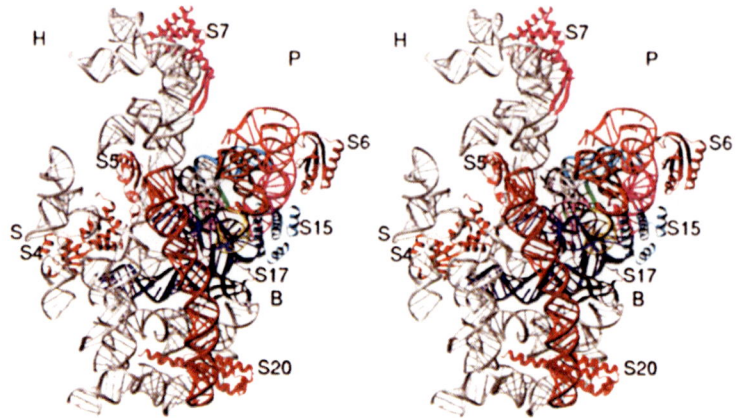

Abb. 6: Computermodell der kleinen ribosomalen Untereinheit mit Protein- und Nukleinsäure-Sekundärstrukturen.

Zwei weitere Aspekte jedoch sind es, die sich im Medium des Papiers zwar schlecht visualisieren lassen und daher hier nicht weiter illustriert werden können, die der Computermodellierung jedoch ihren ganz eigenen Charakter verleihen und es rechtfertigen, sie auch mit einer eigenen Kategorie epistemischer Dinge – bezeichnen wir sie als Simulationen – von traditionellen Modellen abzugrenzen. Der erste Aspekt ist ihre grundsätzliche Beweglichkeit im virtuellen Raum. Diese Beweglichkeit macht es beispielsweise möglich, Funktionszustände wie die soeben beschriebenen und deren Sequenz in der Zeit darzustellen. Damit werden Prozesse sowohl zyklischer als auch nicht-zyklischer Art visualisierbar. Der zweite Aspekt ist noch weiter gehend. Sowohl Präparate als auch traditionelle Modelle sind prinzipiell Daten verarbeitender Natur, wenn auch, wie wir gesehen haben, in sehr unterschiedlicher Form. Nun haben wir es bei Simulationen jedoch mit epistemischen Dingen zu tun, die Daten nicht nur verarbeiten, sondern diese oft auch generieren. Sie können damit ganz im Virtuellen operieren – sie erzeugen auch noch die Daten, aus denen sie bestehen oder die sie verarbeiten. Das Modell verselbständigt sich. Es wird tendenziell zu einer eigenen Wirklichkeit. Wie im Präparat haben wir es auch hier wieder mit einer Selbstkonfiguration von Daten zu tun. In diesem Fall befinden wir uns aber nicht diesseits, sondern jenseits des traditionellen Modells.

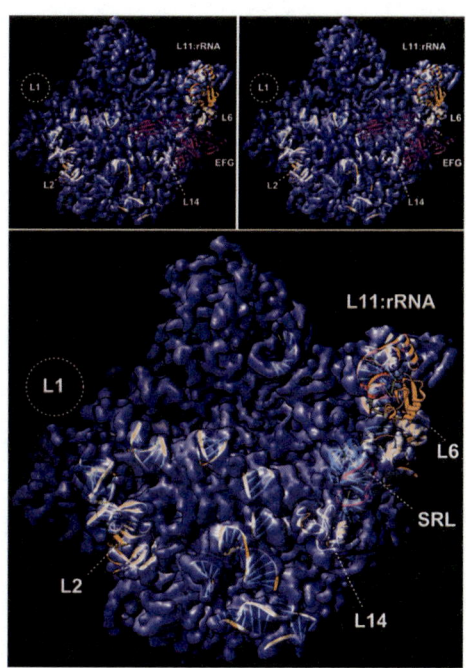

Abb. 7
Raumfüllendes Computermodell der großen ribosomalen Untereinheit.

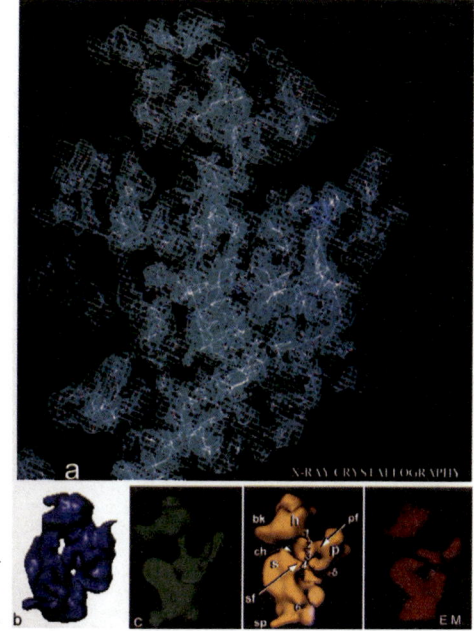

Abb. 8
Elektronendichte-Computermodell der kleinen ribosomalen Untereinheit.

So wird auch hier der Begriff der Repräsentation gebrochen, um nicht zu sagen invertiert. Jean Baudrillard drückte dies auf eine prophetisch zu nennende Art einst so aus:

> Wir befinden uns in einer Logik der Simulation, die nichts zu tun hat mit einer Logik der Fakten und einer Ordnung der Gründe. Simulation ist gekennzeichnet durch eine *Präzession des Modells* [...] Fakten haben keine eigene Trajektorie mehr, sie entstehen an der Schnittstelle der Modelle [...].[17]

Und er schließt:

> Die Definition des Wirklichen selbst wird jetzt: dasjenige, wovon eine äquivalente Reproduktion gegeben werden kann. [...] An der Grenze dieses Prozesses der Reproduzierbarkeit wird das Reale nicht nur zu etwas, das reproduziert werden kann, sondern *zu dem, was immer schon reproduziert ist*. Das Hyperreale.[18]

Wir kennen diese Vorgängigkeit des Modells aus anderen Bereichen: der Kunst und der Architektur. Was es aber für die Wissenschaften auf lange Sicht bedeutet, auf diese Weise vom Modell überholt worden zu sein, ist noch längst nicht ausgelotet. Was das vor allem auch für das Verhältnis von Wissenschaft und Kunst bedeutet, das bedarf einer Reflexion, die kaum erst begonnen hat.

---

17 Jean Baudrillard: *Simulations*. New York: Semiotext(e) 1983, S. 31–32.
18 Ebd., S. 146.

Was fremde Dinge tun
Sozialtheoretische Herausforderungen

Karl H. Hörning

Heute rücken Menschen und Dinge immer enger aneinander.[1] Beide haben auf immer verwickeltere Weise miteinander zu tun. Lange beschäftigte uns die Frage, was *wir* alles mit den Dingen tun können und welche Chancen und Risiken *wir* damit hervorrufen. Heute dreht sich die Debatte eher um die Frage, was die *Dinge* mit uns tun, wie sie unser Handeln und Denken beeinflussen, wie sie uns auf den Leib rücken, uns in Anspruch nehmen. Lange sahen wir die Dinge lediglich als Instrumente, über die *wir* verfügen, oder ausschließlich als Gegenstände der Aufzeichnung, der Bedeutungszuschreibung oder Symbolisierung und verkannten ihre *Mit*-Wirkung im Auf und Ab unseres täglichen Tuns. Wenn wir aber den Dingen eine zu große Eigenmacht zuschrieben, wurde uns der Vorwurf anthropomorphen oder mystifizierenden Denkens entgegengehalten. So ging es hin und her zwischen einer Unter- oder einer Überbewertung der Dinge.

Im Folgenden lasse ich das Entweder-Oder hinter mir, indem ich nicht darüber spekuliere, wer mächtiger ist, wer wen determiniert, wer ‚Herr', wer ‚Knecht' ist, sondern nach den Beziehungen *zwischen* beiden frage. Meiner Ansicht nach besteht die sozialtheoretische Herausforderung heute in dem Dazwischen, den Vermittlungen, Vernetzungen, Verknotungen, dem dynamischen Beziehungsgeflecht zwischen Subjekt und Objekt, zwischen den Menschen und

---

1 Dieser Text geht zurück auf zwei Vorträge, die ich Ende 2013 und Anfang 2014 an den Universitäten Köln und Frankfurt am Main gehalten habe. Den Diskutanten danke ich sehr für die weiterführenden Fragen und Anregungen.

der materiell-technischen Welt. Dafür lassen uns die herkömmlichen Handlungstheorien im Stich. Bei ihnen agiert ausschließlich das autonome, reflektierende Subjekt, es hat Intentionen, Motive, Handlungsgründe, es plant, es setzt sich Ziele, die es mit Hilfe geeigneter Objekte möglichst zweckrational erreichen will. Deshalb verlasse ich im Folgenden den einseitigen (‚cartesianischen') subjektzentrierten Blick, verlasse die *binäre Dichotomie* zwischen Person und Ding und wende mich dem Geflecht fortlaufender sozialer Praktiken zu, in dem die Dinge täglich mitmischen und darüber aktiv an Aufbau und Verwandlung menschlicher Verhältnisse beteiligt sind.

Meine These lautet also: In der alltäglichen Lebenspraxis *selbst* findet die Auseinandersetzung statt. Dort haben wir mit den Dingen zu tun, dort nehmen wir sie herein, lösen mit ihnen Probleme und gewöhnen uns an sie, dort wirken sie, dort drängen sie sich auf, stören, irritieren, bringen uns zum Reflektieren und Kommunizieren über sie, dort bringen wir auf sie gerichtete Handlungsakte hervor, probieren etwas mit ihnen aus, haben Erfolg oder setzen die Suche nach Alternativen in Gange. Ziemlich oft bringen sie uns dazu, Dinge zu tun, die wir ohne sie nicht tun würden. *Nicht nur wir, sondern auch die Dinge heuern uns an* – und das fortlaufend in einem unabgeschlossenen Prozess. Indem wir uns täglich in und an der Welt zu schaffen machen, bauen wir Beziehungsgefüge und Netzwerke auf, die uns mit den Dingen *weit* über unsere direkten Sozialverhältnisse verketten.

Dies wird besonders deutlich, wenn wir an all die *fremden* Dinge denken, mit denen wir täglich zu tun haben. Dabei wirkt ein mächtiger Prozess, den wir heute *Globalisierung* nennen, der aber auch schon vor 3.000 Jahren am Werke war. Fremde Dinge, fremdes Wissen zirkulierten immer, ließen sich nicht von Grenzen abhalten. Denn was wir statt unseres so lange gepflegten Wunschbildes in sich geschlossener, kohärenter Kulturen sehen, sind vielfältige Kulturkontakte und kulturelle Verknüpfungen, die nicht erst das Zeitalter moderner Transport- und Kommunikationstechnologien, sondern die Geschichte der Menschheit prägen, nicht nur zwischen Nil, Euphrat und Indus, sondern auch auf entfernten Inseln Melanesiens, wo australische Archäologen chinesische Porzellanscherben aus frühen Jahrhunderten fanden. Die – aus westlicher Sicht – vorgeblich völlig isolierten Gesellschaften waren nie allein auf der Welt, immer hatten sie Nachbarn, die auch wieder Nachbarn hatten, mit denen sie in ein Netz

von Austauschbeziehungen verwickelt waren, mit denen sie gerade auch mit Hilfe von Dingen neue Beziehungen in Gang setzten und befestigten.
Fremde Dinge vermitteln, werden so zu *Mediatoren*. Fremde Dinge sind Dinge, die von außen kommen, die nicht dazu gehören, bisher unbekannt, eben nicht von hier, sondern von fremder Art. Etwas, was anders ist, ungewohnt, nicht vertraut; das sowohl faszinierend wie auch beunruhigend wirken kann, das die eigene Weltdeutung gefährden, wie auch die Alltagsroutinen stören und Verwirrung stiften, aber auch Erkenntnis fördern kann
In seinem berühmten *Exkurs über den Fremden* beschäftigte sich der Soziologe Georg Simmel besonders mit den *Grenzgängern*, den wandernden Personen, die Transaktionen betreiben, die fremde Dinge von außen ins Land bringen und zum Tausch bzw. Kauf anbieten und dann weiterziehen. Aber auch mit *den* Fremden, die heute kommen und morgen bleiben und die, obgleich sie nicht weitergezogen sind, „die Gelöstheit des Kommens und Gehens" nicht so schnell verlieren.[2] So zogen Jahrhunderte lang die Händler die Seidenstraße von Xian in China über Damaskus bis nach Venedig mit ihren wertvollen Waren entlang. Viele ließen sich auf der Strecke nieder, blieben *Zwischenhändler*, erschlossen vieles, bewegten viel, waren Mittler zwischen nah und fern. Genau wie ihre Waren, die vielen die Augen öffneten und Begehren stimulierten[3]. Ihre Nachfahren handeln noch heute in den Basaren von Buchara und Samarkand mit ihren Seidenstoffen und Seidenteppichen.
Auf die Frage nun, was uns denn gegenwärtig, im Zeitalter der globalen Ströme und Verflechtungen, so sehr am Fremden und den fremden Dingen interessiert, möchte ich den zeittheoretischen Begriff der *gedehnten Gegenwart* einführen. In Zeiten, in denen unter dem Druck der Globalisierung gleichzeitig so viel passiert und alle Kulturen und Gesellschaften der Welt in der gleichen Zeit existieren und

---

2 Georg Simmel: Exkurs über den Fremden. In: Ders.: *Soziologie. Untersuchungen über die Formen der Vergesellschaftung*. Frankfurt am Main: Suhrkamp 1992, S.764–771, hier S.764.

3 Vgl. die von Monique Lévi-Strauss anregend erzählte Geschichte des aus Indien stammenden Kaschmir-Schals, der als anschmiegsames Kleidungs- und Schmuckstück vom späten 18. Jahrhundert an zuerst in England, bald auch in Frankreich die Modewelt von Aristokratie und Bürgertum eroberte (vgl. Monique Lévi-Strauss: *Cashmere. Tradition einer Textilkunst*. Berlin: Propyläen 1987).

nicht mehr in historistisch-evolutionistischer Manier unterschiedlichen Phasen der Menschheit zugeordnet werden, *strecken* wir ständig die Gegenwart und *dehnen* sie. Dann erscheint die aktuelle Gegenwart nicht mehr als die kurze Phase, die Grenze, der Punkt zwischen abgelaufener Vergangenheit und noch nicht ereigneter Zukunft, sondern als ein eigener zeitlicher Raum voller Möglichkeiten und Kontingenzen, ein Raum der Bewegung und Beschleunigung, aber ohne Teleologie, ohne übergreifendem Ziel.[4] Dies zeigt sich besonders im Wirklichkeitsbild der Neuen Medien: Alles soll *jetzt* stattfinden, auf der Suche nach Intensität und dem Verlangen nach erlebbarer Präsenz.[5] Direkt und unmittelbar erlebbar ist eben nur die Gegenwart, sie wollen wir nicht verpassen. Aus der jeweiligen Gegenwart heraus machen wir uns dann auch die Vergangenheit verständlich. Unsere Vorstellungen von Vergangenheit sind somit dem ständigen Wandel unterworfen.

Dies ändert das Bild vom Fremden radikal. Während das 19. Jahrhundert ganz im Zeichen der Geschichte gestanden habe, ließe sich unsere Zeit, so Michel Foucault, „eher als Zeitalter des Raumes begreifen, [...ein] Zeitalter der Gleichzeitigkeit, des Aneinanderreihens, des Nahen und Fernen, des Nebeneinander und des Zerstreuten".[6] Wenn so vieles räumlich und zeitlich nebeneinander stattfindet, wenn so vieles zeitgleich sichtbar wird, wenn sich Wissen elektronisch über die ganze Welt verbreitet, dann taucht auch eine große Vielfalt kultureller Lebensformen auf und verlangt nach (kosmopolitischer) Anerkennung. Diese *Vergleichzeitigung* eröffnet eine bisher verweigerte kulturelle Vielstimmigkeit,[7] die nicht mehr *unterhalb* der europäisch-westlichen Geschichte, sondern parallel und als Gegenüber existiert, was sie zugleich ‚entzaubert'.

Mit dieser Öffnung können wir auch die unterschiedlichen kulturellen Lebensformen nicht mehr danach befragen, was denn ihre *eigentliche* spezifische kulturelle Identität sei – was ja immer mehr oder

---

4 George Herbert Mead: Das Wesen der Vergangenheit. In: Ders.: *Gesammelte Aufsätze*, Bd. 2. Frankfurt am Main: Suhrkamp 1983, S. 337–346.
5 Hans Ulrich Gumbrecht: *1926. Ein Jahr am Rand der Zeit*. Frankfurt am Main: Suhrkamp 2001, S. 398–401.
6 Michel Foucault: Von anderen Räumen. In: Ders.: *Dits et Ecrits. Schriften*, Bd. 4: 1980–1988. Frankfurt am Main: Suhrkamp 2005, S. 931–942, hier S. 931.
7 Johannes Fabian: *Time and the Other. How Anthropology Makes its Objects*. New York: Columbia University Press 1983, S. 157ff.

weniger eine holistische Fiktion, wenn nicht ein ideologisches Konstrukt war. Vor allem in den Phasen der Entkolonialisierung und dann der erheblich beschleunigten Globalisierung seit den 1960er Jahren werden kulturelle Überschneidungen und Brüche im Zuge der weltweiten Vernetzung und der großen Wanderungsbewegungen zur Normalität. Lange Zeit kompatible kulturelle Wissens- und Bedeutungsbestände zersplittern und mischen sich neu. Das Handeln der Gesellschaftsmitglieder kann sich dann immer weniger auf stabile Deutungsmuster und Sinnsysteme verlassen, sondern ist mit erheblichen Widersprüchlichkeiten und Zumutungen konfrontiert.

Die Einschätzungen dieses kulturellen Globalisierungsprozesses sind unterschiedlich. Die einen feiern die neuen transnationalen Hybridformen, die anderen beklagen die durch Migrations- und Überlagerungserfahrungen fragmentierten Identitäten. Die einen setzen Hoffnung auf die Kraft des Lokalen, das sich das Fremde, die fremden Dinge eigensinnig aneignet, die anderen befürchten die Rückkehr zu einer regressiven Ethnizität, die irritierende und beunruhigende Unterschiede wieder begradigen will.

Was wir vor uns haben, ist eine große Vielfalt *kultureller Interferenzen*. Menschen unterschiedlicher kultureller Lebensweisen partizipieren an den Wissens- und Praxisformen der Anderen. Wenn wir das so sehen, dann müssen wir auch den Begriff der ‚Kultur' anders definieren.[8] Dann sind ‚Kulturen' keine festgefügten Wertmuster oder kohärente Sinnsysteme mehr, sondern eher spezifische Ensembles, ja Repertoires an kollektiv geteilten Bedeutungs- und Wissensformen. Diese sind aus vielen Kreuzungen entstanden, werden ständig durch den Einsatz sozialer Praktiken verändert, dehnen sich aus, vermischen sich, zeigen aber auch immer wieder Homogenisierungs- und Abgrenzungstendenzen. Solche kulturellen Wissens- und Bedeutungsbestände artikulieren sich in Symbolen, Regeln, Deutungsmustern, gewinnen alltägliche Geltung in vielfältigen Konventionen, sozialen Praktiken und materiellen Artefakten: in Ernährungspraktiken, in Begrüßungs- und Kommunikationsritualen, in typischen Architekturstilen. Immer deutlicher kommen heute diese breiten *Register kultureller Möglichkeiten und Interferenzen* in den Blick.

---

8 Karl H. Hörning: Kultur als Praxis. In: Friedrich Jaeger / Burkhard Liebsch (Hrsg.): *Handbuch der Kulturwissenschaften*, Bd. 1: Grundlagen und Schlüsselbegriffe. Stuttgart: Metzler 2004, S. 139–151.

Damit müssen wir aber auch die Bedeutung der Dinge, vor allem die der fremden, von außen kommenden Dinge in ein breiteres soziales und kulturelles Beziehungsgeflecht stellen. Viel diskutiert wurden in den letzten Jahrzehnten die Folgen der modernen Informations- und Kommunikationstechniken für das Alltagsleben. Dabei nahm dann vor allem das Handy die Rolle des ‚Provokateurs' ein, dem man umfassende Wirkungen gerade in vormodernen Gesellschaften zuschrieb.[9] So auch im speziellen Fall der schnellen Verbreitung des Handys in einem abgelegenen Dorf auf der ostindonesischen Insel Flores.[10] Ein wirklich fremdes Ding und ein gewaltiger technologischer Sprung! Gab es davor im Dorf weder Telefon noch andere geläufige Kommunikations- und Verbreitungsmedien, die in der modernen Welt das Handy und seine rasante Expansion vorbereiteten. Aber offenbar fügt sich das Handy gut in orale Kulturen und deren *Kommunikationspraktiken* ein. Im Dorf kommunizierte man im Jahr 2011 fast ausschließlich mündlich, zudem meist in der lokalen Sprache, die keine Schrift, sondern nur Sprecher hat. Wenn es hinter den Sprechern keine verschriftlichte Sprache gibt, also kein grammatikalisches Sprachschema, kein explizites Sprachwissen, sondern ‚nur' eingespielte Praktiken und Konventionen passenden, angemessenen, richtigen Sprechens, dann ist wohl das Handy am richtigen Platz, indem es die vorhandenen Fähigkeiten zum Mitmachen, zum Mitspielen, zum Interagieren ungemein unterstützt und erweitert. Mündlichkeit im Gegensatz zu Schriftlichkeit ist ja unmittelbarer, mehr kontextgebunden, subjektzentriert, spontan, voller konkreter Redensarten, Verdopplungen und Wiederholungen aus einem vielfältigen Sprechregister. Die zunehmende Schulbildung, die unter den Jungen typische Arbeitsmigration und die Verbreitung der indonesischen Schrift mag im Dorf

---

9 Vgl. hierzu die ethnologischen Forschungen: Heather A. Horst / Daniel Miller: *The Cell Phone. An Anthropology of Communication*. Oxford / New York: Berg 2006; Hans Peter Hahn / Ludovic Kibora: The Domestication of the Mobile Phone: Oral Society and New ICT in Burkina Faso. In: *Journal of Modern African Studies* 46 (2008), S. 87–109; Daniel Miller: *Tales from Facebook*. Cambridge / Malden: Polity 2011.
10 Ich konnte großartigerweise im Jahr 2011 meinen Freund und Kollegen Karl-Heinz Kohl in das ostindonesische Dorf Belogili begleiten, wo er vor 25 Jahren intensive Feldforschung durchgeführt und darüber u. a. eine umfangreiche Monografie verfasst hatte, die 2011 ins Indonesische übersetzt worden war (vgl. Karl-Heinz Kohl: *Der Tod der Reisjungfrau. Mythen, Kulte und Allianzen in einer ostindonesischen Lokalkultur*. Stuttgart: Kohlhammer 1998).

bald vieles ändern. Dann überspringen die Dorfbewohner 500 Jahre Gutenberg-Galaxis und gelangen in kürzester Zeit von der *primären* in die *sekundäre Oralität*, die das Schriftliche wie in der modernen Welt schnell überformt und verändert. So griff die gesamte kommunizierende Menschheit in einer erstaunlich kurzen Zeitspanne nach dem Handy und integrierte es umgehend in ihre jeweilige *Kommunikationspraxis*. Fremde Dinge sind oft gar nicht so ‚fremd'. Die Betonung liegt auf der *Praxis*. Die Dinge wirken nicht isoliert. Erst innerhalb des Geflechts fortlaufender sozialer und kultureller Praktiken, in dem die Dinge täglich mitmischen, entfalten sie ihre Bedeutung: in den Kommunikationspraktiken, Erziehungspraktiken, Mobilitätspraktiken.

Was sind Praktiken? Unter *Praktiken* verstehe ich fortlaufende, eingespielte, alltägliche Handlungsmuster und Gepflogenheiten.[11] Sie entstehen im Zusammenleben mit anderen in der Familie, in der Nachbarschaft, in der Schule, bei der Arbeit, beim Kochen, Kindererziehen, Lehren, beim Sport. Sie üben sich ein, werden zu verkörperten Routinen, zu Selbstverständlichkeiten und transportieren doch eine Reihe uns wichtiger Bedeutsamkeiten, ohne dass wir ständig darüber nachdenken bzw. uns mit anderen darüber ausdrücklich verständigen würden. An vielen solchen habitualisierten Praktiken nehmen wir teil, in sie klinken wir uns ein und spielen nach meist *impliziten Spielregeln* mit. Ein Großteil unseres täglichen Tuns ist eher von solchen Gepflogenheiten geleitet und nicht Ergebnis eines bewusst und mit motivierter Intention jeweils in Gang gesetzten Handlungsakts. Solche Praktiken: Wohnpraktiken, Körperpraktiken, Ernährungspraktiken, Diskurspraktiken, Praktiken der geschlechtsspezifischen Interaktion sind von vornherein interaktiv in Lebenssituationen und kulturelle Kontexte eingebettet, in denen vor allem auch materielle Dinge: technische Geräte, Artefakte jeglicher Art, Autos, Gebäude, Handys, aber auch Sportkleidung und gefüllte Papp-Kaffeebecher eine große Rolle spielen. Dinge sind so integraler Bestandteil solcher sozialer Praktiken, beeinflussen diese, prägen sie mit und werden zu *Mitspielern*.

---

11 Karl H. Hörning: *Experten des Alltags. Die Wiederentdeckung des praktischen Wissens.* Weilerswist: Velbrück 2001, S. 160–170.

Ich leite diese These aus einem theoretischen Ansatz ab, der sich *Theorie sozialer Praktiken* oder kurz *Praxistheorie* nennt. Dieser Ansatz (eher ein Bündel von praxisorientierten Theoriesträngen) hat sich in den beiden letzten Jahrzehnten in Auseinandersetzung mit Pierre Bourdieu[12] und der Ethnomethodologie, aber vor allem durch den Rückgriff auf den späten Ludwig Wittgenstein und den klassischen amerikanischen Pragmatismus um John Dewey und George Herbert Mead und seinem *Primat der Praxis* herausgebildet. Aus dieser Sicht besteht soziales Leben aus einem Geflecht fortlaufender, eng miteinander verbundener, kollektiver Handlungspraktiken, in deren Vollzug die Handelnden nicht nur *Know-how*-Fertigkeiten und praxisinterne Handlungskriterien und -normen einüben, sondern auch ein praktisches *Erfahrungswissen* erlangen, das ihnen Urteilsvermögen und Verständnis für die Mitakteure und die Welt der Dinge vermittelt.[13] Der Ansatz geht *nicht* vom einzelnen Subjekt aus, das einer äußeren materiellen Welt gegenübersteht, sondern von voll von Anfang ihres Lebens an vereinnahmten Bewohnern der Welt und ihrer Ausstattung (Martin Heideggers „In-der-Welt-sein"). Durch diese fortlaufende Teilnahme an den Geschäften der Welt erhalten die Akteure nicht nur einen Sinn dafür, was angemessen, passend, d. h. normal ist, sondern auch eine Vorstellung von dem, was wichtig, bedeutungsvoll, erstrebenswert ist. Handlungen beinhalten Wertungen.

Aus praxistheoretischer Sicht sind deshalb die Dinge weit mehr als bloße Objekte einer Semantisierung oder Symbolisierung, die eigentlich ‚anderes' repräsentieren. Allzu leicht werden damit die Dinge

---

12 Die Theorie sozialer Praktiken geht zum einen von Bourdieus Sicht vom menschlichen Handeln als zu weiten Teilen als vorreflexivem aus (vgl. Pierre Bourdieu: *Praktische Vernunft. Zur Theorie des Handelns.* Frankfurt am Main: Suhrkamp 1998, S. 114), richtet sich aber dann gegen sein zu starres (strukturalistisches) Habitus-Konzept, das den heterogenen Charakter sozialer Praxis und das damit verbundene breite Register von Erfahrungsmöglichkeiten und veränderlichem Erfahrungswissen unterschlägt. Das Phänomen der praktischen Mehrfachvergesellschaftung der Individuen kann er aber damit nicht erfassen (vgl. Karl H. Hörning: Soziale Praxis zwischen Beharrung und Neuschöpfung. Ein Erkenntnis- und Theorieproblem. In: Ders. / Julia Reuter (Hrsg.): *Doing Culture. Neue Positionen zum Verhältnis von Kultur und sozialer Praxis.* Bielefeld: Transcript 2004, S. 19–30).
13 Theodore R. Schatzki: *Social Practices. A Wittgensteinian Approach to Human Activity and the Social.* Cambridge / New York: Cambridge University Press 1996; Karl H. Hörning: *Experten des Alltags. Die Wiederentdeckung des praktischen Wissens.* Weilerswist: Velbrück 2001, S. 160–170; Andreas Reckwitz: Grundelemente einer Theorie sozialer Praktiken. In: *Zeitschrift für Soziologie* 32 (2003), S. 282–301.

entmaterialisiert, verwandeln sich in Texte, in Codes, und der zeichenauslegende und -interpretierende Mensch hat die Dinge dann voll im Griff und weist ihnen seine Bedeutung zu. Aus meiner hier vorgetragenen Perspektive sieht das anders aus: Die Bedeutung, die ‚Wertschätzung' einer Sache erschließt sich aus ihrem praktischen Gebrauch.[14] Die Bedeutung steckt in der Praxis selbst. Es sind die alltäglichen Umgangspraktiken, die so das Medium sozialer Bedeutsamkeit bilden. Damit schiebe ich *theoretisch* zwischen Subjekt und Objekt etwas *Drittes*, nämlich ein kollektives, Subjekt-Objekt übergreifendes Praxisgeflecht, in dem Dinge und Menschen eng miteinander verschlungen sind.

Vor allem *technische Dinge* verändern das Zusammenspiel menschlicher und nicht-menschlicher Kräfte und erfordern, ja erzwingen oft veränderte Handlungsfähigkeiten und Fertigkeiten. Als Maschinen, Computer, Windräder, Autos, Drucker bringen sie sich ins Spiel, mischen mit, provozieren Reaktionen, legen etwas nah oder blocken ab, stören oder vermitteln, müssen gewartet und repariert werden, rufen Affekte hervor. Vor allem wenn die Dinge Probleme machen und Krisen eintreten, muss man sein praktisches Wissen aktivieren, setzt man Such- und Reflexionsprozesse in Gang, betreibt man *Neuanpassungen*, um mit den durch die Dinge aufgeworfenen Instabilitäten zurande zu kommen. Die dabei entwickelten Problemlösungen können dann wieder in ritualisierte Handlungsgewohnheiten absinken, bis sie selbst wieder überraschende Irritationen und Widerständigkeiten hervorrufen. So werden im zyklischen Wechselspiel von Dingen und Menschen *Erkenntnispotentiale* freigesetzt.[15]

Reflexionen setzen für Dewey dann ein, wenn die Welt des fraglos unterlegten *common sense* mit Schwierigkeiten, Hindernissen, Gewissheitsverlusten konfrontiert wird, die Nachforschungen, Situationsklärung, Problemfindung erfordern. Denken besteht dann in der Distanzierung zu dem, was man tut. Es ist deshalb auch die pragmatistische Herangehensweise, die nicht den instrumentellen, sondern

---

14 Vgl. Wittgensteins „Gebrauchstheorie der Bedeutung", wo es heißt: „Die Bedeutung eines Wortes ist sein Gebrauch in der Sprache"; oder: „Laß dich die Bedeutung durch den Gebrauch lehren" (Ludwig Wittgenstein: Philosophische Untersuchungen. In: Ders.: *Werkausgabe*, Bd. 1. Frankfurt am Main: Suhrkamp 1984, S. 225–580, hier S. 262, 550).
15 Zu Deweys „Primat der Handlung vor der Erkenntnis", s. John Dewey: *Erfahrung und Natur*. Frankfurt am Main: Suhrkamp 1995, S. 37.

den erprobenden, ausprobierenden, problembearbeitenden Charakter des *Handelns mit Technik* herausstellt und dabei die Unabgeschlossenheit, Kontingenz und Reversibilität dieses Prozesses betont.

Hier sehe ich nun auch die Antwort auf die Frage nach der *Handlungsfähigkeit* von Dingen, die die Technik- und Wissenschaftssoziologie seit langem beschäftigt, vor allem deren konstruktivistische Richtung, die Dinge von ihrer Genese, von ihrer Gemachtheit her betrachtet. Meine Antwort hat zwei Teile. *Erstens, ja*, Dinge, vor allem *Artefakte*, haben Handlungsmacht, sie bewegen, bewirken, haben Einfluss, bringen Vieles zustande, sind dienlich, stören aber auch, machen Probleme. Dabei werden sie oft zu echten Mittlern, die einen deutlichen Unterschied machen, sind nicht lediglich funktional festgezurrte Zwischenglieder in einer längeren Handlungskette. Aber solche Dinge handeln nicht allein, sie sind Mitspieler, Beteiligte, sind Handlungsträger neben anderen, erweitern diese, ergänzen, übersetzen, stabilisieren sie. Dabei werden sie oft Teil von praktischen Netzwerken, Assoziationen, die durch ihre Verknüpfung von Menschen und Dingen Ergebnisse hervorbringen, die es ohne dieses Zusammenspiel nicht gäbe. Handeln ist somit kein menschliches Privileg, oder wie Bruno Latour immer wieder gerne provozierend sagt: „Die Menschen sind nicht mehr unter sich": Handlung ist also kein Humanprinzip mehr.[16]

Klar: Handlungswissen ist nicht nur in Individuen gelagert, es lässt sich in intelligent gemachten, sich auch selbstregulierenden Artefakten speichern.

Nun komme ich zum zweiten Teil meiner Antwort: *Nein*, dieser nun erweiterte breite Handlungsbegriff (der nicht mehr an die Intentionalität des Subjekts gebunden ist) reicht *nicht* aus, um dem Verhältnis von Mensch und Ding gerecht zu werden. Zu diesem Schluss komme ich durch meine langjährigen Forschungsarbeiten zur „Technik im Alltag", die sich vor allem mit den veränderten Praktiken des Zeitumgangs beschäftigten. Die soziale Praxis des Alltagsmenschen ist so viel voraussetzungsvoller, vielfältiger, auswuchernder, als ein technisch noch so intelligentes und wirksames Handeln erfassen kann. Dieses so wirksame Handeln ist zwar ein notwendiger Teil sozialer Praxis, aber menschliche Sozialität geht nicht in technisch noch so raffiniert

---

16 Bruno Latour: *Die Hoffnung der Pandora. Untersuchungen zur Wirklichkeit der Wissenschaft.* Frankfurt am Main: Suhrkamp 2000, S. 231.

konstruierten Handlungsgeflechten auf. Ihr zentral ist ein praktisches Erfahrungswissen, ein spezifischer *Wissenstypus*, der in der Praxis die Dinge nicht nur gekonnt voranzutreiben weiß (das können intelligente Apparate, Geräte, Maschinen auch), sondern Nachforschungen und Reflexionen in Gang setzt und im Austausch mit anderen nach *Wegen* sucht, um mit den Unstimmigkeiten und Unbestimmtheiten des Lebens zurande zu kommen. Soziale Praxis ist mehr als nur die Bewirkung von Veränderungen der Welt; immer geht es bei ihr auch um die Art und Weise, wie Menschen ihr Leben miteinander *menschengerecht* (nicht ‚dinggerecht') gestalten.

Ich will an drei Beispielen kurz zeigen, was diese Überlegungen erbringen. Dazu suche ich einzelne Praxisfelder auf und frage nach der unterschiedlichen *Handlungsmacht* der Dinge. Nehmen wir zum Beispiel die sozialen *Praktiken unseres Wohnens*, eine hochkulturell geladene und über viele Jahrhunderte eingeübte Art und Weise, sich in vier oder mehr Wänden einzurichten, sie zu be-wohnen.[17] In diese Praktiken sind viele involviert: die Straße, die Architektur des Gebäudes, der Zugang zur Wohnung, Anlage und Aufteilung der Räume, diverse Möbel und etliche technische Vorrichtungen. Doch die bisher weithin erfolglosen Versuche, aus Energiespargründen das Wohnen im großem Stil durchzutechnisieren (etwa in Form des elektronisch vernetzten *smart home* oder des sog. *Passivhauses*, ein Energiesparhaus mit geschlossenem Energiekreislauf und geschlossen zu haltenden Fenstern) zeigen, wie in unseren Körpern festverankerte implizite, nicht-reflexive Haltungen und Schemata das Wohnen prägen[18] und wie viele kulturelle Vorannahmen sich um das vertraute, angenehme,

---

17 Wolfgang Kaschuba: Be-wohnte Dinge. In: Andreas Hartmann / Peter Höher / Christiane Cantauw / Uwe Meiners / Silke Meyer (Hrsg.): *Die Macht der Dinge. Symbolische Kommunikation und kulturelles Handeln. Festschrift für Ruth-E. Mohrmann.* Münster: Waxmann 2011, S. 309–316.

18 „Eine gute Veranschaulichung dieser Art von nichtpropositionalem Schema liefert uns in vielen Gegenden der Welt die Organisation des Hauses: seine Orientierung, seine Struktur, die Etappen seines Baus und vor allem die Modalitäten seiner Verwendung bilden ein instituiertes Modell, dessen Erlernen durch allmähliches Vertrautwerden mit den Verfahren erfolgt und nicht durch eine Reihe explizit übermittelter Propositionen". Indem derartige nichtreflexive Schemata von den Akteuren nicht explizit gewusst und kommunizierbar sind, müssen wir „ihre Existenz sowie die Art, wie sie das Wissen und die Erfahrung organisieren, allein aus ihren Wirkungen erschließen". (Philippe Descola: *Jenseits von Natur und Kultur.* Berlin: Suhrkamp 2011, S. 164.)

schöne Wohnen mit weiten, nach unten gezogenen, ständig zu öffnenden Fenstern ranken. Allzu fremde Dinge haben da wenige Chancen. Soziale Praktiken schließen eben nicht nur auf, sondern schließen auch ein. So binden die Praktiken des Wohnens uns und unser Sensorium an gewohnte Orte, an Lokalitäten, die wir am liebsten nicht verlassen, oder an die wir unbedingt zurückkehren wollen. Und sie schließen auch aus und lassen uns „unbehauste" Orte fliehen.[19] Dagegen stehen zweitens die Erfolgsgeschichten, in denen in immer neuen Wellen die *Praktiken des Kommunizierens* durch Computer, Internet, Handy, Smartphone u. dgl. vervielfältigt werden. Dabei haben sich auch immer neue und veränderte Gepflogenheiten und Umgangsweisen eingespielt. Diese Dinge beeindrucken, erregen, sie faszinieren, und sie rufen Wünsche und Begierden hervor. Gerade das Smartphone zeigt die affektive Macht von Dingen: Das Design macht ästhetische Freude, mit ihm sind genussvolle Aneignungen verbunden (sich mit seinen beiden *Daumen* überall hinzubewegen)[20], auch spielerisches Austesten und vor allem intensives Erleben mit anderen, den ‚Freunden'. Mit solchen Geräten geht der Artefakt-Konsum in einen hochkommunikativen *Erlebnis-Konsum* über.[21] Dabei zeigt sich auch die problematische Seite derartiger Kommunikationspraktiken. Sie geben Anlass zu heftigen öffentlichen Diskussionen und der Suche nach Regulierungen. Einerseits fürchtet man um das Individuum, das sich in Daten- und Bilderströme aufzulösen scheint. Zum anderen werden wir von den Dingen verführt, so viel Individuelles von uns preis zu geben, dass andere davon kommerziellen oder – noch problematischer – machtpolitischen Kontroll-Nutzen ziehen können.

Und schauen wir uns drittens die hochtechnisierten *Mobilitätspraktiken* wie Autofahren und Fliegen an. Bei beiden wird Handeln auf sehr

---

19 Karl H. Hörning: Praxis und Ästhetik. Das Ding im Fadenkreuz sozialer und kultureller Praktiken. In: Stephan Moebius / Sophia Prinz (Hrsg.): *Das Design der Gesellschaft. Zur Kultursoziologie des Designs*. Bielefeld: Transcript 2012, S. 29–47.
20 Der französische Philosoph Michel Serres widmete kürzlich seine pfiffige technikoptimistische Schrift seinen Enkeln, den „Kleinen Däumlingen" („petites poucettes"), der jungen Generation von heute, die flink mit beiden Daumen die Smartphones steuern (vgl. Michel Serres: *Erfindet Euch neu! Eine Liebeserklärung an die vernetzte Generation*. Berlin: Suhrkamp 2013).
21 Andreas Reckwitz: *Das hybride Subjekt. Eine Theorie der Subjektkulturen von der bürgerlichen Moderne zur Postmoderne*. Weilerswist: Velbrück 2006, S. 558–559.

unterschiedliche Handlungsträger *aufgeteilt*, von denen immer weniger den Menschen gleichen. Beim Fliegen gibt es zwar Menschen, allen voran Piloten und Fluglotsen, die aber mit einer Überzahl von nichtmenschlichen Mitspielern wie Cockpits, Software, Autopiloten, Flughafen-Tower interagieren, die über das ganze Netzwerk verteilt entscheidend zum Vollzug der Praktik beitragen. Dabei stürzen aber auch mal Flugzeuge ab, weil offensichtlich der Autopilot die Piloten zur Nachlässigkeit verführt, oder allgemeiner, weil die Computerisierung die speziellen Kompetenzen der Experten, seien sie Piloten oder Ärzte, d. h. ihr erfahrungsgesättigtes *Know-how* des Fliegens oder Diagnostizierens verarmen lässt.

Aber der Computer ist eben nicht nur ein einzelnes Ding, seine Software macht aus ihm viel mehr. Er mischt überall mit, wird von einem Praxisfeld in das andere gereicht, um sich dort in immer neuen Kombinationen (*Assemblagen*) zu vernetzen. Er überschreitet ständig Grenzen, er ist ein typisches *Grenzobjekt*, das immer wieder überraschend in ganz fremden Feldern sehr heterogene Elemente verknüpft, wie etwa die Bildgebungsverfahren in der Neurophysiologie. Die Wissenschafts- und Technikforschung diskutiert neuerdings vor allem Beispiele aus der Medizintechnik und der Biotechnologie, wo sich der Mensch und sein Körper, Wissen und Technik zu globalen Formen einer Reproduktionsmedizin bis hin zur In-vitro-Fertilisation und der Stammzellenforschung verbinden. Dabei greifen die Dinge mit den entsprechenden Diagnose- und Interventionspraktiken *tief* in den menschlichen Körper und sein Erbgut ein und verändern die Bedingungen und Möglichkeiten des Menschseins, was intensive humanethische Auseinandersetzungen herausfordert. Dabei wird die herkömmliche Frage, was der Mensch *ist*, zunehmend zu einer zutiefst kulturellen Wertungs- und Deutungsfrage, was der Mensch eigentlich sein *will*.

Ziehen wir ein Resümee: Fremde Dinge wandern, überschreiten Grenzen, mischen sich ein, vernetzen sich, vermitteln bisher undenkbare Verknüpfungen, ganz neue Weisen der Koexistenz entstehen. Praxistheoretisches Denken bewahrt davor, die materiellen und technischen Dinge zu mystifizieren, ihnen einseitige Determinationskraft zuzusprechen. Denn die Macht und die Gefahren, die wir mit ihnen verbinden, liegen meist nicht in den einzelnen Dingen selbst, sondern in deren Fähigkeit, uns in ein Netz von Verhältnissen

Abb. 1: Solarlampe.

und Beziehungen hineinzuziehen, das uns sehr viel an praktischem Wissen und Urteilskraft abverlangt.

Neil MacGregor, der Direktor des Britischen Museums, hat lange überlegt, als er seine vielgerühmte *Geschichte der Welt in 100 Objekten* schrieb, mit welchem zukunftsweisenden Objekt er sein Buch beschließen solle. Er wählte eine simple, einfach konstruierte Solarlampe.[22] Ihr Solarmodul, acht Stunden lang der direkten Sonnenstrahlung ausgesetzt, bringt 100 Stunden Licht in die frühe Dunkelheit der Tropen. Größere Module können Energie zum Batterieaufladen oder etwa zum Desinfizieren des Trinkwassers liefern. So könnte ein fremdes Ding, eine einfach konstruierte Solartechnik, in vielen Teilen der Welt revolutionär wirken. Denn eines der gefährlichsten Infektionsherde dort ist das bakteriell verschmutzte Wasser. Neil McGregors Wahl war klug.

22 Neil MacGregor: *Eine Geschichte der Welt in 100 Objekten*. München: Beck 2011, S. 746–753.

Zwischen Logos und Mythos
Zum Eigensinn der Himmelsscheibe von Nebra

Harald Meller

Die Himmelsscheibe von Nebra zählt zweifellos zu den populärsten, aber auch bedeutendsten Funden der Archäologie (Abb. 1). Dies liegt nicht nur am Schatzfundcharakter und der spannenden Kriminalgeschichte, die zur Rückgewinnung des durch Raubgrabungen dem Boden entrissenen Fundes führte, sondern ist vor allem durch das beeindruckende, scheinbar einfache und doch rätselhafte Bildprogramm begründet. Wir glauben heute, die Bedeutung dieses Programms entschlüsselt zu haben. Dazu mussten aber zunächst die Veränderungen, die einst das Bildprogramm durchlief, erkannt und in ihrer inhaltlichen und zeitlichen Folge analysiert werden. In einem zweiten Schritt mussten die inhaltlichen Erkenntnisse zu den jeweiligen Bildelementen mit diesen Veränderungen in Deckung gebracht werden, um so zu einer schlüssigen Erzählung über Anwendung und Gebrauch der Scheibe, dem jeweiligen Besitzer und dem Verfertiger zu gelangen.

Dabei befanden sich die Wissenschaftler, die völlig überraschend mit der singulären und deshalb kaum durch archäologische Vergleiche entschlüsselbaren Himmelsscheibe konfrontiert wurden, just in der Situation, in der sich bereits die bronzezeitlichen Besitzer sahen, die sie etwa zwischen 1700 und 1650 v. Chr., gut 100 bis 150 Jahre nach ihrer Entstehung, in den Händen hielten. Auch ihnen blieb wie den Forschern des 21. Jahrhunderts anfangs der Sinn des ursprünglichen Bildes verborgen, da es sich bei dem auf der Himmelsscheibe gespeicherten Wissen um bildliche, nicht um schriftliche Überlieferung handelt. Das ursprüngliche Bild der Himmelsscheibe erklärt sich

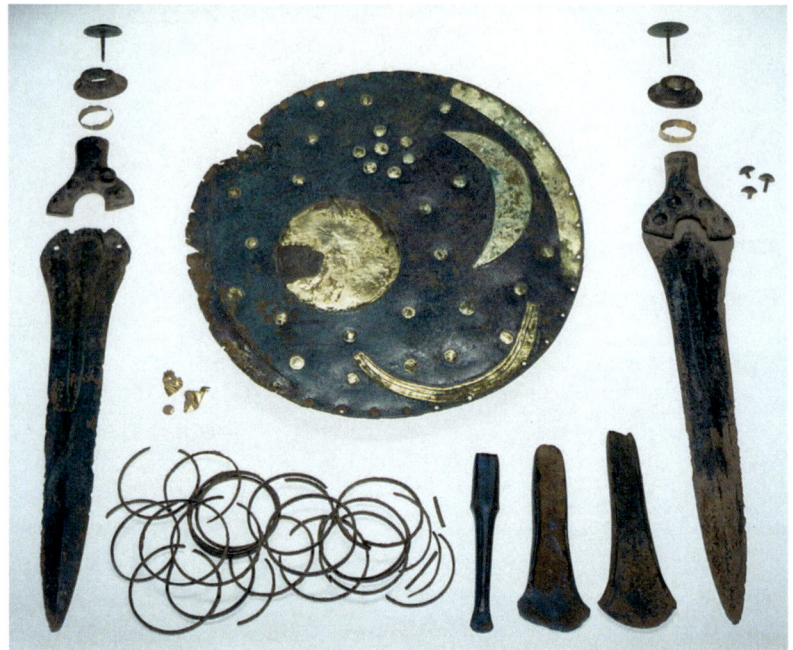

Abb. 1: Der Hortfund von Nebra nach seiner Ankunft im Landesmuseum für Vorgeschichte im März 2002.

eben nicht aus der Darstellung; ganz im Gegenteil: Der Inhalt wurde bewusst codiert. Da die bronzezeitlichen Scheiben-Besitzer, in der Nachfolge des Scheiben-Schöpfers, weder über das Wissen des dargestellten Inhaltes, noch über moderne wissenschaftliche Möglichkeiten zur Decodierung verfügten, blieb ihnen nur die Möglichkeit, durch eine tiefgreifende Änderung dem faszinierenden und rätselhaften Artefakt neue, leichter verständliche Inhalte aus ihrer eigenen Erfahrungs- und Erkenntnissphäre zu geben. Der neue Inhalt, die Art und Weise des Horizontdurchlaufs der Sonne mit Sommer- und Wintersonnenwende, war seit Jahrtausenden geläufig und dürfte deshalb trotz des hohen Abstraktionsgrades der neu angebrachten Goldbögen allgemein verständlich gewesen sein. Die späteren Veränderungen legten keinen Wert mehr auf Codierung, sondern – da religiös motiviert – auf die Eindeutigkeit der verwendeten Symbole.
Der Sinn des ursprünglichen Bildes jedoch blieb den Nutzern und Betrachtern bis zur Deponierung des Objekts um 1600 v. Chr.

Abb. 2: Diese Abbildungen der Himmelsscheibe und ihrer Beifunde übermittelte im Mai 2001 Wilfried Menghin (Museum für Vorgeschichte, Berlin), der sie von Hehlern, die den Fund zum Verkauf anboten, erhalten hatte.

verborgen. Somit ist die Himmelsscheibe einerseits ein perfektes Beispiel für den Wissensverlust in schriftlosen Kulturen, zum anderen aber auch für den ‚Eigensinn' der Dinge. Dieser hat sich im Fall der Himmelsscheibe schon kurze Zeit nach der Anfertigung allen Betrachtern entzogen, um 3.600 Jahre später durch die Anstrengungen einer interdisziplinären wissenschaftlichen Arbeitsgruppe wieder sichtbar zu werden. Dabei berühren sich Anfang und Ende der Geschichte: Bei dem Schöpfer der Himmelsscheibe handelte es sich ebenfalls um einen zutiefst rational denkenden Menschen, der minutiöse Himmelsbeobachtungen in einen perfekten Code fasste.

Die maskuline Nennung ‚Schöpfer' bezieht sich auf beide Geschlechter, da die Schöpfung durch eine Frau nicht ausgeschlossen werden kann. Aufgrund der extrem hierarchischen und männerdominierten Gesellschaftsstruktur der Frühbronzezeit sowie der Wahrscheinlichkeit, dass das Wissen um die Schaltregel auf weiteren ‚Heldenreisen' im Vorderen Orient erworben wurde, gehen wir jedoch von einem männlichen Verfertiger der Scheibe in ihrer ursprünglichen Fassung aus.

Im folgenden Beitrag werden zunächst die ‚biografischen Veränderungen' des Bedeutungsinhaltes der Himmelsscheibe skizziert. Zudem wird die Enträtselung dieses Wissens während des Erkenntnisprozesses der vergangenen zehn Jahre genauer beleuchtet.[1] Die Himmelsscheibe von Nebra und die angeblich zugehörigen Metallfunde wurden mir am 10. Mai 2001 durch unscharfe Fotos bekannt, die mir der Berliner Museumskollege, Wilfried Menghin, vorlegte (Abb. 2). Er erläuterte, dass die Funde vor etwa zwei Jahren im Hoheitsgebiet des Landes Sachsen-Anhalt illegal dem Boden entrissen und ihm zum Kauf angeboten worden waren. Aufgrund der mangelnden örtlichen Zuständigkeit als Landesarchäologe von Berlin habe er den Erwerb abgelehnt. Infolgedessen sei die Himmelsscheibe nun auf dem ‚grauen Markt'.[2]

Die Amateurfotos, mit dem der Fund zum Kauf angeboten wurde, zeigten trotz aller Unzulänglichkeiten ein äußerst interessantes, in der Archäologiegeschichte bislang singuläres Objekt in Form einer flachen bronzenen Scheibe mit Goldapplikationen, bei denen es sich ganz offensichtlich um eine Himmelsdarstellung handeln sollte (Abb. 3). Vergesellschaftet war der Fund mit mehreren angeblichen Beifunden, so dass sich aus der rein typologischen Betrachtung der Schwerter, Beile und Meißel eine Zeitstellung um 1600 v. Chr. ergab. Die Echtheit der Scheibe und die Zusammengehörigkeit des Fundes vorausgesetzt, dürfte es sich bei diesen Objekten um einen der bedeutendsten Fundkomplexe der Archäologie handeln. In dieser Einschätzung waren Kollege Menghin und ich sofort einig, insbesondere

---

1 Die Forschungen zur Himmelsscheibe wurden innerhalb des Projektes FOR 550 von 2004 bis 2012 durch die Deutsche Forschungsgemeinschaft gefördert. Beteiligt waren folgende Kollegen und Institutionen: Prof. Dr. François Bertemes (Martin-Luther-Universität Halle-Wittenberg), Prof. Dr. Gregor Borg (Martin-Luther-Universität Halle-Wittenberg), Prof. Dr. Peter Ettel (Friedrich-Schiller-Universität Jena), Prof. Dr. Harald Meller (Landesamt für Denkmalpflege und Archäologie Sachsen-Anhalt), Prof. Dr. Carola Metzner-Nebelsick (Ludwig-Maximilians-Universität München), Prof. Dr. Ernst Pernicka (Curt-Engelhorn-Zentrum Archäometrie gGmbH), Prof. Dr. Wolfhard Schlosser (Ruhr-Universität Bochum), Dr. Christian-Heinrich Wunderlich (Landesamt für Denkmalpflege und Archäologie Sachsen-Anhalt).
2 Zur ‚Kriminalgeschichte' der Himmelsscheibe bis hin zur polizeilichen Sicherstellung des Objekts und den folgenden Gerichtsprozessen vgl. Harald Meller: Nebra: Vom Logos zum Mythos – Biographie eines Himmelsbildes. In: Ders. / François Bertemes (Hrsg.): *Der Griff nach den Sternen. Internationales Symposium in Halle (Saale) 16.–21. Februar 2005*. Halle: Landesmuseum für Vorgeschichte 2010, S. 23–73, hier S. 24–35.

Abb. 3: Die Himmelsscheibe nach der Restaurierung. Bereits 2001, noch vor der Sicherstellung des Fundes, war klar, dass es sich bei den Goldapplikationen um eine Himmelsdarstellung handeln musste.

aufgrund der einzigartigen Himmelsdarstellung. Insofern, auch darin stimmten wir überein, wären alle Anstrengungen lohnenswert, den möglicherweise illegal gewonnenen Fund wieder zurück in die rechtmäßigen Hände der Allgemeinheit zu führen. Zur Absicherung unserer Einschätzung befragte ich noch am selben wie auch am nächsten Tag einige einschlägige Bronzezeitspezialisten, die unsere Meinung teilten.[3] Interessanterweise vermutete Florian Innerhofer bereits zu diesem frühen Zeitpunkt, dass der goldene Randbeschlag zwei Horizontbögen darstellen könnte. Ein Ergebnis, das später von dem beteiligten Astronomen Wolfhard Schlosser wissenschaftlich untermauert wurde. Infolgedessen erstellten wir allein aufgrund der Analyse des vorliegenden Fotomaterials erste Expertisen, um den Justiz- und

---

3 Am 10. Mai 2001 bestätigten Carola Metzner-Nebelsick, Joachim Reichstein und Louis Nebelsick unsere Sichtweise. Tags darauf schlossen sich Regine Maraszek und Florian Innerhofer dieser Sichtweise an.

Abb. 4
Detailaufnahme der Himmelscheibe (linker Bildrand). Bei der nachträglichen Anbringung des goldenen Horizontbogens (Phase II), der heute fehlt, musste ein Stern nach Innen versetzt werden. Von dem ursprünglichen Stern zeugt die erhaltene Tauschierrille links neben dem neuen Stern.

Polizeibehörden, aber auch dem zuständigen Ministerium die Bedeutung des Fundes darzulegen.

Ein erstes internes Gutachten mit zahlreichen technischen Beobachtungen zum Material der Scheibe und der Applikationen sowie einer ersten Vermessung der Funde erfolgte auf Grundlage der ‚Hehlerfotos' durch den Leiter der Restaurierungswerkstatt des Landesmuseums, Christian-Heinrich Wunderlich, am 28. Mai 2001. Ein weiteres Gutachten seitens des Physikers und Leiters der IT-Abteilung, Thomas Richter, erging am 1. Juni 2001. Er erkannte bereits die Abbildung der Plejaden. Am 26. Juni 2001 erstellte der Autor ein umfangreiches Gutachten, das für die Polizeibehörden und das zuständige Ministerium den Kenntnisstand zusammenfasste. Es enthielt bereits die richtungsweisende Einordnung der Himmelsscheibe in Bezug auf ihre kulturhistorische Bedeutung und Datierung. Ihre Biografie, der Wandel des in ihrem Bildprogramm jeweils gespeicherten Wissens sowie die Schaltregel und andere Details waren zu diesem Zeitpunkt freilich noch nicht bekannt. Eine eingehende Analyse war begreiflicherweise nicht möglich, da das Objekt selbst fehlte. So konnte zwar die Größe durch einen abgebildeten Vergleichsmaßstab berechnet werden, über die Dicke, Materialität, Gewicht oder

Abb. 5: Die goldene Schiffsapplikation im unteren Bereich der Scheibe zählt ebenso wenig wie die Horizontbögen zum ursprünglichen Bildprogramm der Scheibe. Sie wurde erst in Phase III angebracht und besteht aus einer anderen Goldcharge.

auch eine mögliche Wölbung des Objektes war nur zu mutmaßen. Eine exakte Datenaufnahme erfolgte schnellstens nach der Sicherstellung des Fundes in der Schweiz und seiner Übergabe an das Landesmuseum für Vorgeschichte in Halle. Die Beschlagnahmung der Himmelsscheibe erfolgte am 23. Februar 2002 mit einer ersten Probenentnahme. Sie erlosch am 4. März 2002, die Übergabebescheinigung an das Landesmuseum für Vorgeschichte in Halle datiert auf den 11. März 2002. Dabei zeigte sich, dass das Objekt deutlich dicker und schwerer, aber auch anders geformt war, als ursprünglich angenommen: Sie war nicht leicht konvex gewölbt, etwa vergleichbar mit Schildbeschlägen, sondern vielmehr konkav geformt.

Die erste eingehende Untersuchung nach der Sicherstellung erfolgte durch äußerst detaillierte Betrachtung und Beschreibung des Objektes sowie einer weiteren Probenentnahme zur naturwissenschaftlichen Untersuchung, insbesondere zur Klärung der Authentizität der Funde. Sofort war augenfällig, dass die Himmelsscheibe nach ihrer Herstellung in mehreren Phasen verändert wurde. Dies zeigten beide Horizontbögen, von denen nurmehr einer am Objekt erhalten ist. Unter dem goldenen Bogen auf der rechten Bildseite zeichnen sich deutlich zwei überlagerte Sterne ab, am gegenüberliegenden Bildrand wurde ein Stern weiter in die Mitte versetzt, um Platz für den Bogen zu schaffen (Abb. 4).

Schnell war auch klar, dass sich das als ‚Schiff' interpretierte Objekt im unteren Bereich nicht immer auf der Scheibe befunden hatte:

Abb. 6: Die Durchlochung des Scheibenrandes zerstörte alle zuvor angebrachten goldenen Bildelemente, sowohl die Horizontbögen (*rechts*), als auch das Schiff (*links*). Deshalb muss es sich hierbei um eine weitere, spätere Phase der Nutzung handeln (Phase IV).

Zum einen unterschied sich das verwendete Gold durch die Farbigkeit, zum anderen wirkte es wie nachträglich in das Bildprogramm hineingequetscht (Abb. 5). Dies bestätigte sich bei genauerer Betrachtung und Analyse der handwerklichen Vorgänge. Schließlich zeigte sich ganz deutlich, dass die randliche Lochung der Himmelsscheibe weder auf das filigrane Schiff noch auf die Horizontbögen Rücksicht nahm, also beide sorgfältig angebrachten Bildelemente zerstörte (Abb. 6).

Damit wurde bereits aus der rein deskriptiven archäologischen Betrachtung deutlich, dass die ursprüngliche Himmelsscheibe in ihrem Bildprogramm zumindest dreimal verändert wurde. Geht man davon aus, dass der linke Horizontbogen bewusst abgerissen und die Himmelsscheibe damit defunktionalisiert wurde, hätten wir sogar vier Änderungen belegt. Diese Betrachtungen wurden durch die Röntgenbilder bestätigt (Abb. 7).

Bei den Metallanalysen des Goldes ließ sich anfangs zwar leicht das schon rein optisch abweichende Gold des Schiffes von den restlichen Goldauflagen unterscheiden; eine naturwissenschaftliche Differenzierung zwischen Sonne/Vollmond, Sichelmond, Sternen sowie neu

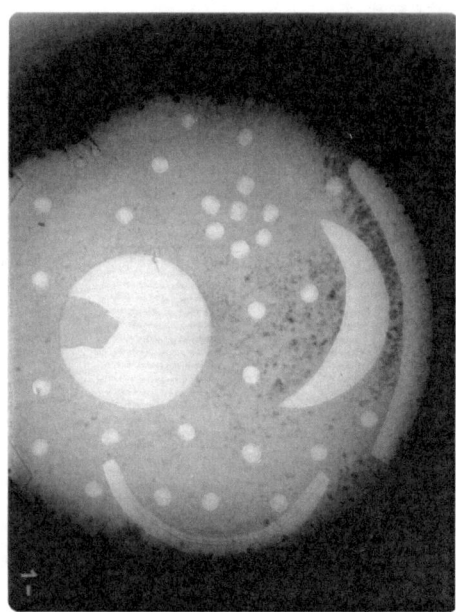

Abb. 7: Das Röntgenbild macht die Phasen der Scheibe deutlich. Zuvor angebrachte Sterne werden für den nachträglich angebrachten rechten Horizontbogen entfernt, zurück bleiben lediglich die Tauschierrillen

aufgebrachten Sternen und Horizont gelang zunächst jedoch nicht. Dies lag vor allem an dem fast identischen Silbergehalt und der zu geringen Auflösung im Bereich der Beimengungen von Zinn. Die ersten Messungen der Goldauflagen erfolgten im Forschungszentrum Rossendorf. Da dieses Ergebnis unseren archäologischen und kulturwissenschaftlichen Überlegungen widersprach, verfertigten die Kollegen der Archäometrie neue hochauflösende Messungen, die nun auch eindeutig diese beiden Phasen in der Zusammensetzung des Goldes unterscheiden ließen. Parallel dazu erfolgte die Echtheitsprüfung über die Blei-210-Methode[4] und eine Untersuchung der Zusammensetzung der Metalle und ihrer Malachitpatina.[5] Aus Sicht der Arbeitsgruppe bestand nach diesen ersten Analysen keinerlei Zweifel an der Echtheit des Fundes. Über den Abgleich der Erdanhaftungen gelang

---

4 Ernst Pernicka / Christian-Heinrich Wunderlich: Naturwissenschaftliche Untersuchungen an den Funden von Nebra. In: *Archäologie in Sachsen-Anhalt* N. F. 1 (2002), S. 24–31.
5 Ebd., S. 24.

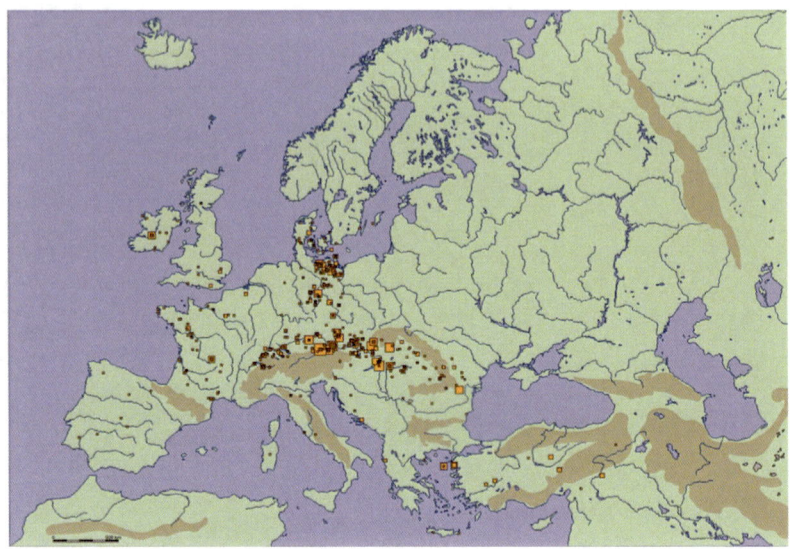

Abb. 8: Verbreitung bronzezeitlicher Metallfunde, die eine mit der Himmelsscheibe vergleichbare Spurenelementzusammensetzung aufweisen: gelb – chemische Übereinstimmung, rot – größere chemische Übereinstimmung.

durch Hilfe des Landeskriminalamts Brandenburg der Nachweis der Zusammengehörigkeit der Funde.[6]
Inzwischen war durch polizeiliche Ermittlungen und Aussagen von Mittätern bereits 2002 die Identifizierung des Fundortes erfolgt. Dieser wurde vom 19. August bis 15. November 2002 sowie in den Folgejahren archäologisch untersucht.[7] Da Fund und Fundort – wie bei bedeutenden Funden häufig – in seiner Echtheit und Herkunft angezweifelt und im Gerichtsprozess gegen die Raubgräber und Hehler thematisiert wurden, verstärkten wir die Nachweisbemühungen nochmals. Schließlich war es durch die Isotopenverlagerung von Gold und Kupfer aus den Artefakten in den geologischen Untergrund unterhalb des ursprünglichen Befundes möglich, deren Jahrtausende während Existenz am Fundort plausibel zu machen.[8] Gleiches galt

---

[6] Jörg Adam: Kriminaltechnische Untersuchung der Erdanhaftungen an der Himmelsscheibe von Nebra. Forschungsbericht Landesmuseum für Vorgeschichte (in Vorber.).
[7] Meller: Nebra, S. 35–44.
[8] Ernst Pernicka / Christian-Heinrich Wunderlich / Alfred Reichenberger / Harald Meller / Gregor Borg: Zur Echtheit der Himmelsscheibe von Nebra – eine kurze

für den Vergleich zwischen Erdanhaftungen an der Himmelsscheibe und vom Deponierungsort selbst.[9] Zudem wurden zahlreiche weitere Indizien, der Fund einer modernen Wasserflasche aus dem Raubgräberloch, die Negativform des Grabungswerkzeuges im Raubgräberloch etc., ausgewertet.[10] Alle Ergebnisse wiesen eindeutig darauf hin, dass die Himmelsscheibe keine Fälschung war, alle Artefakte aus einem zusammengehörigen Fundkontext, und zwar aus dem archäologisch nachgewiesenen Raubgräberloch auf dem Mittelberg bei Nebra stammen. War bislang durch Analyse der Malachitpatina nur zwingend die Unmöglichkeit jeder Fälschung nachweisbar, ergab sich jüngst ein direkter physikalischer Hinweis für das hohe Alter der Himmelsscheibe in Form von Isotopenbewegungen innerhalb des Metalls.[11] Mittels Isotopie ließ sich zudem die genaue Herkunft des Zinnes und schließlich auch der Fingerabdruck des Goldes aus Cornwall nachweisen.[12] Damit war der erste sichere Herkunftsnachweis für Zinn in der prähistorischen Archäologie überhaupt gelungen. Die Herkunft des Kupfers aus dem Mitterberger Kupferrevier bei Bischofshofen (Salzburger Land) war bereits im Jahr 2003 klar.[13] Von besonderer Bedeutung war, dass die Verteilung des Kupfers aus den Bergwerken am Mitterberg über Europa zeigte, dass Mitteldeutschland im Fokus der prähistorischen Handelsrouten lag (Abb. 8).[14]

Zusammenfassung der durchgeführten Untersuchungen. In: *Archäologisches Korrespondenzblatt* 38 (2008), S. 331–352.
9 Ernst Pernicka: Die naturwissenschaftlichen Untersuchungen der Himmelsscheibe. In: Harald Meller (Hrsg.): *Der geschmiedete Himmel. Die weite Welt im Herzen Europas vor 3600 Jahren.* Begleitband zur Sonderausstellung Landesmuseum für Vorgeschichte, Halle. Halle: Theiss 2004, S. 34–36.
10 Pernicka / Wunderlich / Reichenberger / Meller / Borg: Zur Echtheit der Himmelsscheibe von Nebra, S. 339–342; Meller: Nebra, S. 35–36.
11 Daniela Nickel / Mike Haustein / Thomas Lampke / Ernst Pernicka: Identification of Forgeries by Measuring Tin Isotopes in Corroded Bronze Objects. In: *Archaeometry* 54,1 (2012), S. 167–174.
12 Anja Ehser / Gregor Borg / Ernst Pernicka: Provenance of the Gold of the Early Bronze Age Nebra Sky Disk, Central Germany: Geochemical Characterization of Natural Gold from Cornwall. In: *European Journal of Mineralogy* 23 (2011), S. 895–910.
13 Ernst Pernicka: Archäometallurgische Untersuchungen an und zum Hortfund von Nebra. In: Meller / Bertemes (Hrsg.): *Der Griff nach den Sternen*, S. 719–734, hier S. 725–732.
14 Thomas Stöllner / Elisabeth Breitenlechner / Clemens Eibner / Rainer Herd / Tobias Kienlin, Joachim Lutz / Alexander Maass / Kurt Nicolussi / Thomas Pichler / Robert Pils / Klaus Röttger / Baoquan Song / Nadine Taube / Peter Thomas / Andrea

Neben den naturwissenschaftlichen Analysen beschäftigte die Archäologen und die Astronomiehistoriker vor allem der bildliche Inhalt. Wie beschrieben war es zur Decodierung der Himmelsscheibe notwendig, die stilistisch und analytisch unterschiedenen fünf Phasen der Himmelsscheibe diachron nach den jeweiligen Bildinhalten zu untersuchen. Die Entwicklung der Bildinhalte ist in Abbildung 9 dargestellt. Es ist dabei wichtig zu betonen, dass in der chronologischen Folge nur Phase I, IV und V sicher fixiert sind. Phase II und Phase III könnten untereinander getauscht werden. Aufgrund externer Daten, beispielsweise der Einführung des Schiffes als religiöses Symbol in die Ikonographie des Nordischen Kreises um frühestens 1650 v. Chr., ergibt sich die hier abgebildete Folge. Dabei ist zu bemerken, dass die letzte Phase (V) mit dem Entfernen des Goldbleches nicht absichtlich erfolgt sein muss.

Betrachten wir Phase I, zeigt sich ein sehr einfach anmutendes Bild auf einer dunklen Bronzescheibe.[15] Zu sehen sind ein stark vereinfachter Nachthimmel aus 32 Sternen, Sichelmond und Sonne/ Vollmond. Die stark stilisierte Himmelsdarstellung ist für vorgeschichtliche, aber auch für historische Zeiten höchst ungewöhnlich, fehlen doch Himmelsdarstellungen in prähistorischer Zeit weitgehend. In historischen Perioden sind solche Himmelsbilder vor der Neuzeit meist in mythologische Bezüge eingebunden. Als einziges Sternbild auf der Himmelsscheibe wird das Siebengestirn, die Plejaden, in eindeutiger Häufung zwischen Sichelmond und Sonne wiedergegeben.[16] Diese jährlich wiederkehrende Stellung war im Vorderen Orient als mul-apin-Regel bekannt. Sie ermöglichte es, das um elf Tage kürzere Mondjahr mit dem längeren Sonnenjahr zu einem funktionierenden Lunisolarkalender zu verschalten. Die Personen, denen

---

Thurner: Der Mitterberg – Der Großproduzent für Kupfer im östlichen Alpenraum während der Bronzezeit. In: *Archäologie Österreichs Spezial* 4 (2012): Forschungsprogramm HiMAT – Neues zur Bergbaugeschichte der Ostalpen, S. 113–144.
15 Die grüne Farbe entstand erst im Laufe der Jahrhunderte durch Malachitkorrosion.
16 Auf die Funktion der Plejaden als Kalendersterne zur Einteilung des bäuerlichen Sonnenjahres hat Wolfhard Schlosser umfänglich hingewiesen (Wolfhard Schlosser: Die Himmelsscheibe von Nebra – Astronomische Untersuchungen. In: Meller / Bertemes (Hrsg.): *Der Griff nach den Sternen*, S. 913–933, hier S. 929–932). Die Bedeutung der Plejaden in ihrer Konjunktion zum Sichelmond hat Rahlf Hansen eindrücklich herausgestellt (Rahlf Hansen, Sonne oder Mond? Verewigtes Wissen aus der Ferne. In: Ebd., S. 953–962, hier S. 953–954).

Zwischen Logos und Mythos · 189

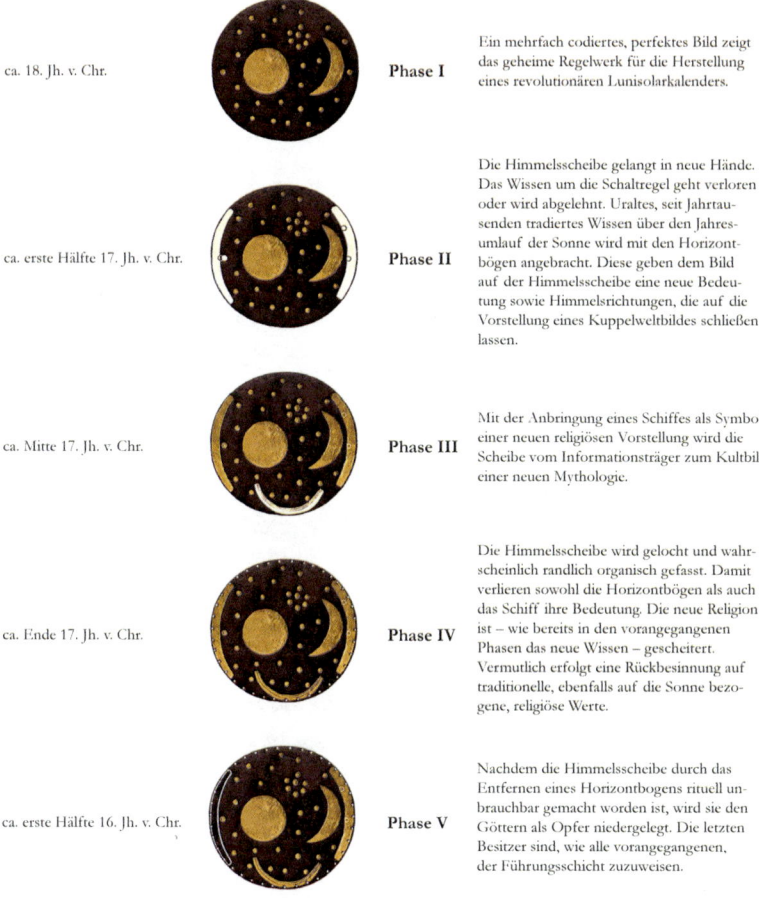

ca. 18. Jh. v. Chr. **Phase I** Ein mehrfach codiertes, perfektes Bild zeigt das geheime Regelwerk für die Herstellung eines revolutionären Lunisolarkalenders.

ca. erste Hälfte 17. Jh. v. Chr. **Phase II** Die Himmelsscheibe gelangt in neue Hände. Das Wissen um die Schaltregel geht verloren oder wird abgelehnt. Uraltes, seit Jahrtausenden tradiertes Wissen über den Jahresumlauf der Sonne wird mit den Horizontbögen angebracht. Diese geben dem Bild auf der Himmelsscheibe eine neue Bedeutung sowie Himmelsrichtungen, die auf die Vorstellung eines Kuppelweltbildes schließen lassen.

ca. Mitte 17. Jh. v. Chr. **Phase III** Mit der Anbringung eines Schiffes als Symbol einer neuen religiösen Vorstellung wird die Scheibe vom Informationsträger zum Kultbild einer neuen Mythologie.

ca. Ende 17. Jh. v. Chr. **Phase IV** Die Himmelsscheibe wird gelocht und wahrscheinlich randlich organisch gefasst. Damit verlieren sowohl die Horizontbögen als auch das Schiff ihre Bedeutung. Die neue Religion ist – wie bereits in den vorangegangenen Phasen das neue Wissen – gescheitert. Vermutlich erfolgt eine Rückbesinnung auf traditionelle, ebenfalls auf die Sonne bezogene, religiöse Werte.

ca. erste Hälfte 16. Jh. v. Chr. **Phase V** Nachdem die Himmelsscheibe durch das Entfernen eines Horizontbogens rituell unbrauchbar gemacht worden ist, wird sie den Göttern als Opfer niedergelegt. Die letzten Besitzer sind, wie alle vorangegangenen, der Führungsschicht zuzuweisen.

Abb. 9: Die Entwicklung der Bildinhalte der Himmelsscheibe in fünf Phasen.

diese Regel bekannt war, konnten somit einen gut funktionierenden Lunisolarkalender herstellen. Darüber hinaus ergibt sich aus dem Durchgang des Mondes unter oder über den Plejaden gemäß Schlosser die Vorhersagemöglichkeit einer acht Tage später folgenden Mondfinsternis. Es ist leicht nachvollziehbar, dass dieses Wissen über die Kalenderfunktion eine Kontrolle der Zeiteinteilung ermöglichte und mit der Vorhersagbarkeit einer Mondfinsternis einen erheblichen Machtfaktor darstellte. Der geistige Schöpfer der Himmelsscheibe hatte diese Kenntnis möglicherweise im Vorderen Orient auf weiten

Reisen erfahren. Er war in der Lage, sie in ein einfaches, aber hoch funktionales Bild zu übersetzen. Sicherlich gehörte er damit nicht nur zur geistigen, sondern auch zur Machtelite seiner Zeit. Es darf darüber spekuliert werden, ob diese Bildschöpfung nicht für die Allgemeinheit, sondern nur für wenige Wissende zur Weitergabe der Regel geschaffen wurde. Für die Tradierung war zwingend eine mündliche Bilderklärung nötig. Dass dieser orale Traditionsstrang abriss und die Himmelsscheibe möglicherweise in die Hände unbefugter Unwissender gelangte, zeigt Phase II. Hier wurden am rechten Bildrand zwei Sterne entfernt, um an dieser Stelle einen goldenen Horizontbogen anzubringen. Auf der gegenüberliegenden Seite wurde deshalb ein Stern versetzt. Wie Schlosser zeigen konnte, dienten die Horizontbögen zur Sichtbarmachung des Horizontverlaufes der Sonne zwischen den beiden jährlichen Sonnenwenden am 21. Juni und am 21. Dezember.[17] Aus dieser Beobachtung ergibt sich die Möglichkeit der Bestimmung der Himmelsrichtungen. Oben ist Norden, auf der Unterseite (im Bereich des Schiffes) liegt Süden, rechts Westen und links Osten. Dies lässt auf ein Kuppelweltbild, vergleichbar dem des Thales von Milet, schließen. Zwar wird mit den Horizontbögen jahrtausendealtes tradiertes bäuerliches Wissen auf der Himmelsscheibe angebracht, jedoch zeigt die Beobachtungspräzision sowie die Festlegung der Himmelsrichtungen ein Kuppelweltbild, das erst aus den Hochkulturen bekannt ist und Grundlage der Vorstellungswelt der aktuellen Himmelsscheiben-Nutzer war. Vor diesem Hintergrund dürften auch sie zu den intellektuellen Eliten der damaligen Zeit gehört haben.

In Phase III wird die Himmelsscheibe endgültig aus ihrem astronomischen Datenbezug gelöst – sie wird zum mythologischen Objekt. Dies geschieht in radikaler Umdeutung durch die Anbringung des goldenen Himmelsschiffes. Das Schiff ist zentrales Symbol lang anhaltender neuer religiöser Vorstellungen, die sich frühestens ab 1650 v. Chr. in Nordeuropa durchsetzen und über Jahrhunderte bestehen. Zentrales Element ist hier – wie Flemming Kaul zeigen konnte – die Vorstellung, dass die Sonne in einem Schiff transportiert und während ihrer Reise durch Tag und Nacht mehrfach durch Helfertiere umgeladen

---

17 Des Weiteren konnte er belegen, dass die Randbögen der realen Beobachtungssituation in Mitteldeutschland entsprechend etwas nach oben versetzt sind (Schlosser: Die Himmelsscheibe von Nebra, S. 925–926).

wird.[18] Der Person, die die Himmelsscheibe änderte oder ändern ließ, waren die alten, realen astronomischen Bezüge aus Phase I zweifellos nicht bekannt. Die Bildinhalte der Phase II wurden als unwesentlich im Vergleich zur neuen Aussage erachtet. Das alte Wissen war als Himmelsdarstellung nur noch Ornament für die neue religiöse Aussage eines zwischen Ost und West durch den Süden pendelnden Schiffes. Zweifellos bestand die Absicht des machtvollen Verfertigers darin, die neue Religion, auch in Mitteldeutschland zur Geltung zu bringen. Dass dies nicht gelang, zeigt die nächste Phase. In dieser Phase (IV) wurden das soeben noch zentrale religiöse Symbol des Schiffes ebenso wie die Horizontbögen rücksichtslos randlich durchlocht und damit beschädigt. Es ist davon auszugehen, dass die Lochung der Fassung der Himmelsscheibe für die Aufbringung eines organischen Trägers diente. Durch diese Fassung waren die Bildelemente der letzten Phasen vermutlich kaum noch sichtbar. Die einst verborgene, nur wenigen auserwählten Personen zugängliche Himmelsscheibe war nun als Standarte zu einem öffentlich präsentierten religiösen Objekt geworden.

In der letzten Phase (V) wurde die Himmelsscheibe möglicherweise durch Abreißen eines Horizontbogens defunktionalisiert. Zusammen mit zwei Schwertern, zwei Beilen, einem Meißel und zwei Armringen wurde sie dann nahe der Kuppe des Mittelberges bei Nebra niedergelegt. Dieser Ort steht durch seine Sichtachse am 21. Juni zum höchsten Berg des Harzes, dem Brocken, in enger Beziehung – zumindest – zur zweiten Phase der Himmelsscheibe. Die beigegebenen Waffen zeigen den typischen fürstlichen Ornat der Frühbronzezeit Mitteldeutschlands und verdeutlichen damit, dass auch die letzten Besitzer Teil der stark hierarchisch gegliederten Spitze der damaligen Gesellschaft waren.

Wie der kurzen Darstellung zu entnehmen ist, wandelte sich die Himmelsscheibe von Nebra in nur etwa zwei Jahrhunderten von einem Gegenstand höchst komplexer intellektueller Verdichtung des eingeschriebenen vielschichtigen astronomischen Wissens zu einem bloßen religiösen Sonnen- oder Himmelssymbol ohne größere Bedeutung

---

18 Flemming Kaul: Die Sonnenschiffe des Nordens. In: Meller (Hrsg.): *Der geschmiedete Himmel*, S. 58–63.

der ursprünglich so wichtigen Einzelbilder. Es erfolgte also eine Entwicklung vom Logos zum Mythos. Die entscheidenden Brüche erklären sich aus dem Abreißen der oralen Tradition. War es doch auch den findigsten und kenntnisreichsten Köpfen der Bronzezeit nicht möglich, die erste Phase der Himmelsscheibe zu decodieren, gelang dies aller Wahrscheinlichkeit nach unserer interdisziplinären Arbeitsgruppe im Wissenschaftsbetrieb des 21. Jahrhunderts[19] durch schnelle Veröffentlichung und auch öffentliche Ausstellung des Fundes.[20] Die weitaus meisten Erkenntnisse wurden noch im ersten Jahr der Analyse erzielt (s. Abb. 11). Der wesentliche astronomische Baustein zum Verständnis der Himmelsscheibe wurde jedoch erst im Februar 2006 durch den jungen Astronomen Rahlf Hansen vom Hamburger Planetarium gesetzt, der den an der Himmelsscheibe arbeitenden Archäologen und Kulturhistorikern die Bedeutung der sog. mul-apin-Schaltregel und ihre Darstellung auf der Himmelsscheibe erklärte.[21] Diese Erkenntnis war für die Interpretation der ersten Phase der Himmelsscheibe entscheidend. Sowohl in der Ausstellung „Der geschmiedete Himmel" als auch beim Kongress „Der Griff nach den Sternen" (16.–21. Februar 2005) wurde das erste Bild der Himmelsscheibe in Bezug auf die Plejaden als Kalendersterne (Auf- und Untergang der Plejaden am 10. März und 17. Oktober) rein in neolithischer Tradition verhaftet gesehen. Die revolutionäre Bedeutung der Darstellung der ersten Phase wurde erst nach der Entdeckung Hansens kulturhistorisch interpretiert, umgehend in zahlreichen Vorträgen öffentlich bekanntgemacht und schließlich publiziert.[22] Werden neue kulturhistorische Inhalte nur noch selten und im kleinen Rahmen entdeckt, so gibt es bei den naturwissenschaftlichen Inhalten – beispielsweise zu der Herkunft des Goldes oder des Zinnes sowie zu den metallischen

---

19 Immer vorausgesetzt, die hier vorgelegten Hypothesen sind zutreffend.
20 Die erste Präsentation der Himmelsscheibe erfolgte vom 14. April bis 1. Mai 2002 im Landesmuseum für Vorgeschichte Halle, die zweite, umfangreiche Landesausstellung war vom 15. Oktober 2004 bis 24. April 2005 an diversen Stationen zu sehen. Noch immer tourt eine kleine Wanderausstellung mit Repliken durch die deutschsprachigen Länder.
21 Es ist festzuhalten, dass ein entsprechender Hinweis durch Wolfhard Schlosser bereits im Jahr 2003 gegeben, aber, da mathematisch von den Kulturwissenschaftlern nicht verstanden, nicht in deren Interpretation einbezogen wurde.
22 Harald Meller: The Nebra Sky Disc: The Oldest Representation of the Heavens. In: Brian M. Fagan (Hrsg.): *Discovery! Unearthing the New Treasures of Archaeology*. London: Thames & Hudson 2007, S. 188–189.

Veränderungsvorgängen innerhalb der Himmelsscheibe – bis in jüngste Zeit grundlegende und weiterreichende Erkenntnisse.[23] Dieser kurze Beitrag hat gezeigt, dass die Himmelsscheibe für die jeweiligen Besitzer ihren ‚eigenen Sinn' hatte. Dieser war jeweils einigen Auserwählten oder der breiten Masse an Menschen innerhalb der jeweiligen Gemeinschaft bekannt. Des Weiteren ließ sich zeigen, dass auch die Wissenschaftler im Laufe der Erforschung den der Himmelsscheibe aus ihrer jeweiligen Sicht ‚eigenen Sinn' entdeckten. Dabei wurde meinerseits nur das von unserer Arbeitsgruppe geprüfte und von uns als am wahrscheinlichsten angesehene Szenario dargestellt. Selbstverständlich gibt es daneben zahlreiche andere Interpretationen, die wir – soweit als wissenschaftlich tragfähig angesehen und gewünscht – stets in unseren Periodika publiziert haben. Ganz anders verhält es sich mit der breiten medialen Wirkung auf tausende Menschen, die in der Himmelsscheibe wiederum ihren eigenen, zum Teil ganz persönlichen Sinn entdecken. Dieser reicht von der Vorstellung, man könne sich mit der Himmelsscheibe auf Zeitreisen begeben bis hin zum Wahn, die Scheibe könne wenige Auserwählte erretten oder aber durch Strahlung Krankheiten heilen. Hunderte von Briefen dieser Art füllen inzwischen das Archiv des Landesamtes in Halle und wären sicherlich eine eigene Betrachtung wert.

Abschließend möchte ich die Himmelsscheibe von Nebra in eine Reihe mit zwei weiteren bedeutenden Scheiben stellen (Abb. 10). Zuerst den sog. Diskos von Phaistos, der in das 17. Jahrhundert v. Chr. datiert werden kann und damit in etwa zeitgleich zur Himmelsscheibe in Gebrauch war. Der tönerne Diskos wurde 1908 am namengebenden Fundort entdeckt. Er ist mit 242 eingestempelten, durch Ritzlinien getrennte Idiogramme auf Vorder- und Rückseite versehen. In der Überzeugung, dass es sich um eines der frühesten griechischen Schriftsysteme handelt, haben sich zahlreiche Forscher um die Entzifferung bemüht. Diese wurde zumindest zweimal völlig sicher durch Otto Dettmer und Derk Ohlenroth vermeldet.[24] Unerfreulicherweise

---

23 Siehe z. B. Nicole Lockhoff / Ernst Pernicka: Archaeometallurgical Investigations of Early Bronze Age Gold Artefacts from Central Germany Including Gold from the Nebra Hoard. In: Harald Meller / Roberto Risch / Ernst Pernicka (Hrsg.): *Metalle der Macht – Frühes Gold und Silber. 6. Mitteldeutscher Archäologentag vom 17. bis 19. Oktober 2013 in Halle (Saale)*. Halle: Landesmuseum für Vorgeschichte 2014, S. 229–230.
24 Thomas Balister: *Der Diskos von Phaistos. Zur Geschichte eines Rätsels & den Versuchen seiner Auflösung.* Mähringen: Balistier 2008, S. 103–111.

Abb. 10
Drei Scheiben, die verschlüsseltes Wissen enthalten: die Himmelsscheibe von Nebra, deren Eigensinn bereits entschlüsselt wurde (a), der Diskos von Phaistos, dessen ‚Schrift' noch nicht entziffert wurde (b) und eine der Golden Voyager Records, die in etwa 40.000 Jahren die Sternenbilder Camelopardalis und Andromeda erreichen und dort ihrer Decodierung harren (c).

stimmen jedoch beide Übersetzungen keineswegs überein, so dass das Rätsel des Diskos von Phaistos bis heute als ungelöst gelten darf.[25]

Viel einfacher scheint es sich in Bezug auf die dritte Scheibe zu verhalten. Es handelt sich um die aus Kupfer vergoldete Scheibe der Voyager („Voyager Golden Record"). Auf ihr ist mit etwa 100 Megabyte Inhalt das nach Ansicht der Hersteller wichtigste Wissen zum Zeitpunkt ihrer Anfertigung um 1977 codiert. Diese Scheibe wurde ebenso wie ein weiteres Exemplar mit den Raumsonden Voyager 1 und 2 durch das Sonnensystem gesandt, wo sie in 40.000 Jahren die Sternenbilder Camelopardalis und Andromeda erreichen werden. Die möglichen Bewohner werden sich vor ähnliche Probleme gestellt sehen, den ‚Eigensinn' der Voyager-Scheibe zu verstehen, wie die Forscher des 21. Jahrhunderts bei der Himmelsscheibe von Nebra. Ob wir ihnen bei der Entzifferung Erfolg wünschen sollen, wage ich nicht zu prophezeien.

---

25 Balistier: *Der Diskos von Phaistos*, S. 102.

Abb. 11: Grafik zum Erkenntnis- und Erforschungsprozess der Himmelsscheibe seit ihrem Bekanntwerden 2001 bis heute. Gegenübergestellt werden naturwissenschaftliche und kulturwissenschaftliche Ergebnisse der an deren Decodierung und Erforschung beteiligten Kollegen der Forschergruppe. Die Darstellung zeigt eindrücklich, dass sich die Ergebnisse beider Disziplinen bedingen und oftmals neue Untersuchungen bzw. Interpretationen anregten. Die Daten beziehen sich überwiegend auf Publikationen und interne Gutachten.

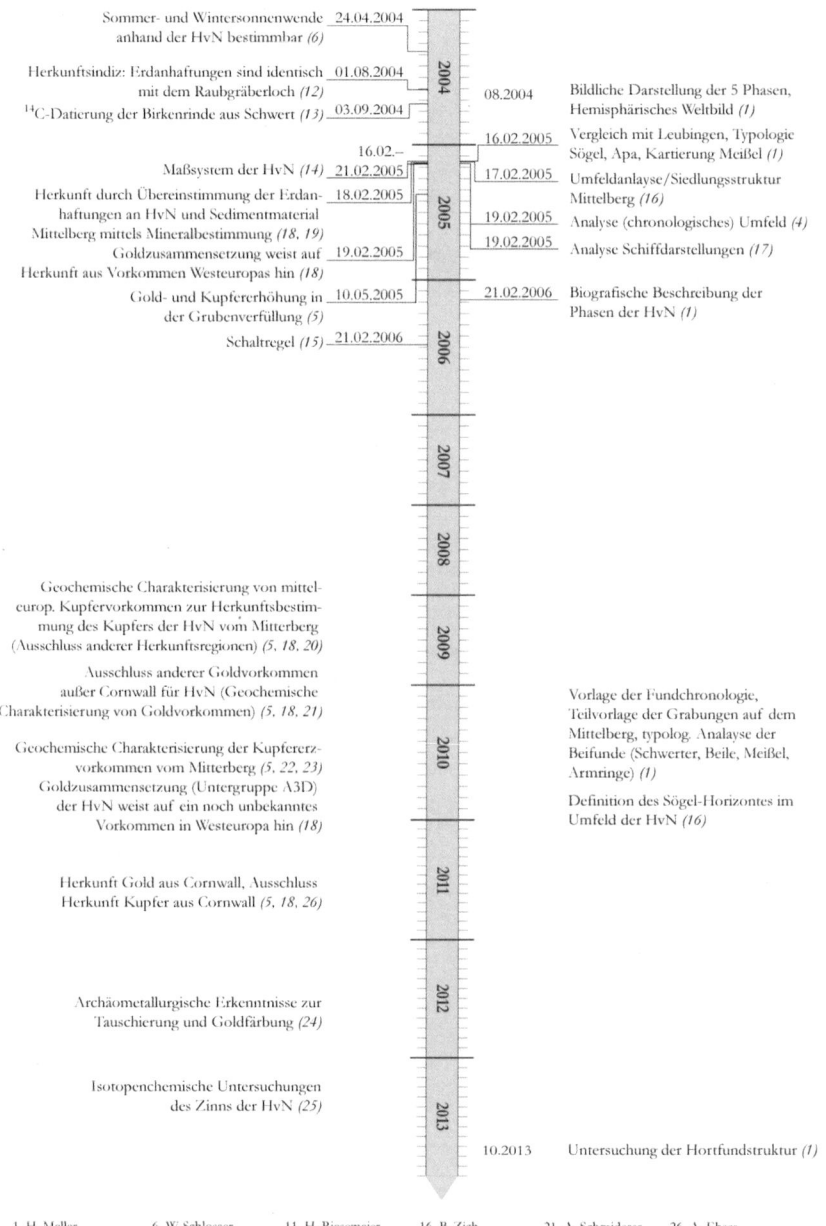

Abbildungsnachweise

Hans Peter Hahn: Der Eigensinn der Dinge.

Abb. 1: Thomas Seelig / Urs Stahel: I*m Rausch der Dinge. Vom funktionalen Objekt zum Fetisch in Fotografien des 20. Jahrhunderts.* Göttingen: Steidl 2004, S. 256.

Abb. 2: © Hans Peter Hahn, 2014.

Abb. 3: © Linda Thielmann, 2014.

Abb. 4: © Geoffrey Thompson, 2014.

Bernhard Waldenfels: Die Mitwirkung der Dinge in der Erfahrung.

Abb. 1: Kunstsammlungen der Ruhr-Universität Bochum. © Thorsten Koch.

Abb. 2: Postkarte (aus dem Privatbesitz des Autors).

Abb. 3: Alte Pinakothek München. © Blauel / Gnamm – Artothek.

Abb. 4: Neue Pinakothek München.

Abb. 5: Postkarte (aus dem Privatbesitz des Autors).

Abb. 6: © Alberto Giacometti Estate (Fondation Alberto et Annette Giacometti, Paris + ADAGP, Paris) 2014.

Abb. 7: Postkarte (aus dem Privatbesitz des Autors).

Monika Wagner: Vom ‚Eigensinn' des Materials: Edvard Munchs „Holzstil".

Abb. 1: Isabelle Cahn: Gauguin. *Tahiti. L'atelier des tropiques, Paris, Gal. Nat. du Grand Palais.* Paris: Réunion des Musées Nationaux 2003, S. 119.

Abb. 2: Franz Kugler: *Geschichte Friedrichs der Großen.* Leipzig: Weber 1840, S. 145.

Abb. 3: Ole Sarvig: *Edvard Munch, Graphik.* Kopenhagen: Flamberg 1965, S. 271.

Abb. 4: Dieter Buchhart (Hrsg.): *Edvard Munch. Zeichen der Moderne.* Ausstellungskatalog Kunsthalle Würth. Ostfildern: Hatje Cantz 2007, S. 120.

Abb. 5: Bernd Apke / Ingrid Ehrhardt (Hrsg.): *Okkultismus und Avantgarde: von Munch bis Mondrian 1900–1915.* Ausstellungskatalog. Ostfildern: Edition Tertium 1995, S. 151.

Abb. 6: Dieter Buchhart (Hrsg.): *Edvard Munch. Zeichen der Moderne.* Ausstellungskatalog Kunsthalle Würth. Ostfildern: Hatje Cantz 2007, S. 122.

Abb. 7: Ulrich Weisner (Hrsg.): *Edvard Munch. Liebe Angst Tod. Zeichnungen und Graphiken aus dem Munch Museum Oslo.* Ausstellungskatalog. Bielefeld: Kunsthalle Bielefeld 1980. S. 27.

Abb. 8: Ulrich Luckhardt (Hrsg.): *Edvard Munch. Aus dem modernen Seelenleben.* Ausstellungskatalog Hamburger Kunsthalle. Bremen: Edition Hachmann 2006, S. 73.

Abb. 9: Dieter Buchhart (Hrsg.): *Edvard Munch. Zeichen der Moderne.* Ausstellungskatalog Kunsthalle Würth. Ostfildern: Hatje Cantz 2007, S. 122.

Abbildungsnachweise · 199

Abb. 10: Dieter Buchhart (Hrsg.): *Edvard Munch. Zeichen der Moderne.* Ausstellungskatalog Kunsthalle Würth. Ostfildern: Hatje Cantz 2007, S. 237.

Abb. 11: Ursula Perucchi / Werner Spies (Hrsg.): *Max Ernst. Frottagen, Collagen, Zeichnungen, Bücher.* Ausstellungskatalog. Zürich: Kunsthaus 1978, S. 100.

Abb. 12: Materialarchiv, Kunstgeschichtliches Seminar Hamburg (ohne Signatur).

Jan Assmann: Die Aura der Dinge.

Abb. 1: Florence Friedman: *Gifts of the Nile. Faience from Ancient Egypt.* London: Thames & Hudson 1998, S. 113.

Abb. 2: Kurt Lange / Max Hirmer: *Ägypten.* München: Hirmer 1983, Abb. 84.

Abb. 3: British Museum, Signatur 37173.

Abb. 4: ©Jan Assmann.

Abb. 5: Annie Caubet / Geneviève Pierrat-Bonnefois: *Faïences de l'Antiquité de l'Égypte à l'Iran.* Paris: 5 Continents 2005, S. 40, Abb. 76.

Abb. 6: Marsh Bowl. http://www.metmuseum.org/collection/the-collection-online/search/547609 (Zugriff am 20.02.2015) ©The Metropolitan Museum of Art.

Abb. 7: Hans Schneider / Maarten J. Raven (Hrsg.): *Leben und Tod im Alten Ägypten. Meisterwerke aus dem Reichsmuseum für Altertümer in Leiden.* Hamm: Gustav-Lübcke-Museum 1999, S. 53, Nr. 86.

Abb. 8: Bowl. http://www.metmuseum.org/collection/the-collection-online/search/549362 (Zugriff am 20.02.2015) ©The Metropolitan Museum of Art.

Abb. 9: British Museum, Signatur GR 1987, 0401.1042.

Abb. 10: British Museum, Signatur 37977.

Abb. 11: British Museum, Signatur 5946.

Abb. 12: Cosmetic Spoon in the Shape of Swimming Woman Holding a Dish. http://www.metmuseum.org/collection/the-collection-online/search/548584 (Zugriff am 20.02.2015). ©The Metropolitan Museum of Art.

Abb. 13: Hermann Kern (Hrsg.): *Nofret – die Schöne. Die Frau im Alten Ägypten.* Mainz: von Zabern 1986, Abb. Nr. 105.

Abb. 14: Győző Vörös: *Taposiris Magna, Port of Isis, Hungarian Excavations at Alexandria (1998–2001).* Budapest: Egypt Excavation Society of Hungary 2001, S. 100.

Abb. 15: Abdel G. Shedid / Matthias Seidel: *Das Grab der Nacht. Kunst und Geschichte eines Beamtengrabes der 18. Dynastie in Theben-West.* Mainz: von Zabern 1991, S. 52.

Abb. 16: Abdel G. Shedid / Matthias Seidel: *Das Grab des Nacht. Kunst und Geschichte eines Beamtengrabes der 18. Dynastie in Theben-West.* Mainz: von Zabern 1991, S. 46 (Detail).

Abb. 17: British Museum, Signatur 37986.

Abb. 18: British Museum, Signatur 37981.

Susanne Küchler: Wenn Dinge Netzwerke sind.

Abb. 1: ©Weltkulturenmuseum Frankfurt am Main, Bilddatei Oz002656.
Abb. 2: ©Susanne Küchler.
Abb. 3: ©Susanne Küchler.

Hans-Jörg Rheinberger: Über den Eigensinn epistemischer Dinge.

Abb. 1: Gunther S. Stent: *Molecular Biology of Bacterial Viruses*. San Francisco: Freeman 1963, S. 185; James D. Watson: *Molecular Biology of the Gene*. New York: Benjamin 1965, Abb. 7–18.

Abb. 2: Alexander S. Spirin: A Model of the Functioning Ribosome: Locking and Unlocking of the Ribosome Subparticles. In: *The Mechanism of Protein Synthesis. Cold Spring Harbor Symposia on Quantitative Biology* 34 (1969), S. 197–207, hier S. 199, Abb. 1.

Abb. 3: R. R. Traut / R. L. Heimark / T. T. Sun: Protein Topography of Ribosomal Subunit from Escherichia coli. In: M. Nomura et al. (Hrsg.): *Ribosomes*. New York: CSH Laboratory Press 1974, S. 271–308, hier S. 273, Abb. 1.

Abb. 4: James A. Lake / David D. Sabatini / Yoshiaki Nonomura: Ribosome Structure as Studied by Electron Microscopy. In: M. Nomura et al. (Hrsg.): *Ribosomes*. New York: CSH Laboratory Press 1974, S. 543–557, hier S. 544, Abb. 1.

Abb. 5: M. Oakes et al.: Ribosome Structure, Function, and Evolution: Mapping Ribosomal RNA, Proteins, and Functional Sites in Three Dimensions. In: Boyd Hardesty / Gisela Kramer (Hrsg.): *Structure, Function, and Genetics of Ribosomes*. New York: Springer 1986, S. 47–67, hier S. 57, Abb. 3.10.

Abb. 6: Venkatraman Ramakrishnan et al.: Progress toward the Crystal Structure of a Bacterial 30S Ribosomal Subunit. In: Roger Garrett et al. (Hrsg.): *The Ribosome. Structure, Function, Antibiotics, and Cellular Interactions*. Washington: ASM 2000, S. 3–9, hier S. 7, Abb. 6.

Abb. 7: Nenad Ban et al.: Crystal Structure of the Large Ribosomal Subunit at 5-Ångstrom Resolution. In: Roger Garrett et al. (Hrsg.): *The Ribosome. Structure, Function, Antibiotics, and Cellular Interactions*. Washington: ASM 2000, S. 11–20, hier S. 15, Abb. 2.

Abb. 8: Anat Bashan et al.: Identification of Selected Ribosomal Compounds in Crystallographic Maps of Prokaryotic Ribosomal Subunits at Medium Resolution. In: Roger Garrett et al. (Hrsg.): *The Ribosome. Structure, Function, Antibiotics, and Cellular Interactions*. Washington: ASM 2000, S. 21–33, hier S. 23, Abb. 1.

Karl H. Hörning: Was fremde Dinge tun.

Abb. 1: Geni: Photo of a Solar Powered Lamp. http://commons.wikimedia.org/wiki/File%3AAhotwSolar-powered_lamp_and_charger.JPG (Zugriff am 25.02.2015).

Harald Meller: Zwischen Logos und Mythos.

Abb. 1: ©Juraj Lipták, München.
Abb. 2: Fotograf unbekannt.
Abb. 3–6: ©Juraj Lipták, München.
Abb. 7: ©Heiko Breuer, LDA Halle.
Abb. 8: ©Nora Seeländer, LDA Halle nach Ernst Pernicka.
Abb. 9: ©Harald Meller, Grafik: ©Nora Seeländer, LDA.
Abb. 10a: ©Juraj Lipták, München.
Abb. 10b: ©Harald Meller.
Abb. 10c: NASA: Courtesy NASA/JPL-Caltech. http://www.nasa.gov/images/content/154342main_image_feature_631_ys_full.jpg (Zugriff am 25.02.2015).
Abb. 11: ©Harald Meller, Grafik: ©Nora Seeländer, LDA.

Der Herausgeber hat sich bemüht, in allen Fällen die Bildquellen zu recherchieren und die Bildrechte einzuholen. Sollte ein dem Herausgeber bislang nicht bekannter Rechteinhaber zu einem der hier reproduzierten Bilder seine Rechte betroffen sehen, so ist er gebeten, sich unmittelbar an den Herausgeber zu wenden.